TARÔ

SIMBOLOGIA E OCULTISMO

ESTUDOS COMPLETOS DO TARÔ

VOLUME 1

TARÔ

SIMBOLOGIA E OCULTISMO

ESTUDOS COMPLETOS DO TARÔ

VOLUME 1

ALFABETO

Supervisão geral: Edmilson Duran

Projeto da capa: Décio Lopes

DADOS INTERNACIONAIS DE CATALOGAÇÃO NA PUBLICAÇÃO (CIP)

Naiff, Nei

Tarô: simbologia e ocultismo – vol. 1 / Nei Naiff – Editora Alfabeto – 3ª edição – São Paulo, 2020.

416 págs.

ISBN: 978-85-98307-78-7

1. Tarô 2. Oráculos 3. Relações Humanas I. Título

11-4827 CDD: 133.32424

CDU: 133:794.43

ALFABETO

EDITORA ALFABETO

Rua Protocolo, 394 | CEP 04254-030 | São Paulo/SP

Tel: (11)2351.4168 | E-mail: editorial@editoraalfabeto.com.br

Loja Virtual: www.editoraalfabeto.com.br

A obra mais natural e perfeita
é gerar o que é semelhante a si mesmo.
Aforismo alquímico, século XV

ARCANO

Os termos arcanos maiores e arcanos menores surgiram no século XIX em plena capital francesa — *arcanes majeurs* e *arcanes mineurs* —, mas antes eram denominados, respectivamente, *trunfos* e *naipes*, em toda a Europa, desde o século XV. Ao serem publicados no idioma inglês foram traduzidos literalmente — *major arcana* e *minor arcana*. Note que sequer havia conhecimento sobre o assunto, tampouco sabiam ser algo recente. Assim, por convenção e acreditando ser um termo oculto e milenar, as expressões foram, aos poucos, compiladas em todos os outros idiomas. Observo timidamente que tentam nominar tais conjuntos com outras palavras e, também, percebo claramente certa inquietude entre os estudantes como se um arcano fosse mais importante que outro — o que não é verdade; ambos são tão primordiais como os dois ponteiros de um relógio. Alerto que não devem ser comparados em grau relativo, nem de aplicação em consulta, ou seja, ambos cumprem funções distintas e se complementam. Em todo caso, os termos técnicos (maior/menor) encontram-se tão consagrados que se torna quase impossível substituí-los; contudo, nesta obra, empregarei todas as aplicações possíveis. Nada será arbitrário, pois as denominações se equivalem aos objetivos do tarô. Por fim, deixo claro que não estou propondo mudança em nomenclatura alguma, mas apenas alertando para novas possibilidades na riqueza de vocabulário e na ampliação do conhecimento.

Arcano *ou* Chave	
Maior	Menor
Principal	Auxiliar
Primordial	Secundário
Nuclear	Adjacente

SUMÁRIO

INTRODUÇÃO

O TARÔ, REALMENTE, NÃO É TÃO SIMPLES DE SER EXPLICADO. Às vezes, necessito dispensar vários exemplos para atender a uma única curiosidade; contudo, ainda assim, continuará certa obscuridade para o interessado. É incrível, mesmo após tantas décadas ministrando aulas de tarô, palestras e com vários livros publicados, as perguntas se repetem:

— *De onde vem?*
— *Como funciona?*
— *Preciso ser médium?*
— *Há algum ritual para se fazer?*
— *Quanto tempo demora para aprender?*

Para explicar o tarô, não podemos recorrer a pensamentos cartesianos, mas, sim, semióticos, metafísicos ou até mesmo transcendentais. Infelizmente, ainda se percebe o tarô apenas como uma arte menor (de curiosas possibilidades de antever o futuro), e isso é um pensamento do século XIX. Desde os primeiros registros do tarô muito se tem estudado e, atualmente, encontramos várias pesquisas com relação à mitologia, à psicologia e à astrologia entre tantas possibilidades de anteparo cultural. Não é necessário acreditar no tarô — ele existe!

A ideia desta obra surgiu em meados de 1990, quando percebi várias pessoas cuja prática derivava apenas de um curso básico de arcanos maiores e tinham horror pelos arcanos menores. Achavam que o tarô era um legado de cartas egípcias ou ciganas, não conheciam nada além da famosa decoreba de palavras, entupiam as mesas oraculares de pequenos totens e revelavam jogar com toda a intuição que entidades espirituais lhes transmitiam. Todos se diziam reencarnações de algum mago, que haviam sido queimados na fogueira, ou, ainda, que estavam nesta vida para resgatar o passado. Detalhe: adoravam estudar cabala, mas nunca sabiam a razão, tampouco como aplicá-la em uma consulta de tarô — ao final de um jogo, tudo acaba em carma e resgate de vidas passadas.

Pensei: será esta a tão famosa época de ouro aquariana que se aproximava — com muito misticismo e parco conhecimento? De que valiam, então, as fraternidades e as ordens esotéricas, os grandes livros de ciências ocultas, o legado de milênios de sabedoria ou dos grandes homens que arriscaram a vida em prol da verdade absoluta? Bem, eu também não percebia o meu próprio misticismo quando procurava por respostas divinas na minha juventude. Mas, de qualquer forma, entre os idos de 1970 e 1980, quando comecei minha busca por autoconhecimento, não havia a explosão cósmica do esoterismo urbano. Tudo era mais contido, lento e meticuloso, quem tinha o saber não revelava, e havia inúmeras iniciações para se galgar o grau de mestre: primeiro, se estimulava o intelecto, depois, se desvelavam as verdades ocultas.

Contudo, o ponto crucial surgiu em um de meus cursos de tarô, ao perceber que vários alunos estavam lá pelo mesmo motivo: desemprego. Naquele momento, questionei profundamente minha atividade e quase desisti da turma: *o que estou fazendo aqui?* Meus anos de estudos, filiação em fraternidades, interação com grupos ocultistas e pesquisas em vários museus e bibliotecas do mundo estariam contribuindo para a decadência esotérica? Eu estaria ensinando a ganhar uns trocados, ou será que eles queriam realmente aprender o Livro da Vida? Estariam absorvendo os conhecimentos divinos contidos nas cartas, remodelando as próprias almas e a de seus semelhantes, ou seria meramente uma nova profissão? Foi difícil, mas entendi que surgiam novos ofícios no mercado: o tarólogo e o tarotista.

- Havia me esquecido, por um momento, que nada disso importa (a busca profana), pois, com absoluta certeza, quem entra na sintonia do tarô é tocado pelo sopro mágico da vida, sendo tudo transformado, desde os conceitos até o mais inflexível hábito.

> Além do mais, é livre-arbítrio de cada um escrever o próprio destino, seja pelo caminho do bem ou do mal, pois o instrumento é um só — *nós é que criamos a variação da luz ou da sombra em nossa vida*. O poder é fornecido a todos, sem exceção. O *autoconhecimento é a única evolução*, como sempre alerto a todos.

Se no início do século XX as obras esotéricas sequer ficavam nas prateleiras do comércio varejista, no século XXI ocupam gôndolas inteiras ou até mesmo são destaques nas vitrines mais conceituadas. Sem contar a internet, onde podemos encontrar imenso material disponível ao alcance de um clique! Não me refiro apenas às livrarias virtuais, aos blogs e fóruns, mas as centenas de livros antigos digitalizados e disponibilizados de graça para uma pesquisa histórica! Note quanta diferença! Até importantes museus e bibliotecas podemos visitar on-line! Sim, isto é a Era de Aquário: ter *acesso à cultura universal*, totalmente válido e importantíssimo para o progresso humano — a globalização. Então, percebi que os novos estudantes buscariam a informação de qualquer jeito e, igualmente, aprenderiam de alguma forma (com ou sem professor); assim, não adiantava ficar constrangido ou pensar que minha atitude (não dar aulas para aquele grupo) iria mudar o mundo. Por fim, essa situação me fez refletir sobre o meu próprio futuro: era preciso reestruturar, pois acabara o tempo em que se guardar o conhecimento místico era uma regra esotérica. A saída seria escrever/reunir tudo o que havia estudado e vivenciado — preparei artigos para jornais esotéricos (*Ganesha, Universus, Portais*), ministrei mais palestras e estruturei os livros que desejava lançar. O tarô foi o primeiro tema, mas havia tanto material escrito que a obra terminou em uma trilogia.

- Neste primeiro volume (*Tarô, simbologia e ocultismo*[1]) detalharemos a base histórica do tarô, a construção da estrutura

[1] Atenção: originariamente esta obra possuía outro título: *Tarô, ocultismo e modernidade* — fora publicada em 2000, pela editora Elevação; por sua vez, o título do segundo volume foi mantido (*Tarô, vida e destino*), mas o terceiro também teve alteração: *Tarô,* ⇨

> simbólica dos arcanos, os limites da associação simbólica das cartas, as diversas escolas de pensamento e uma série de conceitos inovadores. No segundo volume (*TARÔ, VIDA E DESTINO*) estaremos aptos a entender os 78 arcanos em todos os planos de análise oracular, classificação e linguagem prática em uma consulta. Para completar os *Estudos completos do tarô*, no terceiro volume (*TARÔ, ORÁCULO E MÉTODOS*) estudaremos a estrutura divinatória, inúmeros jogos e técnicas avançadas de leitura. Para um aprendizado profundo, é imprescindível a leitura desta obra desde as primeiras páginas — o leitor será conduzido ao raciocínio simbólico dos arcanos, tanto no plano oracular quanto no de autoconhecimento e de autoajuda.

No estudo do tarô não há exigência alguma em ser paranormal e, menos ainda, médium ou vidente. A qualidade principal projeta-se no estudo da estrutura holística e simbólica das 78 cartas, única e exclusiva que o tarô possui. Devemos ter em mente que errar por ingenuidade é igual à ignorância, e que no universo do tarô o saber é fundamental. Trabalhar apenas com a intuição é vagar pelo desconhecido e se perder nas teias do destino (ou da própria armadilha psicológica). Os princípios de aprendizado devem seguir a metodologia antiga, pois analisar o mundo simbólico requer um alto grau de responsabilidade e sabedoria. Estruturar-se apenas em um único tratado ou livro é algo absolutamente insustentável. Então, o que devemos fazer? Seguir ordens esotéricas, seitas e religiões? Não necessariamente. Já que temos tudo ao dispor (livros, profissionais, internet), vamos estudar! Ler! Pensar! Refletir!

O tarô é fonte inesgotável de estudo, mas tudo deve ser análogo aos seus símbolos. Reinterpretar, e nunca inventar. Analisar, e nunca achar. Sentir, e nunca decorar. ESTUDE, estude sempre. O tarô reflete a evo-

---

oráculo e métodos, cujo original era *Tarô, oráculo e terapias*. A trilogia manteve o corpo central de ideias; no entanto, foi reestruturada, revista e atualizada. Baseado nesses três volumes, a estrutura do livro *Curso completo de tarô* também foi revista e atualizada, em 2011.

lução de tudo e de todos, é a leitura da alma, a fonte do saber, o caminho da ascensão espiritual. Se você é um tarólogo, tarotista, estudante ou pretendente a esse universo espiritual, DECLARE, aqui e agora, sua condição de PROTEGER a palavra TARÔ e tudo o que está projetado; tarô é muito mais do que adivinhação, é a essência do DESTINO e do LIVRE-ARBÍTRIO. Aos leigos dessa fabulosa arte anseio que encontre nesta obra um excelente motivo para iniciarem, como bons neófitos, os estudos do tarô. E aos profissionais dessa área desejo que adicionem um pouco mais de argumentação e solidez ao trabalho. Percebo que, por mais que tenhamos material didático sobre o assunto, cada vez mais temos a necessidade de saber mais e mais. Isso me faz pensar no famoso axioma alquímico em busca do ouro filosofal: *lege, lege, relege, ora, labora et invenies!* (*lê, lê, relê, reza, trabalha e encontrarás!*).

Figura 1 – Speculum Veritatis, século XVII, Biblioteca do Vaticano.

PARTE 1

INTRODUÇÃO À SIMBOLOGIA

MUITOS DE MEUS ALUNOS OU ESTUDANTES SE PRENDEM A ALGUma palavra na literatura do tarô, terminando por estigmatizar o sentido espiritual de uma carta. É comum suster um conceito básico, mas usá-lo (única e eternamente) implica convergir para erros durante uma consulta. Sempre questiono: *Por que precisamos estudar livros e fazer inúmeros cursos se tudo se resume a um único vocábulo? Não seria mais fácil e menos dispendioso se escrevêssemos essa tal palavra na lâmina do tarô, como se fazia no século XIX?* Essas chaves de leitura, resumos e palavras-conceitos servem apenas para lembrar outros valores agregados.

Por exemplo, o arcano Torre (Figura 2) leva fama pela conceituada e já cansada palavra *ruína* ou *separação*. Não importa qual posição ocupe em uma abertura, o tarotista menos avisado irá dizer: *Perigo, perigo, perigo!* — parecendo aquele simpático robô do filme *Perdidos no Espaço* ao alertar a família Robson sobre os alienígenas. Será que essa carta só simboliza isto: *perigo, desgraça, coisa ruim*? Ao analisarmos cada símbolo em particular e depois fazer uma analogia entre eles, obteremos uma inesgotável fonte de possibilidades em níveis referenciais. Todos nós podemos ter mundos similares, mas serão sempre distintos. Para isso, vale uma regra de ouro de todos os instrutores de tarô: *Se em três consultas, com pessoas diferentes, você ler consecutivamente a mesma palavra para o mesmo arcano: PARE! Você está interpretando errado, e precisa estudar mais!* Acrescento que isso é "verdade e muito verdadeiro", exatamente como o primeiro axioma da lei hermética.

Figura 2 – Visconti-Sforza Tarocchi. AGM AGMüller, Suíça.

Costuma-se estudar o tarô como algo estanque e pronto, pensa-se que basta um livro, uma leitura e se saberá tudo. Não. Não saberá nada. Copiam, decoram e não entendem, passam adiante algo que leram — existem milhares de místicos on-line que se ocupam em reescrever a verborreia do século XIX (e isso não é uma particularidade brasileira, acontece em todos os idiomas). Quando se percebe que não se aprendeu nada, já se passaram muitos meses estudando algo inútil ou lendo milhares de textos deturpados, incongruentes. Sem contar que ainda permanecerão muitas dúvidas cuja solução levará outros tantos meses. *O estudo livre do ocultismo no âmbito virtual ficará cada vez pior, pode anotar*. O que fazer? Nada. Nem tente, pois estamos lidando com uma espécie de abismo cósmico, não existe começo, nem fim. Podemos dizer que isso é o efeito colateral da globalização. Não há cura. O tempo determinará o que sucederá e somente aqueles que realmente souberem ler o tarô (de forma a orientar os clientes) poderão continuar em sua área profissional. Sim, também há muita gente boa (de coração e de saber), por isso, ainda acredito na humanidade.

As palavras-chave atribuídas ao tarô nos séculos XVIII e XIX devem ser observadas com cautela, pois era uma época em que a análise psicológica não existia e a sociedade possuía outro valor moral, científico e cultural. Atualmente, não há mais imperadores nem monarquias absolutistas; menos ainda, uma única religião outorgada ou sacerdotes governantes. As famílias tradicionais já se dissiparam, novas riquezas se formaram e classes emergentes surgiram; a sociedade se desintegrou, houve miscigenação das raças. A evolução tecnológica e científica está em uma escala vertiginosa de crescentes descobertas, abrindo caminho para um futuro inimaginável. Enfim, a personalidade humana difere completamente dos antigos padrões dos séculos ou milênios passados, quando os símbolos do tarô foram estruturados. Ainda há muita similitude, mas já não se traduz exatamente.

Precisamos encontrar uma nova semântica para os arcanos, chaves espirituais do destino, pois ainda há muita divergência nos estudos. Nós necessitamos sistematizar o tarô: reavaliar o que sabemos e encontrar outros paradigmas. Este é o propósito da trilogia: *reaproximar o tarô da contemporaneidade, agregar conceitos desenvolvidos ao longo do século XX, analisá-lo sob o prisma da utilidade primeira: adivinhação, interpretação, orientação*. E o caminho mais seguro para descobrir novos parâmetros é iniciar os estudos na grande matriz alegórica das cartas, não em outras categorias esotéricas. Portanto, devemos, primeiramente, entender o que é um símbolo, quais são as propriedades e as classificações, para, então, apreender o tarô. Observar/pesquisar a carta (uma a uma) no universo da alegoria, do conjunto e da inter-relação nos possibilitará claramente entender a mensagem extraída tanto para o autoconhecimento quanto para o oráculo.

ORIGEM E FUNÇÃO

Dizem que a diferença entre homens e animais está na capacidade de raciocínio — talvez possamos ir mais além: *é a habilidade de simbolizar!* Sons são representados por letras; ideias, em palavras ou figuras; sentimentos, em expressões ou arte; história, em situações ou mitos. Uma língua, falada ou escrita, é um sistema de símbolos. Gestos ou qualquer forma de comunicação se baseiam em símbolos e, sem essa fórmula, a relação humana estaria limitada a grunhidos e à incomunicabilidade. O filósofo russo Piotr Demianovitch Ouspensky (1878-1947) escreveu que, se colocássemos duas pessoas em celas separadas, cada uma ignorando o idioma da outra, as paredes grossas não as tolheria: uma bateria algumas vezes, a outra responderia com toques — de algum jeito, um acordo iria se estabelecer. Toda forma de comunicação (verbal, visual, escrita) constitui um meio de preservar algum sistema sócio-político-religioso, sem o qual a herança cultural não poderia ser transmitida, preservada, aplicada ou desenvolvida. Não haveria a (re)evolução humana.

A palavra *símbolo* surgiu na Grécia — *sumbolon* (que reúne). Indicava um compromisso de amizade entre pessoas ou famílias. Esse vínculo era representado por uma pequena tábua de argila contendo um sinal gravado, depois partida ao meio; então, cada pessoa ficava com uma parte, criando um penhor de hospitalidade recíproca. Essa mesma palavra começou a ser usada nos ritos à deusa grega Deméter, em que cada iniciado possuía uma espiga de milho pela qual podiam reconhecer-se prontamente. Assim, por toda a Grécia, a palavra *sumbolon* passou a denominar todos os objetos sacramentais, fórmulas mágicas, presságios, fenômenos e qualquer vínculo possível de associação a mensagens dos deuses.

Ao longo dos séculos, o vocábulo se propagou por outros países, sendo aplicado a outras significações: brasões, bandeiras, hino, bem como a todo tipo de sinal científico e social, tais como, placas de trânsito, fórmulas químicas, programação visual, logomarcas, gestos. Enfim, podemos resumir que o termo *símbolo* passou gradualmente a significar tudo aquilo que, por acordo geral, ou particular, seja por analogia ou por associação, representasse alguma situação, coisa ou pessoa. Igualmente, por extensão coloquial, pode ser sinônimo de signo, sinal, sigla, alegoria, mito, parábola, ícone, ídolo ou imagem.

Acrescento as palavras do conde Eugène Goblet D'Alviella (1846-1925), historiador, membro da Academia Real de Bruxelas e grão-mestre da maçonaria, ao conjeturar que poucas palavras adquiriram tão ampla significação como a expressão *símbolo*. Ele diz que o termo inclui, por um lado, oráculos e todos os fenômenos que poderiam ser interpretados como advertência divina e, por outro, emblema militar, bandeira e todo tipo de sinais de compromisso. Argumenta que um símbolo pode ser definido como uma *representação* que não procura ser uma reprodução. Salienta que uma reprodução implica semelhança com o original e que um símbolo requer características que transcendam a forma e o significado inicial. Por exemplo, como emblema de casamento, colocamos uma aliança de ouro na mão esquerda; no caso, deixou de ser uma simples joia para se transformar em um símbolo de união afetiva, social e familiar.

COERÊNCIA

Mesmo quando se esgotam todas as tentativas de se classificar um símbolo, o que é muito raro, não se pode esquecer que o domínio do imaginário nunca será o caos — tudo obedecerá a leis sociais, psíquicas, emocionais, humanas, espirituais. E, mesmo que tais regras nos levem ao campo do irracional, será importante compreendê-las, pois, em cada ser humano, existe um motivo para criar ou fomentar determinado símbolo. Por outro lado, empregando a dialética, podemos analisar que todo símbolo contém um caráter lógico e, às vezes, até mesmo racional, pois nasce da necessidade humana em representar algo (e nada além dessa premissa). Por exemplo: a *balança*, simbolizando equilíbrio, arbítrio, razão. A análise é múltipla, às vezes transcendental, como no caso da *balança de Deus que julga os homens*, mas limitada ao seu significado, portanto, sempre passível de um senso lógico (Figura 3).

Figura 3 – Balança, símbolo da justiça.

No cartão de visita de um advogado, encontra-se estampada uma balança (símbolo da justiça); o médico aplica um caduceu (símbolo da vida); o farmacêutico, uma cobra enrolada em uma taça (símbolo de Asclépio, deus grego da cura); o professor, uma coruja (símbolo do estudo e conhecimento) — todos tendem a representar a profissão de forma classificatória, rápida e segura, de acordo com um símbolo preestabelecido. Mas e se o advogado imprimisse um caduceu no cartão de visita? O médico, o símbolo da balança? E se durante um julgamento o juiz vestisse o uniforme de detenção e o réu usasse a toga, o que ocorreria? Podemos dizer que seria um verdadeiro caos simbólico! Roupas também se evidenciam em símbolos lógicos — pense nisso, também, ao analisar os tarôs clássicos ou criar/ilustrar novos modelos.

O filósofo e historiador francês Jean Chevalier (1903-1993) descreveu brilhantemente que a lógica dos símbolos fundamenta-se na percepção de uma relação entre dois termos ou duas séries. E, se ele usa a expressão *lógica dos símbolos*, é apenas no intuito de afirmar que existem cadeias de símbolos análogos (lua, noite, magia, amor, terror, fecundidade, ciclo etc.) — esse conjunto denota associações que não são absolutamente anárquicas, mesmo parecendo tão díspares. O mesmo ocorrerá com as figuras do tarô: cada qual concentra uma função lógica ou, se preferir, um senso direcional, um valor simbólico específico — não poderemos atribuir alegorias que não sejam pertinentes à determinada carta, nem acrescentar um símbolo que não revele a qualidade inicial do arcano.

Figura 4 – Ancient Tarot of Lombardy, Lo Scarabeo, Itália.

Por exemplo, não poderia acrescentar a imagem de um gato preto no arcano Estrela, nem nuvens escuras no arcano Sol. As alegorias são antagônicas a essas cartas e não constroem uma cadeia simbólica: representam símbolos muito densos, identificando o submundo e a dificuldade. A lógica dos símbolos se encontra na coerência aplicada. Vejamos mais um exemplo — não seria possível nominar o arcano 12 (Figura 4) como Mago ou Imperador, conseguiria classificá-lo de Apostolado ou Sacrificado, mas, mesmo assim, havendo o risco de não identificá-lo corretamente. Igualmente, não poderia representá-lo sentado em um trono de ouro, tampouco segurando um cetro, pois haveria outra concepção simbólica. Entretanto, poderíamos acrescentar moedas caindo (perdas, empobrecimento), pântano (putrefação, esterilidade), galhos cortados (vida cessada, impotência) ou um corvo (anúncio de morte, lamento) para melhor elucidação.

O linguista suíço Ferdinand de Saussure (1857-1913) postulou que o símbolo tem por característica nunca ser totalmente arbitrário: ele não é vazio, pois há um rudimento de laço natural entre o significante e o significado. Portanto, em relação a essas considerações, volto a citar o símbolo da balança, que não poderia ser substituído por outra coisa qualquer, uma árvore ou elefante, por exemplo, no arcano Justiça. Assim, qualquer pessoa pode criar um símbolo, mas a interpretação jamais será arbitrária — sempre haverá uma análise lógica ou coesa a ser seguida. De qualquer forma, examinar intelectualmente um símbolo é como ver fotografias da capela Sistina (Vaticano, Itália): será impossível sentir aquela realidade inspiradora, a beleza dos afrescos pintados por Michelangelo, sem observá-los pessoalmente. Este é um dos mistérios do tarô: o símbolo somente faz sentido completo no ato de uma consulta; durante o estudo muitas dúvidas podem persistir.

O símbolo nunca poderá ser analisado pela redução progressiva a alguma coisa que não seja ele próprio: sob o ponto de vista da razão, mesmo com a existência no irracional, ele sempre permanecerá no âmbito de algum motivo filosófico, artístico ou social. Voltando à postulação de Jean Chevalier, deve-se entender que a lógica dos símbolos não pertence à categoria científica; no entanto, ela não escapa a uma plausibilidade natural. O pensamento simbólico revela uma tendência que é comum ao pensamento racional, embora os meios para satisfazer tal evidência se diferenciem entre si. Ambos trabalham por dedução; contudo, um segue unicamente pelo caminho empírico, enquanto o outro é exclusividade da razão.

PRODUTO MENTAL

Essa função importantíssima permite aos homens desenvolver poderes latentes, capacidade criadora, preservação da espécie, evolução permanente, as quais, por sua vez, afetam o crescimento psicológico e social. Também é a única maneira de os humanos expressarem a consciência, suas experiências individuais, coletivas ou culturais. O antropólogo e filósofo francês Gilbert Durand (1921-2017) argumenta que o pensamento doente é um julgamento sem *poder de analogia* e no qual os símbolos se desfazem e *se esvaziam* de sentido. As coisas só existem pela *figura* que o pensamento cria (*símbolos*); tudo se estrutura na coerência da percepção, da concepção, do juízo e do raciocínio, pelo sentido que os impregna.

Saliento que o conceito de Durand é uma das regras fundamentais para o estudo dos arcanos (tarologia) e, principalmente, para a interpretação (taromancia). Embora haja várias tentativas sobre os mecanismos que regem a linguagem simbólica, tem-se a noção de que, primeiro, se absorve subjetivamente um símbolo, depois, ele é expresso em uma forma objetiva através de diálogo, conceito, arte, filosofia ou qualquer vertente do pensamento. Assim, temos uma infinidade de símbolos que fortalecemos durante nossa existência: anel de casamento, estilo de roupa, imagem religiosa. Até a linguagem cotidiana está repleta de conteúdo simbólico.

Em nosso idioma, a palavra *borboleta* identifica um belíssimo inseto com asas coloridas (Figura 5); se você pronunciar essa palavra para um estrangeiro qualquer, ele não entenderá, mas, se desenhá-la, compreenderá. Contudo, dependendo da nacionalidade dele, a palavra que identifica esse inseto poderá ser outra: *butterfly* (inglês), *papillon* (francês), *mariposa* (espanhol), *farfalla* (italiano), *Schmetterling* (alemão), entre tantos idiomas. Assim, é do linguista Saussure que obtemos os conceitos de *significante* (fonema, palavra articulada com som acústico) e de *significado* (palavra escrita, o objeto, a identificação do significante) usados no decorrer deste capítulo; portanto, poderemos ter vários significantes para um único significado, ou seja, vários fonemas de diferentes línguas para um único objeto. Além desse produto linguístico, a borboleta agrega outros valores por metáfora: metamorfose, alma, liberdade, silfo, leveza, suavidade, paz — havendo, igualmente, uma cadeia simbólica: fênix, ressurreição, renascimento, noite. Seria perfeitamente possível a ilustração desse símbolo para compor o arcano 17, não seria? Por isso se diz: *um símbolo fala mais do que mil palavras na vida*.

Figura 5 – Borboleta, símbolo da alma.

A palavra e a imagem possuem os poderes da criação, seja na comunicabilidade humana, seja na espiritual; mas tudo dependerá da reação emocional e da aceitação de determinado símbolo. Se não o aceitarmos, ele não terá sentido algum. Os bloqueios na interpretação do tarô se encontram na própria cultura do tarólogo ao tentar adaptar conceitos para si; é importante observar que o arcano já determina uma análise específica. Para o tarô, pode haver muitos significantes, mas deve existir um único significado, pois seus símbolos são únicos e universais, e jamais devem tender a uma visão pessoal ou ao próprio conhecimento de mundo.

ESPONTANEIDADE

A pedagoga brasileira Vera Lúcia G. Felício publicou, em 1994, que há duas vias de acesso aos homens e às coisas: ciência e técnica de um lado, poesia e imaginação de outro. Apesar da razão e a imaginação serem distintas, ambas coexistem e se complementam através do dinamismo — a imaginação funciona como a condição da possibilidade de conhecimento. O aparecimento natural de um símbolo serve para sintetizar um pensamento criativo, verbalização instrutiva ou função socializante, uma vez que o homem está sempre em busca de símbolos que expressem suas necessidades e conceitos. Uma casa, uma choupana, uma cabana foram criadas para abrigar o homem das intempéries e dos animais, mas se tornou símbolo de lar, família, aconchego, paz, dignidade, refúgio, privacidade. Ninguém idealizou uma casa para se tornar essa alegoria, ela se consagrou naturalmente por lógica, semelhança e identificação. A nuvem negra derivou-se em um símbolo de dificuldade porque anuncia uma tempestade, consequentemente, uma desordem inevitável e natural.

Existem símbolos tão naturais que não pertencem à raça ou região alguma, mas constituem um aspecto característico de nossa evolução. Por exemplo: a representação do sol pelo círculo; do ar, pelo pássaro; da água, pela ondulação; da tempestade, pelo raio; da vida, pela árvore; da guerra, pelo sangue; e assim por diante. Tudo isso existe em todo o planeta, comum a todo ser humano e a toda civilização. No arcano 16 encontramos a imagem de um raio; no 17, de estrelas; no 19, do sol — todos representam símbolos espontâneos. O homem tem habilidade natural de se comunicar por símbolos, sejam racionais ou transcendentais; nosso plano mental e emocional trabalha eternamente com associações simbólicas, seja de forma simples, como a linguagem falada, até a mais complexa, como as crenças. Contudo, por mais racional que o indivíduo seja, não conseguirá sobreviver sadio sem o mundo simbólico, tanto em sua relação social como familiar.

DELIBERAÇÃO

O sociólogo e filósofo inglês Herbert Spencer (1820-1903) proclama, em sua filosofia sintética, que sempre será possível representar a própria realidade por intermédio de símbolos concretos, desde que não os consideremos mera semelhança com sua forma real. Pode-se desenvolver um símbolo para representar algo, e alguns podem ganhar força, outros nem tanto: uma bandeira, um emblema, um logotipo. O símbolo da Comunidade Comum Europeia, criado em 1982, foi uma bandeira (*símbolo territorial e de patriotismo*) de cor azul-real (*símbolo da vida e prosperidade*) com um círculo de 12 estrelas no centro (*símbolo do ciclo perfeito da criação cósmica*), de cor dourada (*símbolo de esperança e riquezas*). Podemos concluir que a C.C.E. estabeleceu um *símbolo de coesão-desenvolvimento-evolução* (Figura 6).

Figura 6 – Bandeira da Comunidade Europeia.

Agora, onde estão o cetro do faraó, o estandarte romano, o sinete real francês? Outrora, eles foram acalentados, respeitados ou temidos e, hoje, guardados em algum museu, sem força emblemática. Porém, invariavelmente, todas as alegorias criadas de forma deliberada possuirão símbolos espontâneos, coletivos ou migrados em sua configuração. Toda forma de simbologia artificial é arbitrária sob o ponto de vista de quem a cria; no entanto, o produto final, a linguagem posterior de um símbolo natural ou artificial jamais será arbitrário, mas, sim, análogo.

Considere: várias alegorias do tarô se referem aos símbolos deliberados (coroa, trono, báculo, lápide, entre tantos); mas e a carta em si ou seu conjunto desenhado, poderemos considerar de forma semelhante? A imagem do arcano seria deliberada ou espontânea? O tarô foi criado com o intuito de preservar alguma linguagem específica? Qual? As cartas foram inventadas para jogos lúdicos e o oráculo surgiu espontaneamente? Ou ocorreu o inverso? Como poderíamos classificar a estrutura de 78 cartas, espontânea ou deliberada? Para essas respostas precisaríamos de certeza absoluta de sua origem. Temos algumas, mas são duvidosas; contudo, no capítulo "Gênese do Tarô" argumentarei sobre o desenvolvimento do tarô ao longo dos séculos, tecendo opinião das correntes contemporâneas acerca do pensamento oculto.

MIGRAÇÃO

A migração de um símbolo ocorre através do êxodo de um povo, do intercâmbio cultural ou de conquistas territoriais, quando provavelmente um cultuará o outro, fundindo-se por semelhança ou adaptados pela conveniência. Eugène Globet D'Alviella enfatiza que, em tempos antigos, soldados e viajantes nunca deixavam seus lares sem levar consigo alguma representação da família e dos deuses, difundindo, assim, a própria cultura — e ao retornarem também traziam símbolos de outras etnias. Nada é mais contagiante que um símbolo, exceto, talvez, uma superstição.

Entre os egípcios, a fênix (Figura 7) se levantando da própria cinza representa o sol que ressuscita a cada dia, a força renovadora e eterna do deus Rá. Essa ave solar surge no emblema imperial romano durante o período copta, figurada em uma pira e circundada por um halo de luz, indicando a supremacia da vida romana e a vitória absoluta sobre os povos conquistados. Ave, César! Depois, aparece nos sarcófagos dos cristãos romanos primitivos, como alegoria de ressurreição da alma e da felicidade eterna. Migra para a China como emblema de imortalidade para os taoístas. Finalmente, aparece nas igrejas góticas como símbolo da imortalidade e da ressurreição de Jesus Cristo; também é fartamente empregada entre os alquimistas como parte do processo final de transmutação do chumbo em ouro, ou melhor, da ignorância em espiritualidade, representando a transmutação da vida. Cada povo, ou época, em particular, assimilou o simbolismo da ave fênix em sua própria cultura, sem se importar em saber quem a criou ou por quê. Em todos os povos, essa ave mítica tem significação similar por cadeia simbólica; porém, está suprimida da fonte original em relação ao deus egípcio.

Figura 7 – Fênix, símbolo de renascimento.

Os escravos africanos, ao serem trazidos para o Brasil, carregaram consigo uma enorme herança cultural (alimentação, crença, folclore etc.), mas foram obrigados a mudar vários costumes, inclusive a religião. Por séculos, sem perder a base da identidade cultural, conseguiram manter parte dos hábitos alimentares e estabeleceram elos entre os orixás e os santos católicos. Após a abolição da escravatura, o povo brasileiro assimilou parte da cultura africana por intermédio da alimentação, da música e do sincretismo religioso. Quem não oferece flores a Iemanjá durante o Ano-novo ou não gosta de um bom batuque no carnaval? Muito se perdeu, é óbvio, dessa migração simbólica, mas o princípio básico (os símbolos essenciais) foi mantido e preservado. De qualquer forma, uma migração cultural jamais deturpará o princípio lógico ou fundamental de um símbolo, pois ele nunca se tornará díspar em sua assimilação por outro grupo social — de alguma forma, o núcleo tende a ser preservado.

Quando observamos símbolos iguais com analogias distintas, isso significa que surgiram *isoladamente* dentro de culturas distintas. Nesse caso, não há adaptação: um ou outro terá de inexistir dentro de uma mesma sociedade. O planeta Vênus, entre os romanos, simbolizava a própria Vênus, a deusa do amor e da beleza; porém, na cultura asteca, esse mesmíssimo planeta identifica Quetzalcoatl, o deus da vida e da morte. Observe que, na mitologia romana, contém qualidade feminina e, na asteca, masculina; sem apor a desigualdade dos valores alegóricos. Ficou claro? Dependendo do ponto de vista cultural, não haverá adaptação ou transferência do valor simbólico: um anulará o outro. Voltaremos a este assunto (antagonismo simbólico) mais adiante, fechando todos os conceitos de migração e de sua aplicação ao tarô; no entanto, deixo uma questão para análise: *as imagens que compõem os primeiros tarôs de que se têm notícias (século XV) são todas pertinentes à própria época e local.*

TRANSMISSÃO

A transmissão simbólica é criada de modo deliberado de geração em geração. A religião, por exemplo, é a preservação dos mistérios divinos; o mesmo ocorre com as grandes fraternidades esotéricas. O psicanalista suíço Carl Gustav Jung (1875-1961) esboçou que a existência de uma ordem secreta tem sua razão de ser quando é necessário proteger um segredo que perdeu a vitalidade, e que só poderá perdurar de modo formal. Acrescento que isso se estende a qualquer preservação simbólica, cultural, social ou humana. Figuras míticas encontradas há milênios entre os povos do Oriente com a mesma intensidade e caráter, como as estátuas de Buda (Himalaia), os ícones da Igreja Bizantina (Grécia) e os bordados das mulheres nordestinas (Brasil). Todos são transmissões simbólicas, conscientes, coletivas ou deliberadas.

Há quantos séculos o símbolo do cristianismo é a cruz? O que dizer da régua e do compasso da maçonaria ou da roda do budismo? Quando surgiu o símbolo astrológico do planeta Saturno? Pensem nisto: enquanto existirem fiéis para transmitir o valor agregado, *o símbolo estará vivo*! No entanto, quantos símbolos estão inativos, indecifráveis, de culturas antigas ou até mesmo de outras, recentes, que não evoluíram? Quem cultua os deuses gregos, temendo os raios de Zeus e a vingança de Hera? Quem ritualiza os ensinamentos da *Ordem Hermética de Luxor* reverenciando os elementais? Ninguém. Então, quer dizer que esses símbolos estão mortos? Não, pois poderão ser vivificados a qualquer momento por outras gerações. Eles existem e pertencem ao legado humano, apenas estão inativos e não dissolvidos.

No final do século XX, o antropólogo norte-americano José Arguelles (1939-2011) reviveu o apogeu de uma civilização perdida, por intermédio do calendário maia (*Tzolkin*), tendo milhares de adeptos em todo mundo (que se denominam *kins* — umbral galáctico). Ele tentou mudar o nosso calendário gregoriano para o da cultura arcaica mesoamericana. Para tal proeza, contatou governantes do Primeiro Mundo, bem como o próprio papa católico, à época João Paulo II (1920-2005); seu exército de seguidores lutou pela retomada da filosofia espiritual da referida cultura, mas aplicada aos nossos dias, baseando-se nos deuses maias em suas funções cósmicas e terres-tres. De forma semelhante, ocorreu com a extinta ordem esotérica *Golden Dawn*, tentando, no século XIX, reviver o culto egípcio à deu-sa Ísis, com centenas de adeptos em vários países. Um símbolo nunca morre; no máximo, ele adormece!

EVOLUÇÃO

Nesse amplo aspecto de significação simbólica — espontâneo, deliberado, migração, transmissão — podemos concluir que um símbolo não se desenvolve com frequência. Evolução sugere progressão, mudança relativa em significação. Essa transformação não ocorre com o símbolo individual dentro de uma mesma cultura ou etnia. Mesmo que haja certa evolução em uma sociedade, seus símbolos fundamentais não tendem essa variação; porém, quando ocorrer alguma evolução simbólica, o predecessor deixará de existir. Por exemplo, bandeiras e brasões nacionais que foram substituídos. No mesmo sentido, o arcano Força era representado por uma mulher rompendo uma coluna ao meio e, atualmente, encontramos a imagem de uma mulher tocando a boca de um leão.

O primeiro símbolo oficial do cristianismo primitivo foram dois peixes em direção oposta (como o signo astrológico de Peixes); outra alegoria também usada era um grande X dentro de um círculo e a letra P no meio. Com a oficialização da Igreja Católica (século IV) surgiu a necessidade de exibir, aos devotos, todo o valor do sacrifício de Jesus, bem como o poder da salvação e os mistérios da ressurreição. A cruz, que já existia entre vários povos como símbolo da vida e da morte, foi adaptada para o catolicismo, fazendo-se entender como símbolo da fé cristã. Que Jesus morreu na cruz é um fato histórico, mas esse símbolo somente foi relacionado alguns séculos depois. Assim, encontramos dois casos: primeiro, a evolução do símbolo de fé do cristianismo (dois peixes, X e P, crucifixo); segundo, uma migração simbólica por adaptação da imagem da cruz de culturas pagãs.

O que poderá parecer confuso, a princípio, talvez achando que houve uma evolução (mudança), é o conceito de migração simbólica (intercâmbio, dominação, emigração). Nesse evento, a figura ou linguagem se adapta ou se amalgama com outro símbolo preexistente na cultura a que foi lançada. Deixará de possuir o contexto original para assumir outro papel (semelhante) na outra. Porém, na cultura anterior, à qual o símbolo pertencia, continuará com o mesmo valor ou imagem! Como no caso da fênix, que já analisamos, embora tenha migrado para vários países e a cada etnia tenha assumido novos valores, na cultura do país predecessor ela continuou com a mesma significação.

Devemos ter em mente que um símbolo, ou seu conjunto alegórico, na constituição figurativa raramente mudará, por isso encontraremos determinados ornamentos idênticos em várias civilizações; porém, no processo migratório, é comum serem modificados os valores (linguagem) atribuídos à mesma imagem figurada. A essa passagem, de um símbolo de uma cultura para outra, costuma-se dizer que o símbolo evoluiu — pode ser que, para a nova cultura instaurada, ele represente uma evolução de conceitos e linguagem; porém, para a anterior, continuará com a mesma significação, portanto, não sem evolução. Nesse parâmetro em determinar as migrações simbólicas somente a arqueologia e a antropologia poderiam nos fornecer informações mais precisas sobre as migrações.

Fechando conceitos. Geralmente, o que se comenta ser uma evolução do próprio símbolo (quando transformado depois de uma migração) poderá ser na realidade uma *transmutação*, uma desfiguração da fonte original, não importando se o emblema, ou significação, ampliou ou diminuiu. Portanto, quando um símbolo migra para outra cultura, ele não evolui, poderá ser assimilado, adaptado ou negado. A tendência será sempre se atrofiar de sua função primeira e adquirir outro papel por ambientação cultural, perdendo, parcial ou totalmente, a real procedência. *Contudo, considero esse complexo da migração simbólica a maior contribuição para o desenvolvimento da sociedade e do progresso cultural do homem, muito mais do que os símbolos espontâneos ou deliberadamente instaurados.*

VIVO OU MORTO?

Anteriormente já havia mencionado os símbolos vivos, mortos ou inativos. Agora é fundamental a compreensão desses conceitos, pois serão importantíssimos para a continuidade das próximas definições. Jean Chevalier também argumentou que cada grupo, em cada época, possui seus símbolos, e vibrar com esses emblemas implica participar do grupo e do período. Época morta = época sem símbolos. Sociedade desprovida de símbolos = sociedade morta. Uma civilização morre quando já não possui símbolos e dela nada se saberá senão por meio da História. O valor de um símbolo depende muito de quem o usa e da forma como é usado, nada mais. Ele assume maior ou menor intensidade de acordo com a época, a aplicação.

Alguns símbolos podem se tornar de domínio social, tal qual o crucifixo. Ele é usado como emblema de proteção espiritual (mesmo entre aqueles que não professam o catolicismo) e enfeita lápides nos cemitérios de diversos segmentos cristãos, em todas as etnias. Outros símbolos poderão desaparecer sem deixar vestígios, como os da cultura da civilização de Atlântida (alguém já viu algum?), ou perder o va-lor, como as alegorias dos deuses maias ou escandinavos (quem os cultua como outrora?). Observe atentamente que um símbolo só morrerá, ou ficará inativo, quando deixarmos de utilizá-lo, seja no âmbito pessoal ou coletivo. Tudo é possível no desenvolvimento simbólico, e pesquisar seu significado é uma labuta saudável, pois a história e a evolução do homem residem nele. Pesquisar, portanto, é resgatar a vida e compreender as necessidades, anseios e desejos.
Contudo, um símbolo pode estar morto em uma etnia, mas vivo em determinado grupo social; como, por exemplo, a cruz ansata, comum em ornamentos dos deuses egípcios (Figura 8), representando o poder da vida terrestre. Essa alegoria encontra-se morta na cultura egípcia; viva, porém, na fraternidade Rosa Cruz e na Wicca. Nesse aspecto morto/vivo, podemos afirmar que a maioria dos símbolos esotéricos é morta socialmente, mas latente em grupos — somente quem estuda conhece o verdadeiro conceito. Você acha que qualquer um pode reconhecer a mensagem de alguma carta de tarô ou ler um mapa astral? Os ocultistas, esotéricos e místicos preservam em todos os símbolos o adequado valor transcendental, independentemente da migração e da evolução.

Figura 8 – Cruz ansata, símbolo da vida.

Cuidado com a tecnicidade alheia! No campo da psicologia e da psicanálise, quando o símbolo (no caso uma patologia) é reconhecido pelo paciente, ele se torna exíguo e morre. Carl Gustav Jung postulou que, no momento em que a significação (interior) vier à luz e descobrir-se a expressão dos problemas, então, o símbolo está morto: restam-lhe apenas o valor histórico, a autocura, o autoconhecimento. Semelhante ocorre na sociologia, antropologia e linguística, onde o símbolo se torna morto e obsoleto quando não é mais usado pelo coletivo social. Quanto ao uso dessas expressões no tarô — símbolo vivo ou símbolo morto —, ambas estão corretas; no estudo dos arcanos (tarologia), o símbolo será pesquisado, entendido, permanecendo sempre vivo na alma de quem o aplica (tarotista). Todavia, no uso oracular (taromancia), quando a situação simbólica será desvendada, naquele momento de vida, ele se extinguirá para o consulente. No caso, este terá o livre-arbítrio de empregar a informação como bem desejar após o conselho. Portanto, o símbolo está eternamente vivo no estudo do tarô, mas se torna morto em relação ao cliente após a descoberta (divinação, orientação).

PERIGO!

Nós, esotéricos, consideramos o tarô um símbolo vivo das ciências ocultas; há séculos ele vem sendo transmitido de geração a geração, pesquisado e estudado por grandes homens e mulheres. Se modificarmos sensivelmente os símbolos tradicionais dos arcanos (similar ao tarô de Marselha) — ou a própria estrutura (78 cartas), isso implicará a fragmentação do que denominamos TARÔ. Talvez se tornem cartas com figurinhas desconexas e abarrotadas de *achismos*. Tenho observado alguns conjuntos de cartas intituladas "tarô" que não condizem com o que estudamos, talvez por falta de conhecimento do autor ou da editora. De qualquer forma, escrever sobre o assunto ou desenhar um tarô está se tornando "terra de ninguém", onde todos fazem o que bem entendem. Todos se copiam, publicam o que acham certo, não possuindo argumentação alguma ou partindo do próprio conhecimento de mundo (sensação da verdade pessoal). E, pior: nem validam o crédito autoral ou a fonte de consulta.

Certa vez ouvi uma aluna dizer que só joga o tarô de Marselha e, de outra, que ele é ultrapassado, pois o de Crowley é mais atual. De outra, escutei que seu mestre desenhou um tarô diferente, o qual somente gerações futuras irão compreendê-lo; outra, ainda, só sabia jogar o tarô Mitológico. Geralmente, a essa aparente falta de conhecimento estrutural do tarô sempre peço: *descreva o sentido simbólico do arcano 1 ou do 9*, e todos são unânimes em responder a mesma coisa! Então, como se pode apregoar que um tarô é melhor que outro ou que possua simbologia atual se todos funcionam do mesmo modo? Creio que é mais uma questão de gosto a escolha de um tipo de tarô; porém, se analisarmos detidamente cada imagem dos diversos tarôs, poderemos ter outras correspondências e estudos, como veremos mais adiante no capítulo "ORDEM NO CAOS SIMBÓLICO".

Retomo o cerne da transmissão simbólica para outros perigos aparentes. Será que uma coroa imperial encerraria o mesmo significado para nós daquele que possuía até o século XIX, com os regimes monarquistas? Será que atualmente observamos (sentimos) as joias reais (coroa, cetro, anel) com a mesma intensidade emocional (respeito, temeridade) dos camponeses, escravos, soldados ou da própria nobreza? Creio que não; portanto, a transmissão simbólica é imprescindível para a continuidade do tarô.

Mesmo entre os símbolos migrados, criados ou transmitidos pelas diversas culturas, quais deles ainda mantêm algum valor? Quem dentre a massa populacional conhece o significado do que seja fênix, olho de Rá, gárgula, cruz tríplice, chifres, cubo? Quem reconheceria o brasão real de Orleans e Bragança, outrora respeitado tanto pelos nobres quanto pelo longínquo fazendeiro no interior do Brasil? Gilbert Durand conceitua que a imagem simbólica deve ser revivida constantemente como um trecho de uma música. E o símbolo, como qualquer imagem, é ameaçado pelo regionalismo do significado, correndo o risco de se transformar a cada instante. A imagem simbólica, ao se introduzir em uma cultura, tem grande probabilidade de se decompor em dogma e em sintaxe.

No caso do arcano 4, nossa psique reconheceria a figura do presidente de uma nação como algo análogo (Figura 9)? Um imperador tem conduta e imagem única em todos os povos e, embora um presidente comande uma nação, ele existirá em regime político diverso (democrata, republicano, militar etc.) — certamente haverá certa similitude entre os símbolos (imperador/presidente), mas não serão idênticos, nem se reportarão ao mesmo significante. *Não, não poderíamos substituir sem perder importantes atributos.* Mesmo que um símbolo perca a intensidade psicossocial ou não seja reconhecido facilmente na atualidade, ele poderá ser mantido, transmitido e vivificado por um grupo de pessoas, tal como é a função das ciências ocultas. *Por isso, creio na importância da preservação dos símbolos tradicionais do tarô (Marselha e assemelhados, mesmo os estilizados) para que não haja a desfiguração e a perda de seu significante e significado.* Devemos tomar cuidado com as analogias e terminologias dos arcanos, pois estamos a um passo de uma deformidade irreversível se não nos concentramos em estudos mais claros e objetivos.

Figura 9 – Old English Tarot.
U.S. Games Systems, EUA.

CLASSIFICAÇÃO E DEFINIÇÃO

Uma das grandes complexidades para o iniciante consiste em classificar o que é um *arquétipo* e um *símbolo*, pois, em geral, se confundem na linguagem coloquial. Essencialmente, símbolos *possuem* alguma forma física (imagem, objeto) ou se reportam a conceitos psicoemocionais, todos transmitindo outros significados (metáfora, metalinguagem). Um arquétipo *não* possui nem forma nem imagem psíquica; somente sabemos do conteúdo como um padrão universal, um modelo operante, que, segundo Jung, é um núcleo de informações comuns a todas as espécies, algo muito mais complexo do que um símbolo. Agora entenda bem: toda vez que um arquétipo assume forma, ele se caracteriza como um símbolo e passa a se chamar imagem arquetípica. *O tarô é um conjunto de imagens arquetípicas*. Veremos isso mais adiante, após algumas classificações; no entanto, para chegarmos a um perfeito entendimento é necessário o estabelecimento de alguns conceitos.

MIGRAÇÃO OU INCONSCIENTE COLETIVO?

Devemos nos acautelar para não confundirmos migração ou transmissão simbólica com fonte do inconsciente coletivo. Sintetizemos alguns conceitos da psicanálise junguiana. Em primeiro plano, *o inconsciente coletivo é um arcabouço de modelos*, registros e informações; em segundo, constitui um conjunto de pensamentos, imagens e percepções. Ambos possuem impulsos: evolução e transcendência. Outra particularidade — embora seja uma função autônoma, o inconsciente coletivo integra-se a todos nós e registra tudo a nosso respeito: ideias, vontades, desejos, pensamentos, sensações. Em seu interior reside a fonte geradora de toda a existência simbólica: os arquétipos. Esse complexo psíquico torna-se, segundo Jung, a ancestralidade e a própria história do homem. Revela-se, assim, o responsável pela produção espontânea de mitos, visões, religião e certas variedades de projetos comuns às diversas culturas.

Nesse amplo aspecto psíquico, várias pessoas chegam à mesma conclusão, em locais diferentes, sem ao menos saberem umas das outras, ou, ainda, terminam décadas ou séculos mais tarde alguma ideia iniciada anteriormente. Poderíamos dizer que estamos, de certo modo, conectados uns aos outros, irradiando ou recepcionando constantemente as ações, os desejos e toda função simbólica de nossa energia psíquica. Podemos classificar como produção do inconsciente coletivo: a forma circular e cônica das moradias nos primórdios da civilização; a busca da longevidade na alquimia chinesa e na religião egípcia; a astrologia babilônica e a indiana; o templo egípcio, o chinês, o indiano, incluindo objetos ritualísticos idênticos (pira, incenso, perfume, flor). Todos os símbolos espontâneos, com o mesmo valor, em culturas distintas: sol (pai), lua (mãe), raio (deus), sangue (guerra), falo (fertilidade), roda (destino), estrela (divindade), trono (supremacia), coroa (soberania), casa (família).

Creio, no entanto, que alguns símbolos, mesmo que tenham surgido espontaneamente dentro de uma cultura, não poderão ser classificados como oriundos do inconsciente coletivo, pois muitos foram transferidos para outras etnias através de migrações simbólicas. Por exemplo: leão (rei, sol, proteção), árvore (sagrado, divino, vida, conhecimento), trombeta (anunciação, aviso, vitória, superioridade), torre (poder, orgulho, supremacia, divindade), carneiro (sol, poder, espiritualidade, nascimento), entre tantos. Contudo, nessas instaurações, podemos considerar que foi, no máximo, o reconhecimento do símbolo, e não mais uma criação deliberada, uma vez que houve adaptação consciente. Assim, toda forma simbólica, segundo Jung, seja espontânea ou instaurada por migração ou transmissão, será registrada pelo inconsciente coletivo ao se associar a algum arquétipo. Desse intercâmbio psíquico estaremos sorvendo, de uma forma ou de outra, a ancestralidade, e assim criando novos símbolos, em uma função eterna e cíclica.

E O TARÔ?

Na opinião de vários pesquisadores, entre eles, Paul Marteau e Michael Dummett, todos os *símbolos* contidos no tarô se agregaram ao longo de migrações e transmissões, agrupando-se aos poucos até revelar uma escala simbólica da evolução do homem. Encontraremos partes de cada carta em diversas civilizações (cetro, trono, espada, lua, sol etc.); entretanto, nunca a estrutura de um arcano inteiro, menos ainda o conjunto de 78 símbolos ou o oráculo por intermédio de cartas (papel, madeira, metal). Vejamos: egípcios, caldeus, indianos, chineses, gregos, romanos, todos contribuíram de alguma forma para a criação da *fonte* simbólica (septuaginta, copta, cabalista, hermético, gnóstico, alquímico), mas não com as cartas ou as imagens em si. A história do tarô (figura, modelo) se reporta, em todos os níveis, ao consciente coletivo renascentista e talvez pudéssemos considerá-lo, no máximo, um somatório de épocas remotas emergido no antropocentrismo — mas, mesmo assim, seria proveniente da cultura europeia.

Contudo, se insistirmos que o tarô é o resultado direto do inconsciente coletivo, seja pela criação ou pelo reconhecimento, por que não se encontra em diversas culturas de formas e estruturas simbolicamente semelhantes e análogas? Por que a figura de um arcano, ou de vários, não se encontra em cultura alguma que não seja a europeia? Questione-se: se foi uma migração egípcia, por que *não* encontramos os símbolos egípcios nos tarôs mais antigos ou, até, as próprias cartas no antigo e novo Egito? Eu pergunto: *será que o inconsciente coletivo tornou-se a forma genérica sobre tudo o que não entendemos ou acontece no mundo simbólico?* Nossa civilização se libertou da escravidão dos deuses pagãos, do Império Romano, do dogma religioso católico, da mente cartesiana, para terminar em uma escravidão junguiana — tudo é inconsciente coletivo e arquétipo? Contudo, podemos aceitar que a maioria dos símbolos individuais (alegoria e adereço da carta) tenha surgido desse inconsciente, mas não que o próprio conjunto de 78 cartas tenha emergido — isso seria negar nossa capacidade de inteligência, percepção, análise, evolução cultural e espiritual.

Tenho perguntado, ultimamente, onde estariam a individualidade humana, a imaginação, o livre-arbítrio, o carma, a transcendência, as vidas passadas? Segundo os junguianos, tudo isso se encontra introjetado no inconsciente coletivo! Basicamente, de acordo com essa retórica, o consciente pessoal (nossa capacidade de ler, pensar, sentir, analisar, agir) está relegado ao segundo plano, nas mãos intrigantes do inconsciente coletivo e dos arquétipos. Existem muitos pesquisadores de tarô, alguns amigos, autores internacionais, que há muito tempo vêm pensando da mesma forma, como, por exemplo, o tarólogo e ocultista inglês Gareth Knight. Ele diz que psicologia não é tudo, é simplesmente o análogo subjetivo de uma realidade objetiva maior; desse modo, Knight continua, o termo "inconsciente coletivo" é algumas vezes usado, mas seria melhor abandonar essa terminologia psicológica e retomar os bons e velhos termos ocultistas, tão fora da moda, como, por exemplo, o plano astral (análogo ao inconsciente coletivo).

SÍMBOLO OU ARQUÉTIPO?

A grande incógnita é decifrar se a literatura e os artigos sobre tarô (livro, internet, periódico) estão se referindo à palavra *arquétipo* pelo fluxo linguístico (modelo de algo) ou baseando-se no conceito junguiano (modelo de vida). Se eles estão empregando o sentido denotativo padrão-modelo, poderá ser válida essa definição; porém, se for relativo a Jung, não satisfaz, de forma alguma. Há um abismo semântico na mesma palavra. A problemática resulta de que os autores de tarô têm mesclado os dois conceitos indistintamente, causando discussões sobre o que é o quê. Entender o significado da palavra *arquétipo* será um grande avanço na compreensão simbólica dos arcanos.

Podemos argumentar, segundo Jung, que residem no inconsciente coletivo os arquétipos primordiais: Pai, Mãe, Herói, Maná, Puer, Self,

Anima, Animus, Sombra, Morte, e deles surge espontaneamente toda a gama de *imagens arquetípicas* e de *símbolos* que o homem conhece ou conhecerá. Também, à medida que ejetamos do consciente coletivo ou inconsciente pessoal toda a simbólica para o inconsciente coletivo, eles formarão um molde que criará autonomia. Tal processo é lento, secular, algo que não é tão simples como o axioma cartesiano: "Penso, logo existo!" Torna-se um complexo desenvolvimento de energia psíquica ao longo do tempo linear, independentemente de nosso querer e vontade, época ou costume. As civilizações, os povos e as culturas vão assimilando, valorizando, fortalecendo os laços pessoais com os simbólicos, e, a cada geração, eles se tornam mais fortes e impregnados no inconsciente pessoal e coletivo — cujo resultado Jung denominou memória ancestral. O que é herdado é uma predisposição, um molde flexível, e não uma ideia concisa. O arquétipo, segundo Jung, nunca corresponderá a uma manifestação concreta, mas subjaz em todas as produções culturais e é o núcleo gerador espontâneo de tudo o que existe ou existirá em nosso universo criativo.

Porém, há uma confusão no uso do *substantivo* arquétipo e de seu *adjetivo* arquetípico. O conceito de arquétipo será sempre o de uma ideia abstrata, um conceito primordial que só é determinado quanto ao seu conteúdo, e jamais pela forma visível ou pelo modo operante. Ao se manifestar, o arquétipo transforma-se em imagem arquetípica com forma e conteúdo reconhecidos pelo consciente. Vejamos. O arquétipo Maná (Senex ou Velho Sábio) pode apresentar-se na imagem de um sacerdote, um xamã, uma curandeira ou um guru exposto de alguma forma: rezando uma missa, ensinando ao neófito, buscando conciliação política, abençoando a coroação de um rei, meditando na montanha etc. Todas são *imagens arquetípicas* do arquétipo Maná. Assim, quando conscientizado, o arquétipo transforma-se em uma imagem arquetípica; contudo, Jung, em muitos casos, considerou uma imagem arquetípica como originária da infância ou da experiência de vida, e não de predisposições herdadas por intermédio dos arquétipos. Fique atento. Teremos dois conceitos para imagens arquetípicas: um, oriundo da ancestralidade (arquétipo, inconsciente coletivo), e, outro, da linguagem simbólica natural (consciente ou inconsciente pessoal).

Exemplo. Analisemos o símbolo da bruxa na sociedade. No começo, o Santo Ofício (século XII) perseguia somente quem não comungasse com a Igreja (heréticos); não havia associação com a feitiçaria, somente com o paganismo (pessoas não batizadas no catolicismo, podendo ser um judeu, islâmico, celta etc.). Com o passar dos séculos, todos associaram a magia negra aos hereges, e a crescente perseguição eclesiástica torna-se uma convulsão social, apontando em todas as direções, principalmente para as mulheres viúvas. Surge, assim, a variação da *imagem arquetípica do arquétipo Sombra*: uma mulher velha, feia, arcada, verruguenta, vestida de negro, com chapéu de cone, uma vassoura de galhos secos e um caldeirão, pronta para destruir a sociedade católica: a bruxa (Figura 10).

Atualmente, embora a figura dessa pobre criatura tenha perdido força/valor simbólico no contexto psicossocial, ainda permanece, em todas as etnias, a imagem arquetípica da velha malévola. Uma criança ou um adulto se refere à essa imagem, por metáfora, a alguma coisa ruim; nenhuma criança vê em uma pessoa a figura de uma bruxa se ela não conhecer aquele significado semântico, seja por contos de fadas

Figura 10 – Detalhe do quadro *O Feitiço*, Francisco Goya, 1797-8. Museu Lázaro Galdiano, Madri, Espanha.

ou informação familiar. A imagem arquetípica da bruxa surgiu, primeiramente, do arquétipo Sombra evocado pelo cristianismo; também se tornou o símbolo do mal no consciente coletivo. No século XX, com o nascimento da religião Wicca, a bruxa perdeu boa parte do contexto maléfico, recuperando um pouco do prestígio da boa velhinha injustiçada e perseguida. Tal mudança conceitual em diversos países, quase de forma simultânea, faz com que essa imagem arquetípica se aproxime do arquétipo Maná ou do Puer, dependendo de como se observa. Para falar a verdade, as adolescentes estão quase associando a velha bruxa a uma encantadora fadinha. Interessante, não?

Dessa forma, os arquétipos se revelam protótipos de conjuntos simbólicos, profundamente gravados na psique como modelos pré-formados, podendo surgir através do inconsciente coletivo ou pessoal e se instalar no consciente pessoal ou coletivo. Desempenha um papel motor e unificador, tanto quanto qualquer forma simbólica, na evolução humana, porém de uma forma bem mais complexa e profunda. Mas o que é comum ao arquétipo, como já vimos, são as estruturas constantes, o modo de atuar e significar. A situação percebida e modelada pode variar conforme a época, etnia e indivíduo, resultando em uma imagem arquetípica distinta. Assim, podemos deduzir que um arcano do tarô, nos termos gerais de significante e de significado é, no máximo, uma *imagem arquetípica*; entretanto, seus símbolos desunidos serão apenas alegorias individuais, algumas universais e outras nem tanto — e é daqueles símbolos unos, ou de seu conjunto simbólico, que estamos tratando até o momento.

ARQUÉTIPO OU ARCANO?

Após as considerações do tópico anterior, fica evidente que é preferível classificar uma carta do tarô com a denominação *imagem arquetípica*, jamais arquétipo. Contudo, o vocábulo ARCANO (segredo, mistério) ou CHAVE (conhecimento, acesso) é totalmente satisfatório para arregimentar o conteúdo enigmático da carta-símbolo; então, qual a razão para se evocar outra classificação? Por que estão evitando a terminologia: o *arcano Mago* ou a *chave 1* ou o *conteúdo divinatório da carta 1*? Contudo, se desejarem utilizar a linguagem psicanalítica para o tarô, o correto é dizer: o *arquetípico Mago*, a *arquetípica Sacerdotisa* e assim por diante. *Não* existe o arquétipo *do* Mago, o arquétipo *da* Sacerdotisa e todos os outros arcanos, uma vez que eles não constituem ideias primevas, sendo apenas manifestações delas. Observe, também, que na linguagem junguiana o arcano 1 (Mago), o 7 (Carro), o 11 (Força), o 12 (Pendurado), o 16 (Torre), o 19 (Sol), o 21 (Mundo) e o sem número (Louco) poderiam ser imagens arquetípicas do mesmo arquétipo: *Herói*. Enfatizo: podem constituir o mesmíssimo arquétipo. Os arcanos 1 e 7 também se relacionariam com a imagem arquetípica do arquétipo *Puer*; por sua vez, o arcano 12 igualmente poderia ser uma das manifestações do arquétipo *Maná*; os arcanos 19 e 21 estariam de acordo com o arquétipo *Self* e, ainda, os relacionaríamos ao arquétipo *Morte*.

Estranhou? Não entendeu a multiplicidade de manifestações arquetípicas? Não se preocupe, essas classificações em nada o ajudariam durante uma consulta divinatória, nem teriam praticidade no estudo do tarô. Apenas saiba que necessitamos colocar limites na linguagem esotérica, de modo que você não se perca em elucubrações inúteis ou denominações deturpadas. Por isso, dói-me a alma (os ouvidos, também, e o coração nem se fala) quando ouço/leio — o arquétipo do Mago, o arquétipo da Sacerdotisa etc. Podem parecer semelhantes na linguagem coloquial, mas essas duas estruturas, o arquétipo junguiano e o arcano do tarô, são teorias distintas, apenas se aproximam (e nem mesmo precisamos disso). Cito a renomada pesquisadora e taróloga americana Cynthia Giles ao dizer que, atualmente, a maioria dos escritores sobre o tarô cita repetidamente Jung, e não mais um teórico esotérico ou um ocultista. Desse modo, é interessante considerar se eles estão somente rotulando conceitos do ocultismo ou se nosso entendimento revela ideias imaturas da psicologia. De onde veio esse quadro díspar? Ela argumenta — atualmente, encontramos uma verdadeira cornucópia de universos mitológicos para o tarô, como, por exemplo, os deuses gregos, a vida tribal, a saga nórdica etc.; no entanto, estamos nos distanciando desses mitos ao buscar uma ligação com o tarô. Por outro lado, também nos afastamos do próprio tarô ao tentar adaptá-lo ao mito! Assim, não somente os mitos estão sendo *afetados* pela imaginação popular em relação ao tarô, como a própria linguagem do tarô tem sido *deformada* pelo excesso de conexões míticas. Eu [Nei Naiff] sempre insistirei nisto: parem de procurar o óbvio, os símbolos já estão impressos há séculos nas cartas — é só estudá-los na singela simplicidade do *padrão* Marselha.

ESTÍMULO E REAÇÃO

Consideramos que um símbolo pode ser criado por vias distintas e, uma vez elaborado, a consciência pessoal (ego) ou coletiva (social) o aceita ou simplesmente o rejeita. Não é o inconsciente coletivo que determina a aceitação/compreensão. Trata-se do conhecimento pessoal de mundo (capacidade individual de raciocínio baseado na própria experiência de vida, cultura, educação) ou, no máximo, do inconsciente pessoal (jamais coletivo). Vejamos. Em 1995, durante a transmissão televisiva de um culto evangélico, um pastor chutou a imagem de Nossa Senhora Aparecida, sendo aplaudido pelos fiéis. Esse episódio gerou indignação entre os católicos, e outras entidades religiosas, óbvio. Veja que interessante: para os evangélicos, *cultuar/respeitar* imagens de santos é abominável e anticristão; para os católico *não* cultuar/respeitar esses mesmos ícones é abominável e anticristão. Aquele evento esclarece o real valor de um símbolo — será estimulado pelo próprio conteúdo psicoemocional de quem acredita nele, ou seja, ambos os segmentos religiosos estão certos no contexto dogmático que os envolve, pois o símbolo somente faz sentido quando se agrega valor a ele.

No instante em que se observa um símbolo, a forma é percebida pelos olhos e uma imagem é composta no plano mental, depois, no emocional. Esse grau de percepção é um elo entre a realidade e o significado pessoal/coletivo, as imagens são associadas a outros conceitos, formando pensamentos diversos. Quanto mais sensibilidade e conhecimento tiver uma pessoa, mais rápido conseguirá responder ao estímulo simbólico, alcançando o legítimo significado. Assim, a resposta é o comportamento resultante da PERCEPÇÃO-ESTÍMULO-REAÇÃO, podendo se constituir em ideias, em sentimentos, em palavras, em expressão.

Quando vemos um jardim repleto de flores, em uma manhã ensolarada, e uma leve brisa nos traz o perfume das rosas, não importa o estado de espírito, naquele momento iremos parar, observar, deixar a mente vagar até uma situação prazerosa, depois partiremos com uma sensação agradável. O jardim é símbolo do paraíso celestial, da morada divina, da paz e da felicidade. Embora, conscientemente, não nos lembremos dessas definições, em nosso subconsciente residem todas as formas notadas ao longo da existência; contudo, somente a observação da beleza das flores já é um alento para o nosso coração. *Assim age um símbolo: percepção-estímulo-reação.*

Psiquicamente, a percepção e a memória dependem quase exclusivamente dos símbolos; uma imagem não é o próprio objeto — ela representa o objeto. A imagem de um arcano do tarô não é o próprio arcano, apenas o representa. Essa imagem não tem valor real; mas, sim, psíquico e emocional. O *simbolismo do tarô aciona o mecanismo da percepção-reação, formando um significado.* Temos o hábito de fixar determinados conceitos semânticos, não observando a real dimensão simbólica das cartas do tarô. De acordo com esse parâmetro, vale uma regra fundamental — não devemos associar um símbolo pelo que achamos ou estigmatizá-lo com uma diminuta palavra. Por exemplo: Enamorado/dúvida, Justiça/equilíbrio, Pendurado/sacrifício, Temperança/alquimia. Esse recurso é interessante para nos lembrar do conteúdo simbólico da carta, não para transferir essas palavras eternamente a uma consulta! Também observo que a falta de visão macrocósmica do conjunto (78 cartas) contribui sobremaneira para o equívoco em uma análise oracular (estudaremos esse assunto no próximo capítulo).

A percepção é uma espécie de sinal que identifica um objeto para a pessoa que o observa; a associação mental com outros elementos permite ordenar a emoção proveniente do símbolo. A vantagem perceptiva se aplica de forma objetiva e pode ser usada para se aprofundar a compreensão do indivíduo, para ele se instruir ou informar ao outro. Um professor orienta os alunos acerca do valor do hino nacional, da relação com o orgulho pátrio e o respeito à nação. Em uma olimpíada, ao escutar o hino nacional durante alguma premiação, sentimos forte emoção, não é verdade? No estudo do tarô ou em seu oráculo, ocorre o mesmo princípio: necessitamos entender o simbolismo, o arcabouço, o conceito; caso contrário, terminamos em *achismos* e não entendemos o profundo valor de suas respostas. Os símbolos agem como um elo de integração psíquica no indivíduo, ou seja, a união harmônica de inúmeras facetas, conseguindo, então, equalizar todos os parâmetros necessários para aquele determinado símbolo cultural, social, político ou religioso. Com frequência, durante uma consulta de tarô, é necessário mostrar claramente a carta ao consulente para que ele veja e sinta além das palavras.

PESSOAL E COLETIVO

Uma aliança de casamento ou um anel de formatura são símbolos de felicidade, alegria e compromisso, mas somente dizem respeito a uma situação real e definida pelo indivíduo; da mesma forma que um carro novo de última geração ou uma mansão são símbolos de poder para quem os possui, e de mais ninguém, esses valores são pessoais e intransferíveis. A estrela de Davi (Figura 11) é um símbolo coletivo, uma vez que representa a religião do povo judaico; no entanto, para os místicos, simboliza a união do microcosmo com o macrocosmo. Diversas pes-

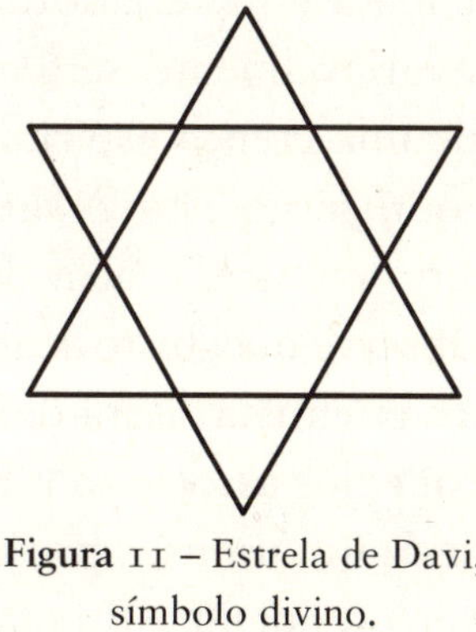

Figura 11 – Estrela de Davi, símbolo divino.

soas utilizam essa estrela como proteção espiritual, mesmo não sendo judeus nem esotéricos. Então, observe: em todas as representações o ser divino está presente. *Alguns símbolos somente possuem valor para quem os possui* (um porta-retratos, talvez); outros, agregam importância social ou coletiva (uma bandeira, por exemplo). Isso explica alguns equívocos nas leituras de tarô, pois é comum tentar entender as cartas pela própria experiência de vida exotérica (com *x* mesmo). Uma vida esotérica (agora com *s*) vislumbra conhecimento simbólico e muito preparo espiritual.

ANTAGONISMO

Fechando os conceitos da reação simbólica, *o mesmo símbolo pode se tornar desigual dependendo da cultura a que foi agregado*. Vejamos um exemplo para facilitar o entendimento. A figueira é símbolo do mal no cristianismo; da iluminação espiritual, no budismo; dos mortos, no candomblé; da imortalidade, na China; da fecundidade, no Oriente Médio. Portanto, a mesma árvore pode ter um significado social, individual, divino ou diabólico, dependendo de quem a observe! Por isso, é importante conhecer a origem e o autor de determinadas referências simbólicas; pois, a cada cultura terá significações distintas. Nesse contexto, um dos símbolos se anulará perante o outro quando ambos entrarem em contato; talvez o indivíduo nem perceba a origem ou entenda a fonte criadora. Cito o caso do arcano Diabo (Figura 12) que, invariavelmente, será associado ao orixá Exu quando o tarólogo tiver alguma crença espírita, ou a Bafomé, se for magista enoquiano. Vale pontuar, no estudo simbólico, que um sistema é construído dentro de certa cultura, e nela deve permanecer para conservar o fundamento. Observe que, historicamente, tal arcano foi instaurado no seio europeu renascentista e será de lá que devemos extrair as considerações iniciais. Podemos associá-lo a Exu? Sim, apenas por analogia, jamais por substituição. Aqui se apresenta caso semelhante ao do simbolismo imperador/presidente e do planeta Vênus na cultura grega/asteca.

Ampliando o conceito de antagonismo, primeiramente citemos as diversas correntes espirituais criadas a partir de figuras iluminadas — Jesus (católica, evangélica, luterana, entre dezenas de igrejas cristãs), Buda (theravada, mahayana, lamaísmo), Maomé (israelitas, xiitas, saidis, sumiras, imamis, sufistas), Moisés (judaísmo), Lao Tse (taoísmo), Nilog (xintoísmo), Mokito (messianismo) e mais uma centena de outros iluminados com seguidores por todo o planeta. Todos se dizem provedores celestiais na supremacia terrestre e praticam certa guerra santa para arregimentar devotos. *O símbolo divino é bom ou mal, dependendo do ponto de vista cultural ou daquilo que se professa.* Algumas religiões tendem a ser ecumênicas, mas até certo ponto. Por outro lado, o homem poderá renegar um símbolo religioso, ou outro qualquer, em que acreditou e a que se dedicou por tantos anos, para crer em outro, como em um passe de mágica, em fração de segundos — o símbolo é individual, coletivo e pluridimensional. Você pode amar o tarô hoje, enquanto lê este livro, ou pode renegá-lo, caso se converta a alguma religião antiesotérica (espero que não, mas, se o fizer, saberei compreender).

Figura 12 – 1JJ SwissTarot Cards. U.S. Games Systems, EUA.

DUPLO SIGNIFICADO

Por outro lado, um símbolo também poderá ter duplo significado dentro de uma única cultura, dependendo de como for aplicado. O fruto da romã, no antigo culto ao deus grego Hades, representava o mundo infernal; no entanto, o culto à sua consorte, a deusa Perséfone, simbolizava a prosperidade. A estrela de cinco pontas é símbolo da magia benéfica (anjos) e, quando invertida, é o da magia maléfica (demônios). O uróboro (um círculo em forma de cobra) simboliza expansão quando a cabeça se encontra no sentido horário, e retrocesso quando em sentido anti-horário. Nesse conceito reside uma das regras clássicas das figurações simbólicas nas ciências ocultas — a *direção* da imagem e da forma.

No tarô, todos os arcanos terão duplo significado (aspectos positivos e negativos), nenhum arcano é *bom* ou *ruim*, pois todos encerram um senso bilateral; contudo, somente durante a taromancia entenderemos a real extensão simbólica. Por exemplo, o arcano Papa ou Sacerdote, em análise positiva no plano material, apontará: legalidade, organização, realização; no aspecto negativo: manipulação, ilicitude, descrédito. Contudo, somente *um* único aspecto será revelado durante a consulta de acordo com o método, enquanto o outro será desconsiderado (a posição da carta é que determina a escolha). Todas as análises taromânticas encontram-se delineadas nos volumes II (arcabouço dos arcanos) e III (estrutura dos métodos) desta trilogia dos estudos completos do tarô. A intenção deste primeiro volume é fornecer ao estudante os diversos caminhos que se podem perpetrar para o estudo do tarô, bem como novas ideias e estruturas para uma análise segura da divinação.

SÍMBOLO, SIGNO E SINAL

Como já vimos, um símbolo representa algo que faz a mente e o sentimento irem além da figura observada. A imagem de um livro representa o conhecimento, a de um cavalo resume o domínio do instinto, a de uma estrela traduz a esperança. O *conceito de símbolo é diferente de signo*. Enquanto uma placa de trânsito é um *signo* de advertência, a rosa vermelha é um *símbolo* de amor; em ambos os casos, ao olharmos a referida forma, teremos imediatamente um estímulo, portanto, um significado objetivo ou subjetivo, um pensamento ou sentimento — UMA REAÇÃO, limitada ou ilimitada.

Quando uma imagem é desenvolvida sem o princípio de adaptação e de associação com qualquer outra coisa que não seja o proposto, ele se torna um signo. Saussure postula que, ao contrário do símbolo, o signo é totalmente arbitrário, não dá margem à discussão. Louis Hjelmslev (1899-1965) acrescenta que um signo pode consistir em um só elemento de expressão ao qual está ligado um só elemento de conteúdo. O *signo apenas identifica um objeto ou alguma coisa*, concreta e definitivamente, sem necessidade de elucubrações, e não se reporta a elementos que não sejam o sugerido. O rótulo de uma garrafa de vinho identifica o conteúdo; portanto, é seu signo. Contudo, alguém brindando com uma taça de vinho é simbólico, pois se lança a uma ação estimulante de sensações interiores de quem o observa, levando-o a pensar em determinadas situações e sentir o prazer.

Exemplo. Na matemática, o número 1 é o signo que identifica o valor de uma unidade. Na numerologia, ele o coliga a um tipo de energia da vida (nome, destino, dons etc.). Assim, um signo pode identificar um símbolo ou sinal. No tarô, o nome ou o número da carta revela parte do conteúdo simbólico; portanto, representa sua identificação, seu signo. O nome *mago* e o número 1 são os signos do arcano que contém o simbolismo inerente a ele — um jovem de pé manipulando os quatro elementos; assim como o nome *eremita* e o número 9 são os signos do arcano que contém um ancião segurando uma lanterna e um cajado.

Às vezes, uma figura pode ser tanto um signo quanto um símbolo, dependendo do que é atribuído em determinada circunstância. A figura de um crânio e ossos cruzados pode ser o signo de veneno quando inserido em uma caixa; ou o signo de pirataria, em uma bandeira. Também assinalava poder e glória nos brasões de clãs feudais; nas ciências ocultas, eternidade, vida transcendente. O signo ou nome Vênus (♀) é empregado tanto na porta de um banheiro feminino quanto na fórmula matemática de Kepler; na alquimia, representa o metal cobre e, na magia cabalística, o amor.

A palavra *sinal* também é largamente usada para manifestar conceitos retilíneos e racionais, tais como convenções, marcas, tipos, advertências. No sinal de trânsito (semáforo), por exemplo, o verde significa que se pode avançar com o carro, e o vermelho, que devemos parar (e nada mais do que isso). Porém, tal como um signo, o sinal poderá ser um símbolo — quando usamos as mesmas expressões citadas na linguagem coloquial, significa, por metáfora, que algo está aberto (verde) ou se encontra fechado (vermelho). Vejamos. Sinal verde para o namoro; sinal vermelho no empréstimo bancário.

O signo pode identificar tanto um sinal quanto um símbolo, mas o sinal não identifica um signo, raras vezes um símbolo — esse é o grande diferencial. O sinal é limitado na significação porque nem sempre terá um significante (fonema) associado a um significado (objeto, ideia, grafia, conceito, sentido); todavia, jamais perderá o sentido (simbólico) perceptível à mente humana. O dedo indicador à frente da boca indica sinal de silêncio; o piscar intencional de um olho sinaliza algum gracejo; o alarme de um relógio alerta para algum compromisso. Na carta 5 do tarô, por exemplo, a imagem do clérigo perpetra um gesto (sinal) de bênção à frente de duas pessoas ajoelhadas (Figura 13) — referência espiritual, superior e doutrinária.

Figura 13 – Oswald Wirth Tarot. U.S. Games Systems, EUA.

ABISMO SIMBÓLICO

Até agora analisamos a simbologia (origem, definição, classificação) como um arcabouço comum a diversos segmentos, do acadêmico ao metafísico; no entanto, a análise e o produto final entre eles serão distintos. O campo da simbologia resulta em inúmeras discussões; afinal, discorre-se sobre a complexa mente humana, mas a controvérsia se resume sob o ponto de vista de quem a aplica, e não do objeto em si. Vejamos, pois, a diferença entre esoterismo, psicologia e linguística — qual a visão?

- Linguística e filosofia estudam símbolos como estrutura da comunicabilidade humana, bem como a transferência do raciocínio abstrato a uma unidade compreensível. Não têm por hábito qualificar quem ou o que está certo, argumentam, mas não desejam ser absolutos. O debate entre as correntes de pensamento (de Saussure a Chomsky, de Descartes a Kant, por exemplo) visa estabelecer uma definição do comportamento humano. A pedagoga Vera Lúcia G. Felício estabeleceu, em sua dissertação de mestrado, que *o conhecimento é, essencialmente, uma produção simbólica*. Resume que a dialética é um movimento recorrente cujo objetivo é evidenciar um pensamento sobre o outro, sendo impossível manifestar-se no imediato, somente emergindo *a posteriori*, quando as ideias já cumpriram sua função. *Na dialética, o presente fornece sentido ao passado, permitindo revivê-lo de maneira transformada para o futuro*. Dessa forma é natural que um discorde de outro, acrescente algo, encontre novas fórmulas, estimule ulteriores símbolos. Assim funciona a dialética: progresso de ideias.

- Desde os conceituados psicanalistas que deram origem à psicologia, tais como Sigmund Freud, Alfred Adler, Erich Fromm, até o gestaltismo, incluindo a transcendente linguagem junguiana, *todos observam*, invariavelmente, a estrutura simbólica como uma doença ou uma cura, jamais sob a verve espiritual. Aceitam a fé como fator importante na autocura, ou até como equilíbrio social, mas não acolhem os mistérios intrínsecos da fé (Deus, anjos) ou qualquer arte esotérica, cura mediúnica, magia ou tudo aquilo não explicável por leis naturais (cartesianas). Porém, devemos separar o psicólogo-esotérico do *psicólogo*, o esotérico-psicólogo do *esotérico*, observando nosso equívoco em acreditar que os acadêmicos empregam algum sistema transcendente, seja o tarô, a astrologia, a acupuntura, ou qualquer arte semelhante, com a MESMA visão de um místico/esotérico/espiritualista, livre das amarras acadêmicas. Mesmo um psicólogo espiritualizado jamais admitiria jogar tarô, tampouco receitar os florais de Bach, perante o CRP (Conselho Regional de Psicologia). Tenho absoluta certeza de que ele se redimiria, dizendo pesquisar a cura com símbolos, caso usasse essas consultas! *Ele não arriscaria a suspensão de seu registro profissional.* Psicologia e esoterismo são campos análogos na busca do equilíbrio humano (autoconhecimento), mas em determinado ponto se bifurcam, não conseguem estabelecer reciprocidade. Um busca a razão; o outro, a transcendência.

Linguística e psicologia estudam a linguagem como o fundamento da psique humana, constituindo domínios adjacentes. O problema que se levanta é a fronteira que as separa: idêntica à Muralha da China — assim postulou o doutor em ciências humanas Michel Arrivé (1936-). A dialética da psicologia e da psicanálise compreende um símbolo ora como fator de alguma patologia (doença), ora como ponto de equilíbrio (cura). Para essas classes científicas, que se propagam como epítome da verdade, a simbólica é um produto criado exclusivamente pela vontade humana; pode, assim, sob esse ponto de vista, ser descaracterizada do valor espiritual ou transcendental. Para eles, todo ritual (religioso, místico, esotérico) é uma manifestação da psique e não da verdade oculta (a divindade não pode ser mensurada pela ciência). Os teóricos dessa área entendem a fé como um fator arcaico, enraizada na psique e impossível de ser removida. Igualmente, acreditam ser moralizadora, mas *desnecessária* para a evolução psíquica.

Aconselho os iniciados na arte do tarô a serem prudentes com a utilização de terminologia técnica de outra área, pois corremos o risco da deformação no estudo do tarô (tarologia) bem como na linguagem oracular (taromancia). É saudável procurarmos novas diretrizes para a expressão simbólica dos arcanos, mas será um grande equívoco se usarmos uma retórica acadêmica sem questionar os limites (dela) e os do próprio tarô. Reconheço a valiosa contribuição da psicologia/psiquiatria para o abissal plano da mente humana, mas não podemos dizer que elas forneceram alguma ajuda/evolução para o esoterismo ou para a espiritualidade. *Ambas estudam e pesquisam a alma humana, porém são antagônicas na prática.*

O abade e ocultista francês Éliphas Lévi (1810-1875) argumentou que se o símbolo é a expressão do mistério, somente se manifestará por imagens paradoxais tiradas do conhecimento e, por tal razão, estará fora do cientificismo. Se a ciência afirmasse o que não sabe, destruiria a si própria. *A ciência não poderia, pois, fazer obra da fé, assim como a fé não pode decidir em matéria de ciência.* A ciência é absolutamente inapta em decidir que se tenha ou não razão de crer em algo; ela só pode constatar o resultado da crença. "O símbolo é a arca santa, é a herança sagrada de nossos filhos, é o sangue de nossos pais" — afirma Lévi. A fé, para esse ocultista, representava toda forma simbólica contida no esoterismo e na religião (ícone, ritual, doutrina), devendo permanecer viva, seja por intermédio de oratória, estudo ou vivência.

Não importa ao ocultista/místico se aos olhos de outro ele esteja errado, o esotérico irá estudar mais sobre determinado simbolismo, mergulhando no fantástico mundo espiritual. Como, por exemplo, na meditação do fogo violeta (símbolo da transmutação cármica), o adepto irá vestir roupas de cor lilás e orar ao mestre Saint Germain

— aos olhos do devoto, essa fé inquestionável é vivida diariamente. O mesmo ocorrerá no mundo simbólico do tarô, cuja pesquisa (símbolos, signos, sinais) representará o único caminho para a assimilação e o uso correto da taromancia; por isso, todos nós dizemos que estudamos o tarô por toda a vida. O ocultista inglês Francis Barrett (1765-1825) escreveu que temos um sistema simbólico completo dentro de nós mesmos e, por essa razão, somos chamados de microcosmo; pois, desde o princípio, quando Deus colocou em nós Sua imagem, levamos o céu dentro de nós. Contudo, esse tesouro aguarda o despertar de nossa vigorosa faculdade mental — ao investigarmos as qualidades ocultas do microcosmo (autoconhecimento) teremos a chave para abrir todos os tesouros e segredos do macrocosmo (espiritualidade).

Fechando a diferença no uso da simbólica, o filósofo Ouspensky argumentou que é muito difícil definir um estado místico de consciência mediante a terminologia psicológica corrente; devemos, portanto, ter o devido cuidado com tal aplicação. Quanto à ciência, ele continua, não mostrou nenhum interesse pelo misticismo, relegando-o à esfera da patologia ou, na melhor das hipóteses, ao domínio da fantasia. *O misticismo não poderia existir sem o conhecimento oculto, e a ideia desse saber não poderia se manifestar sem o misticismo.* O tarô é assim: somente se conhece estudando e praticando (e muito!).

TERMINOLOGIA

Às vezes, uma palavra mal-empregada pode ser fruto de inúmeras contradições. Em agosto de 1996 escrevi um artigo[2] sobre a carta Lua para o periódico *Universus*, editado pelo Centro Astrológico Astro — Timing, Rio de Janeiro/RJ. Toda dissertação estava bem-estruturada e eu recebi vários elogios; mas um único conceito foi o motivo de um

[2] *Arcano 18: o portal para a luz* — leia essa matéria na internet: neinaiff.com/academia/artigo.htm

acirrado debate que tive com um leitor. Finalmente, chegamos à conclusão de que houve um erro semântico por parte dele, e não nos conceitos do artigo. Isso me fez pensar, ainda mais, sobre as terminologias empregadas e o conhecimento de mundo que o estudante possa ter; afinal, escrever uma ideia é muito mais difícil do que explicá-la pessoalmente. A estrutura a seguir foi a melhor maneira que encontrei para chegarmos a um raciocínio direcionado e inteligível, sem nos perdermos na eloquência mística que possuímos (por natureza da profissão). Estudá-las passo a passo (na construção do arcano) fará que você chegue à linguagem pura do tarô, sem dificuldades (no volume II, *Tarô, vida e destino*, os arcanos serão apresentados dentro desse padrão).

Signo

A relação acústica da imagem, o som da palavra e também a representação ortográfica; o signo remete a um conteúdo simbólico específico, a partir de um nome ou de um número. O vocábulo *temperança*, na língua portuguesa, nomeia o arcano 14 e, consequentemente, evoca as imagens: um anjo tocando os pés no solo, segurando duas jarras que vertem água uma para outra. Se alguém diz ou escreve: *arcano 21*, isso remeterá à estrutura da carta denominada Mundo, e o inverso é verdadeiro. Se alguém falar: a carta 9 ou o Ramalhete significa alegria e prosperidade... Bem, isso não estabeleceria associação com nada do tarô, certo? Pois a carta 9 do tarô é denominada Eremita e codifica os percalços do tempo: obstáculo, estudo, pesquisa, sabedoria etc. Então, é isto a acepção do signo: identificação.

Figura

A representação da imagem como um todo, o assunto principal, aquilo que vemos sem conjecturar o que possa simbolizar, é apenas o retrato sem observarmos os detalhes. A figura do arcano principal 5 é um sacerdote, e a carta numerada 14 é um anjo. Quando dizemos que o arcano 9 é representado por um ancião, já sabemos a que tipo de imagem se reporta aquela carta.

Ornamento

Amplia a imagem-símbolo principal, aprimorando o atributo final que se deseja descrever, a forma como é retratada. Essa é a etapa fundamental em qualquer estrutura simbólica; no caso do tarô, constitui importante ferramenta para se atingir a significação — incluem-se a posição, o gesto, o adereço etc. O arcano 1 é figurado por um jovem ornamentado de pé, com a mão esquerda para cima e a direita para baixo, estando atrás de uma mesa com vários objetos em cima dela. Se estivesse com os braços cruzados não mudaria a concepção simbólica? Se fosse idoso e não tivesse os elementos à mão não iria traduzir outro aspecto? Existem maravilhosas manifestações artísticas, mas a quantidade maciça de diferentes ornamentos compromete tudo o que já foi publicado e escrito a respeito. A premissa do *ornamento* junto com a *figura* e o *signo* é o princípio básico para a manutenção e o futuro do tarô sem que ele perca sua identidade.

Adereço

Também denominado emblema, é a representação de uma ideia, um conceito, um sentimento; pode ser um signo, sinal ou símbolo. Ele é único e sempre converge para um sentido, assim como uma insígnia denota apenas um valor exato, mas representativo. No tarô, importa a parte que mesmo isolada manterá o valor original. *O adereço nunca é afetado, mas pode modificar qualquer conjunto simbólico*. O escudo representa proteção e se encontra na mão da Imperatriz (Figura 14) e aos pés do Imperador (Figura 9). O valor simbólico é igual, certo? Mas o resultado final da análise é modificado pela posição (ornamento) — um se resguarda (arcano 3), enquanto o outro não necessita de proteção (arcano 4); um tem poder executivo, o outro, legislativo. Já observei em alguns tarôs que a Sacerdotisa (arcano 2) é ornamentada com uma lua na cabeça e a Imperatriz (arcano 3) com a mesma imagem, aos pés. A inclusão desse adereço é perfeita, pois o arcano 2 tem a fonte psicoemocional dominando as ações, enquanto o arcano 3 jamais se deixa influenciar pela emoção. No entanto, o símbolo da lua continua o mesmo: alma, energia feminina, sentimental.

Atributo

O conjunto de figura, ornamento e emblema constituem um atributo. Essa classificação se projeta ao modelo simbólico (imagem arquetípica, se preferir), que se deseja tornar visível, limitar os espaços lógicos dos símbolos utilizados. Em princípio, ele pode parecer semelhante ao sentido do ornamento, e a diferença é sutil. Enquanto no ornamento temos uma análise detalhada do símbolo, no atributo percebemos o sentido geral, constituindo o principal entendimento para interpretações na taromancia. O arcano 2 tem como possíveis atributos: reflexão, passividade, retidão, entre tantos equivalentes. O arcano sem número (Louco): ousadia, desatenção, dispersão, entre diversos similares. No primeiro, o senso do mistério será mantido o tempo todo; no segundo, o senso de liberdade irá atingir o caos. A ação direcional e centrípeta de ambos é lógica. ***Note e anote***: Nunca haverá um atributo exclusivo para a carta, pois o tarô é imagético. E se, às vezes, indicamos uma única palavra é no contexto de significações-chaves, apenas como um vocábulo mnemônico, para remeter ao amplo universo simbólico. Nada mais.

Figura 14 – Old English Tarot. U.S. Games Systems, EUA.

Analogia

Busca-se a relação direta e comensurável entre todos os elementos simbólicos; também é possível se pautar com qualquer situação que se assemelhe. Esse tipo de análise sempre tenderá a ser uma fonte de equívocos; por isso, devemos ter o conhecimento dos inúmeros símbolos a serem analisados. *Não se pode achar nada; deve-se pensar como os antigos e buscar nas diversas culturas existentes todo o saber possível para um único símbolo*, já conceituava o arqueólogo Joseph Heinrich (1782-1827). Por exemplo. No arcano Enamorado (Figura 15) o jovem escolhe ou está em harmonia com as mulheres? Ou serão elas que o elegem? Talvez fosse uma mulher idosa dando conselhos aos jovens? O anjo acima deles está com o arco retesado, irá lançar a flecha? Sim ou não? Eles têm alguma alternativa ou o anjo já optou por eles? Será o duelo entre o bem e o mal, entre o vício e a virtude? Mas e o que é melhor para ele ou elas? Enfim, encontramos tantas possibilidades de análise que se torna inesgotável a interpretação: decisão, dúvida, sociedade, amor, namoro, casamento, contrato, diálogo, festa, beleza, romance, liberdade, tentativa etc. Não paramos: ainda podemos relacionar essa situação com alguma parte mitológica, como a escolha de Psiquê ou de Pandora, entre tantos. Cuidado. Não me reporto à história completa do mito, apenas a uma parte dele. Enquadre a cena arquetípica — o momento em que Psiquê hesita em olhar para o rosto de Cupido; também podemos relacionar o exato instante em que Pandora é advertida para não abrir a caixa de todos os males. Analogias diversas — Juliet Sharman-Burke associou o arcano 19 (Sol) ao mito do deus grego Apolo. Robert Wang relacionou o mesmo arcano (Sol) ao 3° caminho da Árvore da Vida. Dicta e

Figura 15 – Ancient Italian Tarot. Lo Scarabeo, Itália.

Françoise relacionaram o arcano 11 (Força) ao mito mesopotâmico de Gilgamesh. Julio Iglesias Janeiro transportou o arcano 8 (Justiça) para o mito egípcio da deusa Maat. Uma aluna minha associou à música "Atrás da porta", de Chico Buarque de Holanda, ao arcano 16 (Torre). Cada um terá algo a acrescentar, mas é necessário perceber que há uma fonte primária (os conceitos do tarô tradicional).

Observação

O mito, a fábula e a epopeia, entre diversas modalidades, apresentam-se como transposições dramatúrgicas de um símbolo. Eles podem ser um modelo ou padrão de alguma criação biológica, psicológica ou espiritual. A função mestra é a de fixar as estruturas exemplares de todas as ações humanas significativas. Um mito não é um arquétipo; apenas o representa, é uma imagem arquetípica. Nesse ponto, um arcano do tarô não é um mito; mas vários mitos podem ser representados ou percebidos em um único arcano. Contudo, não existe um único mito que represente o próprio tarô — os arcanos podem ser adaptados a qualquer história. Essas características de analogia (mitologia, cabala, astrologia, numerologia) não são recomendáveis aos iniciantes; geralmente, é por onde muitos começam e também se afastam do tarô, por não conseguirem realizar a ponte de conhecimento. Esse estudo se perpetrará no capítulo "ORDEM NO CAOS SIMBÓLICO".

Síntese

A simbólica humana nasce ou resulta de:

- Aspiração
- Autossugestão
- Criatividade
- Evolução
- Fantasia
- Inconsciência
- Necessidade
- Sonho

Signo e sinal têm significado:

- Analítico
- Arbitrário
- Consciente
- Equivalente
- Espiritual
- Indicador
- Intuitivo
- Objetivo
- Perceptivo
- Reflexivo
- Semiótico
- Simples

Símbolo tem significado:

- Associativo
- Estimulante
- Inconsciente
- Múltiplo
- Não arbitrário
- Representador
- Semasiológico
- Subjetivo

Arquétipo ou *arquetípico tem acepção:*

- Coletiva
- Complexa
- Simbólica
- Vivencial

Símbolos são classificados de modo:

- Coletivo
- Cultural
- Pessoal
- Pluridimensional
- Transcendente

Símbolos, signos e sinais podem:

- Adaptar-se
- Amalgamar-se
- Migrar
- Modificar-se

Todos contêm função:

- Exploratória
- Substituta

- Mediadora
- Pedagógica
- Unificadora

Todos têm atuação:

- Estimulante
- Evolutiva
- Reativa
- Receptiva
- Ressonante
- Socializante
- Transcendente
- Transformadora

PARTE 2

ESTRUTURA DO TARÔ

UMA PERGUNTA QUE SEMPRE ME IRRITAVA ERA: *QUE TARÔ VOCÊ joga?* Se dissesse qualquer um, pareceria presunção; assim, falava o nome de dois ou três para satisfazer a curiosidade. *Eu não podia responder simplesmente que lia tarô, mas, sim, um tipo de tarô*. Alguém pergunta ao médico qual marca do estetoscópio será usado para, então, marcar a consulta? Duvido. O tarô é uma ferramenta de trabalho cujo nome é simplesmente a marca de um produto — o tarólogo e o tarotista devem saber trabalhar com qualquer tipo de tarô, familiarizando-se com os diversos instrumentos à disposição. Contudo, após mais de uma década do lançamento desta obra[3] e de tantas outras que já opinaram a respeito, infelizmente ainda observo indagarem a mesma coisa (para mim e para outros tarólogos profissionais). Insistiam (e alguns persistem) em dizer que tal tarô é melhor ou que a leitura de tal baralho é diferente. Essas questões, até os idos de 1990, sinceramente, aborreciam-me demais, por não conseguir arrazoar que o Mago (Figuras 16a, 16b, 16c), por exemplo, significava a mesma coisa em um jogo oracular, quer compusesse um tarô de padrão Marselha ou o tarô de Crowley e, até mesmo, o tarô egípcio da Kier.

A falta de referência histórica ou filosófica do tarô ocasionava em mim — percebo que ainda gera para muitos iniciados — certa dificuldade em explicar corretamente a que ele (o tarô) se propõe.

[3] A trilogia foi atualizada e reestruturada entre 2010 e 2011.

Figura 16a – Angel Tarot. U.S. Games Systems, EUA.

Figura 16b – Thot Tarot. Ordo Templi Orienti/ AGM AGMuller.

Figura 16c – Tarots Egipcios. Kier, Argentina.

Por isso, terminamos colocando uma visão pessoal, alimentando mais ainda a ignorância e o descrédito sobre esse oráculo. Quantos de nós já ouvimos as seguintes dúvidas: *O tarô veio do Egito? Devo estudar cabala para aprender tarô? Preciso ser médium ou ter dom para jogar as cartas? Qual é sua visão de tal arcano; O que você pensa; O que você acha?* Tais questões refletem que ninguém tem certeza de nada, ou, na pior das hipóteses, ninguém quer mergulhar na verdade do tarô para não se decepcionar, tendo de (re)avaliar os próprios conceitos e valores. Para o tarô, não deve existir o que "eu acho", necessita ser "o que ele é" — como ocorre na numerologia, por exemplo. Mas o que eu poderia fazer? — pensava lá pelos idos de 1980. Não havia literatura suficiente no Brasil, eu não encontrava professores para responder às minhas dúvidas nem havia internet para criar um fórum ou algo que se assemelhasse. Tinha de contar com pesquisas no exterior, livros importados e diversos cursos para satisfazer o principal motivo de minha inquietação: *encontrar uma chave satisfatória para o tarô.*

PESQUISA E TEORIA

Em 1989 tive contato com uma obra fantástica: *The Encyclopedia of Tarot*, Vol. 1, elaborada por Stuart R. Kaplan, que, além de romper com todos os (meus) dogmas místicos sobre o tarô, possibilitou-me, finalmente, encontrar as primeiras respostas pelas quais ansiava.[4] A exposição simultânea de mais de 500 tipos de tarôs dos séculos XIII ao XX e a farta documentação histórica compilada me fizeram refletir profundamente, descobrindo que estava na contramão da (minha) equação simbólica. Não podia mais buscar a análise em outras áreas da ciência oculta (cabala, astrologia, numerologia), a resposta tinha de estar nas próprias cartas do tarô, quer fosse a estrutura numeral, a simbólica ou a arquetípica.

Naquela época, meus conceitos sobre o tarô eram extremamente místicos, com linguagem muito enigmática e esotérica; entendi que chegara o momento de renascer, especulando novos parâmetros para alcançar meus objetivos. No ano seguinte (1990) procurei dois professores na arte do tarô à época — Namur Gopalla[5] e Baby Ahrends —, que me instruíram com uma nova linguagem, uma abordagem mais profana e psicológica, tirando muitas dúvidas sobre métodos, jogos e orientações. Apesar de terem me iniciado na moderna linguagem do tarô (ar-

---

[4] Gostaria de esclarecer ao leitor que no Brasil não havia muitos tarôs, tampouco produtos importados, nem internet; por isso, a minha grande euforia pelas obras de Kaplan. Para ser mais preciso, tínhamos publicação regular apenas dos seguintes tarôs: Marselha, Boêmios, Adivinhatório e Mitológico; algumas livrarias comercializam o tarô Egipcios Kier e, muito raramente, o tarô Rider-Waite ou o tarô de Crowley.

[5] Nome espiritual de Marcos da Silva Bordallo (1957-2019), primeiro tarólogo brasileiro a publicar um tarô independente e a ter um programa de rádio e televisão sobre o tema; historicamente, devemos muito à sua coragem e sagacidade na divulgação do tarô no Brasil. Seguramente, foi o grande criador da primeira geração de tarólogos brasileiros profissionais na década de 1980; ministrava aulas regularmente em várias capitais.

canos maiores ou principais), ainda não me sentia satisfeito com a estrutura e as colocações que faziam sobre o passado do tarô e, principalmente, por não usarem nem ensinarem os arcanos menores (auxiliares ou secundários). Reli os poucos livros sobre o assunto[6] e verifiquei que a maior parte dos autores sorvia informações de literaturas antigas e defasadas sobre o tarô (Papus, Lévi, Mebes) para expressar pontos de vista com algum outro tipo de saber esotérico; para falar a verdade, já estava um pouco cansado daquela verborreia místico judaico-egípcio-cabalista.

Quanto mais revia os livros e esmiuçava a enciclopédia de tarô, mais se tornava claro o raciocínio: *tarô é tarô, e nunca poderá ser outra coisa, pois, se o for, deixará de ser o tarô para ser essa outra coisa. Tarô não pode ser cabala nem numerologia. Portanto, deve existir alguma doutrina própria, certa estrutura intrínseca.* Percebi que todos descreviam brilhantemente cada arcano maior como se fossem símbolos autônomos, mas ninguém amarrava o conjunto das 78 cartas, e alguns faziam alguma menção estrutural dos arcanos principais (o ternário, por exemplo), o que me forneceu uma visão diferente para eles. Foi a partir dessas pequenas análises, na forma de caminhos entre os arcanos, e a nova linguagem aprendida, que comecei a rever meus conceitos sobre o conjunto do tarô e um possível sistema lógico. Conseguiria satisfazer meu desejo com aquelas acanhadas pistas? Hoje, com a internet, talvez não demorasse tantos anos entre livros estrangeiros, faxes, cartas e viagens ao exterior para chegarmos às mesmas conclusões.

Recorri, primeiramente, aos conceitos básicos de toda ciência oculta: a polaridade (lei do binário) e seu equilíbrio (lei do ternário), sendo muito fácil aplicá-las aos arcanos maiores. Nesse ponto a obra do ocultista suíço Oswald Wirth (1860-1943) me forneceu as principais chaves para a decodificação de todas as inter-relações. Depois, estudei os conceitos sobre simbologia e semântica, conseguindo discernir claramente cada arcano maior através de seu ornamento e emblema. Assim,

---

[6] Por volta de 1990 encontrávamos cerca de dez títulos publicados no Brasil.

as estruturas numerais e filosóficas que eu estava desenvolvendo forneciam cada vez mais coerência ao conjunto simbólico.

Finalmente, comecei a entender minha antiga inquietação sobre a formulação tautológica *tarô é tarô* — por mais diferente que parecessem os símbolos, ao analisar o conteúdo, havia sempre certa analogia com os tarôs tradicionais. Entendi que os arcanos principais não eram tão autônomos como se pressupunha; mas, sim, uma *reação em cadeia* (simbólica, progressiva e circular) na trajetória do arcano 1 ao arcano 21, ligados pelo arcano sem número. O conjunto formava, assim, um movimento contínuo, sem contar a intrigante rede de possibilidades analíticas e sintéticas entre eles, o que parecia um alfabeto simbólico. Havia conseguido, finalmente, o primeiro grande passo: *equacionar o tarô como tarô*. Lógico que faltavam inúmeras lacunas a ser preenchidas.

Noite e noites passei em claro, debruçado em livros, tentando ler pensamentos escondidos nas entrelinhas. Sim, havia um arcabouço oculto na sequência e na simbologia. Outra questão era: *Qual a razão de a maioria dos tarólogos, no Brasil, somente trabalhar com os arcanos maiores?* Por que a maior parte dos livros falava exaustivamente sobre eles? Tudo bem, concordo que os arcanos principais sejam os primeiros a ser aprendidos, mas e os arcanos auxiliares? Que motivos havia para os tarotistas não jogarem/ensinarem? Observei um ponto tão falho para mim como para os outros — como explicar os arcanos menores e deles extrair significados? Era, realmente, algo muito difícil. Ouvia constantemente por parte das pessoas o seguinte: que há muitos arcanos para serem aprendidos, que não há base para entendê-los, que era outro conjunto de cartas e que isso não fazia a menor diferença em um jogo.

É fácil extrair um sentido do arcano maior, como por exemplo, o Sol (Figura 17), em que o próprio nome e simbolismo já nos direcionam a uma linguagem; portanto, surgem valores intrínsecos (clareza, harmonia, alegria). Mas o que dizer do arcano 3 de Ouros (Figura 18a) ou do 9 de Copas (Figura 18b)? Vemos ali, respectivamente, nove taças e três moedas. Observando-as, contudo, não conseguimos decodificação alguma, não há parâmetros nem ligação simbólica aparente que nos levem a qualquer interpretação lógica; no entanto, o arcano 19 se evidencia, ao mais leigo, com uma possível análise de sucesso.

Figura 17 – Ancien Tarot of Lombard. Lo Scarabeo, Itália.

Figura 18a – Ancien Tarot of Lombard. Lo Scarabeo, Itália.

Figura 18b – Ancien Tarot of Lombard. Lo Scarabeo, Itália.

Verifiquei que algumas obras também sondavam a estrutura dos arcanos menores, ora dando maior ênfase aos valores numéricos, ora aos naipes; contudo, a maior parte tecia inúmeros significados, mas não explicava de onde haviam sido extraídos. Mais uma vez, isso não me satisfez. Fiquei refletindo sobre essas questões paralelamente ao estudo de estruturas mais filosóficas.

CHAVES DO SABER

Em 1991, por intermédio de dois preciosos cursos, ao acaso, descobri as chaves de que necessitava (mas como nada é por acaso...). Meu grande e único mestre ocultista Ozampin Olafajé (1930-2013) me ensinou maravilhosamente a jogar o tarô completo (acho que, no Brasil, era o único a ministrar um curso de arcanos menores!); também, forneceu a principal peça para a montagem do arcabouço dos 78 arcanos que há muito tempo eu vinha desejando. Ele disse, logo na primeira aula, uma frase muito simples, e talvez (ele) nem tenha percebido a profundidade daquelas palavras, que para mim foram uma hecatombe: *Os arcanos maiores representam a vida e os menores, sua cristalização*. Sim, tal afirmação vinculou, imediatamente, os dois conjuntos. Noite memorável. Durante o curso, ele também posicionou os quatro elementos com os naipes de forma muito peculiar, o que também trouxe mais luz ao que eu desejava: *observar o tarô como um único mapa*.

O segundo curso foi com a taróloga Helena Rego (1948-2014), grande cigana (genuína), cheia de saberes, que me instruiu a ler o tarô egípcio da Kier, dividindo-o em nove colunas, traçando conexões verticais, horizontais e diagonais entre os arcanos, fornecendo infinitas probabilidades filosóficas. Ela revelou a existência de três arcanos ocultos (veremos no final deste capítulo) e ensinou a mesma *sequência* naipes-elementos, sem ao menos conhecer as ideias do mestre Ozampin. Ora, havia, sim, algo a estruturar! Meus colegas de curso também se questionavam e os tarólogos estavam descobrindo possibilidades, até então, desconhecidas da maioria absoluta dos tarotistas! Tardes ines-quecíveis, pois havia encontrado mais uma parte da estrutura: *a intertextualidade*. A insegurança desapareceu.

Sim, eu estava no caminho certo para organizar as informações existentes. A partir dessa visão preliminar dos arcanos secundários, o correto, analisei, será estudar o elemento do naipe e, por último, a sequência numeral. Resolvida parcialmente a questão estrutural dos arcanos auxiliares numerados de 1 a 10, faltavam as cartas com as imagens da corte — onde e de que forma esboçá-las? Os livros de tarô e de cartomancia revelavam-nas ora como personalidade, ora como situações, ou, às vezes, como ambas. A sequência dos naipes também diverge entre os autores; contudo, Ozampin e Helena já haviam elucidado por uma nova perspectiva. O que fazer, haveria uma lógica? A resposta surgiu (por incrível que pareça) após o estudo de algumas obras sobre terapia holística, pois eu também me dedicava à terapia floral, à aromaterapia e à meditação. Os livros foram: *Medicina vibracional* (Richard Gerber), *Mãos de luz* (Barbara Ann) e *Energia sutil* (John Davidson), que esboçam a natureza holística e energética do ser humano. Interessante como o conhecimento oriundo de monografias esotéricas, estudado em fraternidades, traz uma linguagem tão alegórica que temos dificuldade em transportá-lo para a contemporaneidade. Aqueles autores americanos conseguiram converter o saber dos antigos sacerdotes (sem ao menos terem ciência disso) em uma abordagem atual sobre a relação *eu/energia/universo/destino* e, ao mesmo tempo que me foram utilíssimas para o campo terapêutico, pude recordar e aplicar inúmeros aprendizados espirituais ao tarô.

ELOS DIVINOS

Após a obtenção daquelas valiosas informações, sedimentei melhor a ideia do mestre Ozampin Olafajé e do ocultista russo Gregory Ottonovich Mebes (1869-1930), conhecido como GOM ou G. O. Mebes, sobre vida-matéria nos símbolos do tarô, esboçando a seguinte premissa: *se o universo é tridimensional, e não bidimensional, se o homem é holístico, e não unímodo, então o tarô, que esboça o universo humano e os planos de existência, não pode ser observado de forma unilinear, mas sim integralizado e sintetizado.* No entanto, o problema maior ainda residia nos arcanos menores, uma vez que, além de pouquíssimas literaturas, percebemos claramente dois conjuntos distintos — os numerados e a corte —, ligados apenas pelo simbolismo do naipe, mas totalmente soltos, sem ordenação lógica. Continuei as suposições: *se os arcanos principais sinalizam a essência da vida e os auxiliares designam a sua manifestação, então, os arcanos da corte estariam em um plano intermediário, uma vez que contêm tanto alegorias pertencentes aos arcanos principais quanto aos auxiliares — figuras humanas + naipes* (Figura 19).

Figura 19 – 1JJ Swiss Tarot Cards. U.S. Games Systems, EUA.

Um fator que me estimulou muito a fixar a corte em um plano medianeiro provinha da seguinte conjectura: *se o arcano sem numeração (Louco) é o elo entre a carta 1 (Mago) e a carta 21 (Mundo), identificando a energia intermediária passado-futuro, formando, assim, uma corrente contínua da vida, então a corte, que igualmente não contém numeração, seria o elo entre os arcanos principais e os arcanos auxiliares numerados.* As cartas da corte formariam a *ponte* entre os maiores e os menores, ou seja, estruturalmente estariam antes dos numerados e em ordem crescente de poder simbólico — do pajem ao rei, seguido do 1 (ás) ao 10. Isso poderia explicar a razão de todos os arcanos menores de número 10 simbolizarem a etapa final, o término, a realização máxima, não havendo nada além.

Ideia ou planejamento	22 ARCANOS PRINCIPAIS
Formação ou direção	16 CARTAS DA CORTE
Conclusão ou irrealização	40 CARTAS NUMERADAS

À medida que eu ia conseguindo montar o arcabouço do tarô — símbolos, estrutura, história —, faltava entender (sempre carece alguma coisa!) qual era sua finalidade e como funcionava. Durante a pesquisa sobre simbologia, nas diversas áreas aludidas no capítulo anterior, pude perceber o valor e o objetivo do tarô: *equilibrar o cerne psíquico, colocando forma, direção ou transformação na vida pessoal, familiar e social.* Ficou claro, para mim, que o tarô subjaz à semântica do verbo *estar*. No entanto, essa posição não se reporta ao dia presente (hoje, agora); ela tem uma variação de dias a anos. Exemplo: o consulente está casado há dez anos — as cartas irão analisar o produto dessa experiência ou identificar o ponto em que se encontra o relacionamento. Toda experiência dura algum tempo, mas tem começo, meio e fim (a temporalidade será discutida no terceiro volume, em jogos e métodos).

Hoje posso afirmar que ***tarô é tarô***, astrologia é astrologia, numerologia é numerologia, cabala é cabala, mitologia é mitologia — elas se tangenciam, mas jamais uma explicará a outra ou podem se amalgamar, pois constituem estruturas singulares — veremos detalhadamente esse assunto no capítulo "ORDEM NO CAOS SIMBÓLICO". Também afirmo que *o tarô é um alfabeto simbólico baseado na estrutura da sociedade humana e na evolução arquetípica de qualquer situação*. Se mãos inspiradas o criaram com outra finalidade, não há a menor importância; pois, graças àquela nobre alma, descobrimos uma nova forma de comunicação entre as dimensões do tempo. Adivinhação? Destinação? Fatalismo? Livre-arbítrio? Sim, o tarô é tudo isso, e muito mais! O que realmente importa nos estudos dos arcanos é a via do autoconhecimento; pois, uma vez adquirida, novos rumos e diretrizes serão traçados pelo estudante, mudando por completo conceitos e valores. Sempre digo: *quem faz uma consulta de tarô obtém uma excelente orientação para equacionar a vida; entretanto, quem o estuda adquire realmente a própria evolução espiritual.*

ALFABETO SIMBÓLICO

Por duas décadas escrevi *tarot* (com *t* final), acreditando ser uma fórmula secreta, repleta de tradição e quase intocável (como o *tetragramatron* — YHVH), até que nas pesquisas observei que essa grafia apareceu na França no final do século XVI e se registra diferente em outros países (ver página 296). Bem, em nossa língua, de acordo com o VOLP (Vocabulário Ortográfico da Língua Portuguesa) é TARÔ. Da mesma forma, dicionário brasileiro algum marca a palavra *tarot;* somente *tarô*. Esqueça, não há tradição mágica nessa palavra! Grafe **tarô**, enobreça a língua portuguesa. Mas o que realmente poderíamos classificar como um *tarô*? Será que todas as cartas desenhadas poderiam receber tal nominação? As diversas tentativas de se criar um tarô corrigido não estariam deformando o simbolismo? Mesmo as cartas que não seguem as imagens tradicionais deveriam ser chamadas de tarô? Estas eram algumas questões que eu costumava levantar para meus alunos e grupos de estudos (em sala de aula), na década de 1990. Aliás, aqueles anos foram entusiásticos para mim, repletos de novos paradigmas (como relatado até aqui).

Graças aos catálogos de diversas editoras[7] e aos três primeiros volumes da enciclopédia de tarô de Stuart R. Kaplan tive a oportunidade de analisar, entre 1987 e 1999, centenas de tarôs, desde os mais antigos de que temos notícias (século XIII) até o século XX, incluindo também minhas visitas a bibliotecas e museus em diversos países. A partir de então, consegui traçar um perfil simbólico comum aos tarôs. (Se desejar ler sobre a história do tarô antes de continuar a

---

[7] U.S. Games Systems (EUA), Naipes Fournier (Espanha), Lo Scarabeo (Itália), AGM AGMüller (Suíça), Pensamento (Brasil), Kier (Argentina).

leitura, este pode ser um bom momento — siga direto para o capítulo "GÊNESE DO TARÔ".)

Quando explicito que *tarô é tarô*, refiro-me não somente à descoberta da estrutura interna, mas igualmente à gama similar de imagens que foi engendrada ao longo dos séculos. Daquela pesquisa, foi possível determinar que praticamente 80% se assemelham. E mesmo nos 20% restantes (que particularmente não classifico como tarô, pois as imagens não se identificam com a maioria), quando havia algum livro sobre eles, invariavelmente, era a mesma explicação contida naqueles 80%. Ou seja, embora encontrasse variação significativa entre as diversas imagens e ornamentos, as explicações eram sempre as mesmas! *Ora, se o mais importante é o livreto, então posso rabiscar qualquer coisa colorida?* Eu questionava, às vezes.

O que ficou claro em minha jornada é que, por séculos, o tarô foi desenhado de forma similar (padrão Marselha), somente sendo estilizado e ricamente colorizado, por razões tecnológicas, a partir do início do século XX. Também, na era moderna, surgiram cartas baseadas na mitologia, em alguma etnia, em certa criação artística, mas fundamentadas naqueles tarôs seculares! Assim, os significados dos arcanos permaneciam os mesmos, porém, as imagens, em alguns tarôs, se modificaram bastante. Minha preocupação era: *de onde vinham as explicações adivinhatórias daquelas imagens? Como extrair uma linguagem segura para os métodos?* Essa resposta só foi possível quando retomei o estudo dos tarôs clássicos, para então entender os outros, aqueles que foram modificados. Portanto, a partir do simbolismo tradicional, descreveremos o arcabouço do tarô. Insisto que é essencial essa elaboração para que se entenda qualquer denominação que se dê às cartas. Afinal, tudo advém dos clássicos! Se você conhecer outro tarô — Crowley, Rider ou Mitológico, por exemplo —, não há problema algum: chegou o momento de desmembrar essas estruturas. *Mãos à obra!* O esboço apresentado neste capítulo e no próximo ("DIAGRAMA DA VIDA") visa uma linguagem contemporânea para o tarô, possibilitando entender a conexão com o destino para a interpretação de nosso livre-arbítrio. Vejamos:

O tarô é constituído de 78 cartas e se encontra dividido em *dois grupos:*

- Arcano maior, principal ou nuclear: 22 CARTAS, um conjunto estruturado com *atributos progressivos*, caracterizando-se pela complexidade ornamental.
- Arcano menor, auxiliar ou adjacente: 56 CARTAS, quatro classes organizadas com *atributos sinalizadores*, evidenciando-se pela simplicidade.

Os arcanos principais se reportam ao mundo subjetivo, aos poderes da criação humana ou não, diretos e árbitros, que a consciência ou o destino evidenciam; os arcanos auxiliares se lançam ao mundo objetivo, aos poderes da concretização, independentemente da vontade e da ação dos principais. Um se relaciona com a formação da VIDA, enquanto o outro com a manifestação da FORMA. Ambos os caminhos explicam a trajetória do homem, do nascimento à morte (em um âmbito filosófico, não adivinhatório), ou a criação do próprio universo pessoal (desejo, vivência, em uma esfera oracular). Podemos abstrair inúmeras questões de sua estrutura; mas o consultor de tarô (tarotista) e o pesquisador/professor (tarólogo) devem entender a diferença do estudo (tarologia) da aplicação (taromancia). Nos tópicos a seguir e até o final deste capítulo observaremos o conjunto simbólico das 78 cartas sob um plano geral; também são traduzidas formas seguras de se analisar individualmente um arcano, mas no próximo capítulo é que estudaremos as estruturas internas do tarô, uma porta para a filosofia e sua aplicação para o autoconhecimento.

22 ARCANOS PRINCIPAIS

O núcleo do tarô é formado por 21 cartas numeradas e uma sem número,[8] totalizando 22 símbolos distintos. Elas formam uma escala evolutiva sempre com a carta numericamente sucessora: o arcano 1 (livre-arbítrio, início) se transporta (simbólica e sintomaticamente) para o arcano 2 (reflexão, passividade), que por sua vez se transforma no de número 3 (dedução, desenvolvimento), cuja energia se altera para o 4 (controle, autoridade) e assim sucessivamente, até a chegada do último arcano numerado — 21 (conclusão, realização). Completando o circuito progressivo, surge a carta sem número (nada, vácuo), revelando-se um elo entre a carta 21 e a de número 1, para a concepção de uma nova fase. Esse processo simboliza a ponte entre o fim e o começo, o passado e o futuro — a continuidade da vida. Todos os arcanos maiores se reportam ao eterno ciclo natural da existência: começo-meio-fim... recomeço/criação... começo-meio-fim...

RITMO ALEGÓRICO

A primeira observação a ser feita nos arcanos principais é com os símbolos dos seguintes arcanos: do *Louco* ao *Eremita* (Figura 20) — carta sem número + cartas de 1 a 9 do tarô clássico. Elas sugerem funções sociais (*status*), uma vez que as figuras estão bem paramentadas (poder pessoal) e plenamente ornamentadas — chapéu, coroa, cetro, trono, báculo, espada, cajado. Tais alegorias remetem a inúmeras relações: autoridade, poder, controle, satisfação, livre-arbítrio etc. Note, também, que o personagem ocupa quase todo o espaço da imagem/carta.

---

[8] A partir do início do século XX alguns ilustradores têm grafado o numeral 22 ou zero (0) na carta originalmente sem número (Louco); isso, no entanto, em nada muda a estrutura ou a função desse arcano. Algo similar ocorria com a carta 13, que não continha nome e, atualmente, é nominada Morte, Ceifador, Transformação etc.

Figura 20 – Carta sem número + cartas de 1 a 9 — tarô padrão Marselha.

Dando continuidade ao ritmo simbólico, avalie da *Roda da Fortuna* à *Torre* (Figura 21) — cartas de número 10 a 16. Agora, encontramos figuras humanas vestidas com roupas simples (sem poder pessoal) e figuras imateriais (morte, anjo etc. — novos paradigmas). Não há coroa ou trono (não há livre-arbítrio nem ação pessoal). Atente para a sequência das cartas de número 11 a 16, em que os personagens humanos estão figurados cada vez menores (dissolução, diminuição de poder) no contexto alegórico.

Figura 21 – Cartas de 10 a 16 — tarô padrão Marselha.

Por fim, avalie da Estrela ao Mundo (Figura 22) — cartas de número 17 a 21. Nesse conjunto as figuras humanas estão nuas (liberdade pessoal) e proporcionais à natureza (harmonização, autoconhecimento). Pela primeira vez, o céu é retratado (compreensão dos limites), as pessoas se tocam ou se regozijam (vida plena, respeito). *Não se esqueça de que estamos entendendo o tarô, e não um tipo de tarô*. Lógico que a maior parte dos tarôs modernos não segue mais esses parâmetros simbólicos, mas algo simbolicamente análogo.

Figura 22 – Cartas de 17 a 21 — tarô padrão Marselha.

- Indumentária simboliza o tipo de *classe* social; nudez representa *libertação* social. Quando analisamos o arcano sem número seguido dos arcanos de 1 a 16, encontramos várias figuras humanas vestidas — nobres e plebeus, ricos e pobres. *A sequência e o ritmo simbólico das dezessete cartas indicam mudança irreversível de paradigma.* Os cinco arcanos restantes (Estrela ao Mundo) revelam o compasso de um novo mundo, aludindo a libertação e desenvolvimento. O arcano 21 evolui para o arcano sem número, criando uma nova trajetória, uma (re)evolução de conceitos; dessa forma, o primeiro conjunto (sem número + 1 a 9) esboça a força *consciente* ou *egotista*; o segundo (10 a 16) expõe a energia *retrógrada* ou *paradigmática* e o último (17 a 21) revela o poder *harmonizador* ou *progressista.*

- As únicas cartas dos arcanos principais que são ilustradas com chapéu (símbolo da inteligência humana) são: Mago, Força, Louco. Observe que se posicionam no início-meio-fim (recomeço), ou seja, primeira, décima primeira e vigésima segunda carta. Nada é aleatório na estrutura das cartas, pense sempre nisso. A importância de se entender a base do tarô clássico é fundamental para se compreenderem os inúmeros tarôs contemporâneos.

RITMO CÓSMICO

Existem dois enredos simbólicos nos arcanos maiores que merecem ser observados com muita atenção antes de elucidarmos estruturas mais profundas. Descobri essas ligações nas aulas da taróloga Baby Ahrends, que, magistralmente, falava sobre o arcano 14 e sua relação com o 17 (Temperança-Estrela); também, ela enlouquecia (no bom sentido!) quando explicava o arcano 18 (Lua) e sua relação com várias cartas (6, 10, 14, 15, 16, 17). *Sol, água* e *lua* são símbolos da vida, forças fundamentais para a natureza e o homem e, acima disso, representam o espírito e a alma, a razão e a emoção, o nascer e o morrer. A força solar produz a evaporação da água e a lunar, a condensação — nada se perde; tudo se (re)cria. Por essa razão, a água se encontra intimamente ligada ao ciclo solar e ao lunar, e não existem símbolos mais poderosos no inconsciente coletivo do que estes três:

SOL — simboliza vida espiritual, consciência, verdade, evolução, compreensão.

Encontra-se ornamentado da seguinte forma:

- *Oculto* pelo Cupido (desejo, vaidade) no Enamorado.
- *Oculto* pela lua (inconsciente, emoção) na Lua.
- *Aberto* (íntegro, verdadeiro) no Sol.
- *Oculto* pelo arcanjo (força superior) no Julgamento.

Primeiramente, a consciência é tolhida pelo desejo (6); depois, pela emoção, tornando a vida turva (18). A luz solar deixa tudo claro e objetivo (19); por fim, o destino surge, ofertando novos paradigmas (20). O movimento indica o renascer da alma; mas observe que tudo se inicia no primeiro conjunto (ritmo alegórico). Assim, o conjunto simbólico do sol nas cartas (Figura 23) representa estágios que a *consciência* transita pelas diversas fases de uma situação em busca da perfeição: *escolha*, *imaginação*, *verdade*, *transcendência*.

Figura 23 – Cartas 6, 18, 19 e 20 — tarô padrão Marselha.

ÁGUA — *simboliza vida terrena, alimento, desejo, sentimento, purificação,*

Está representada desta maneira:

- *Alternada* nos jarros (desejo retido) na Temperança.
- *Vertida* no rio (presente, fluxo da vida) na Estrela.
- *Represada* (passado, experiência) na Lua.
- *Orvalhada* (futuro, transcendência) no Sol.

Os sentimentos (bons e maus) ficam retidos em nosso coração (jarro) e são analisados e reordenados diariamente (14); em determinado momento nos libertamos, deixando a vida correr livremente, sem mais nos importarmos com a dor ou os desejos (17). No entanto, ninguém pode apagar o passado, não podemos fugir do eu interior, *o autoconhecimento é a única evolução*[9] para a reconstrução da vida (18). Após o perdão incondicional ou a aceitação dos limites impostos pela vida, encontramos a felicidade e a reciprocidade (19). A sequência do símbolo da água no tarô clássico (Figura 24) identifica os estágios sentimentais, transitando pelas diversas fases da vida em busca de paz interior: *retenção, liberdade, desejo, harmonia.*

Figura 24 – Cartas 14, 17, 18 e 19 — tarô padrão Marselha.

[9] O *autoconhecimento é a única evolução* — frase cunhada por Nei Naiff, em 1995, quando decidiu ser escritor.

LUA — símbolo da alma, emoção, fantasia, inconsciente.

Esse símbolo guarda relação com vários arcanos, a começar pelo Sol e o Julgamento. A imagem sugere um eclipse solar — poderíamos dizer que existe a seguinte sequência cósmica: lua-sol-arcanjo? Contudo, nas alegorias do arcano 18 podemos notar, logo abaixo da conjunção astrológica, as torres (reconstruídas) da carta 16. E os animais que se confrontam? Seria alusão ao arcano Roda da Fortuna, em que animais/gênios se alternam? E o lago? Bem, ele contém todas as águas da Temperança e da Estrela; no entanto, a água represada também alude ao arcano Diabo, pois a putrefação/lodo (alimento do lagostim) é a morada de nosso ego, desejo latente, eternamente insatisfeito. Por fim, qual seria a relação da Lua com o Enamorado? Bem, lanço essa questão ao leitor. Reflita.

QUADRO OU ESPELHO?

A princípio, parece inútil saber se um arcano é retratado como um quadro ou um espelho. Você já pensou nessa contenda e o que mudaria na concepção simbólica? É de suma importância tal conhecimento, pois fará toda diferença em sua carreira (como fez na minha), acredite em mim. Ninguém cria um tarô diferente; ele sempre estará baseado em estruturas preexistentes originárias dos tarôs clássicos, assim como ninguém inventa uma astrologia ou numerologia nova, pois elas sempre estarão fundamentadas em estruturas prévias. A *orientação* de uma figura só poderá ser analisada nos tarôs que seguem a simbologia clássica (não importa se foi produzido no século XV ou XXI); atualmente, muitos tarôs perderam essa ornamentação, dificultando ao tarotista/tarólogo a correta direção da imagem no arcano. Vejamos o que diz a ciência oculta:

- DIREITO — força ativa, futuro, sentido horário, emanação, projeção, avanço, promoção, conquista, aquisição.

- Esquerdo — força passiva, passado, sentido anti-horário, absorção, magnetização, retrocesso, centrifugação.

- Frente — força harmônica, presente, permanência, integração, atuação, preservação, equilíbrio, objetividade.

Depois percebi que os livros e os professores — independentemente do desenho — eram unânimes em relatar o mesmo significado para a leitura adivinhatória (taromancia), ou seja, podia haver 20 tarôs ou cursos diferentes e a explicação era idêntica! Então, por que a maioria dos livros e dos instrutores falava da posição do arcano se não fazia a menor diferença durante uma consulta? Por que gerar mais discussão inútil entre os estudantes? Até aí, é o que você, leitor, poderá pensar. Eu também já cheguei a refletir sobre essa irrelevância. Nos cursos que frequentei na década de 1980, bem como nas palestras que ouvia, sempre ocorriam divergências em relação à postura figurativa de um mesmo arcano. Vamos observar, por exemplo, a carta 1 em três baralhos diferentes, entre tantos, com figurações semelhantes: a imagem de um jovem de pé, com os braços abertos, mesa e

Figura 25a – Rider-Waite Tarot. U.S. Games Systems, EUA.

Figura 25b – Le Tarot Junguien. Urania Verlags AG, Suíça.

Figura 25c – Ancestral Path Tarot. U.S. Games Systems, EUA.

objetos representativos dos quatro elementos (moeda, faca, taça, bastão). Figuras 25a, 25b e 25c. Alguns descreviam que o *Mago* olhava para a *esquerda* porque buscava experiências passadas para realizar o desejo. Outros diziam que ele vislumbrava o futuro próximo, por isso fitava a *direita*. Ficava sempre a dúvida — *à minha esquerda ou à esquerda da figura*? Também li, em alguns livros, que o Mago segurava o bastão com a mão *direita* porque projetava o próprio poder a seu redor; em outros, argumentava que era a mão *esquerda* que o empunhava (para magnetizar a energia do universo).

Foi no estudo de diversos tarôs clássicos, especialmente no arcano Imperador (Figura 26), que obtive a resposta. Vejamos: qual é a máxima de um governante? Que imperador/rei ficaria eternamente admirando uma conquista? Suas metas consistem em: ter, agregar, ampliar, crescer, aumentar — nenhuma se fixa nas perdas ou nos ganhos. Agora, façamos outra análise: quais os atributos da carta 4 ensinados em sala, na internet e na literatura? Autoridade, domínio, controle, posse, realização, fusão, força material incondicional. *Quem tem o poder nas mãos jamais olha para o passado, somente para o futuro!* Então, essa imagem *nunca* poderia ser retratada com o corpo ou a cabeça à esquerda, porque o objetivo do arcano é possuir/comandar — ou seja, é primordial que essa figura esteja ornamentada de alguma forma à direita. Portanto, o arcano Imperador estaria retratado com o corpo voltado para a direita (dele), ou à minha esquerda. Imediatamente após essa conclusão percebi que as cartas eram uma espécie de *quadro*, não um espelho!

Figura 26 – Classic Tarot (Burdel). U.S. Games Systems, EUA.

Agora, por este novo prisma — o de observar a carta como um quadro real — reconsiderei os tarôs com padrão marselhês e consegui entender diversas análises que foram escritas instintivamente sobre os arcanos. Enfatizo que a maior parte dos tarôs na atualidade não respeitam esses ornamentos; portanto, seria difícil entender a razão do artista plástico em esboçar uma ou outra posição da figura da carta. Bem, retomando minha inquietação inicial da imagem do jovem (Mago), ficou claro afirmar a verdadeira ornamentação de suas mãos (esquerda/bastão; direita/moeda) e concluir que seus atributos simbólicos são tão inovadores que não se teria tempo para pensar no passado e toda a ação se dirige para o futuro. Outro exemplo: no arcano II a figura feminina está totalmente voltada para a esquerda, simbolizando que deseja dominar tudo o que conquistou (fato que segura até um animal com as mãos!) em sua vida, não deseja abrir mão de nada, mantendo tudo sob controle. Você conhece alguém que não preze por algo que foi difícil conseguir? Claro que não.

Concluída tal questão direcional, proponho algumas ponderações bastante razoáveis: *se os arcanos do tarô são evolucionais entre si, estruturados com intercâmbio simbólico, em um sistema holístico, e se podemos vivenciar qualquer um deles a qualquer momento, então o arcano não é nosso reflexo, mas é verdadeiramente o contrário: eles são imutáveis e reverberantes, e nós somos mutáveis e magnetizadores — ele é um quadro e nós somos um espelho.* O mesmo ocorre na astrologia: nós somos o reflexo dos movimentos zodiacais, jamais o contrário; também, na numerologia, nós somos a representação dos números, não o oposto. Essa dinâmica é o famoso axioma hermético: *Quod est inferius est sicut quod est superius, et quoq est superius est sicut quod est inferius, ad perpetranda miracula unius.*[10] Os homens nascem e morrem, e Deus permanece imutável em sua essência; o divino é fixo e, nós, mutáveis.

---

10 *O que está em cima é como o que está embaixo, e o que está embaixo é como o que está em cima; juntos perpetuam o milagre uno.* (Em uma tradução livre também poderia ser: O céu e a terra, o microcosmo e o macrocosmo, todos estão unidos, um retrata o outro para a continuidade do mundo.)

Portanto, devemos considerar a imagem da carta como um quadro e, simbolicamente, nós somos o espelho, como também *um jogo de tarô é um espelho*, pois reflete o momento de uma situação (estudaremos essa premissa no terceiro volume desta obra: *TARÔ, ORÁCULO E MÉTODOS*). De qualquer forma, analisar o sentido direcional nos tarôs modernos perde totalmente a eficácia, pois o autor substituiu o símbolo ou o ornamento por algo análogo ou o negligenciou por falta de conhecimento esotérico. Contudo, tal conhecimento (quadro ou espelho) é um dado importante para se estabelecerem limites simbólicos e o entendimento absoluto das formas da tarologia e da taromancia.

VARIAÇÃO ARTÍSTICA

Independentemente dos detalhes anteriores, ao analisarmos os tarôs verificamos uma estrutura simbólica comum a todos. O que talvez seja variável — aquilo que cria impacto visual — é o tamanho da carta, o estilo da figura, as cores e alguns adereços. A criação artística é maravilhosa e os ilustradores tendem a pintar símbolos análogos. Nunca veremos nos tarôs clássicos um personagem idoso na carta 1 (Mago), nem um jovem na carta 9 (Eremita), tampouco um bosque florido no arcano Pendurado ou um jovem feliz no arcano Torre. Há exceções? Sim, a partir da década de 1970 surgem os tarôs que se encontram abalizados nos significados das cartas, não mais nas figuras. Neles é possível encontrar um mago velho ou um eremita jovem. Contudo, este é o ponto falho dos tarôs ilustrados a partir da metade do século XX — o símbolo não estaria adequado ao texto taromântico (adivinhatório), mas terminamos por citar os mesmos significados oraculares.

Atente, também, para o fato de que a maioria dos tarôs não é desenhada/orientada por estudiosos; procede de artistas plásticos que se interessaram pelo assunto — ilustram e vendem para alguma editora que, por sua vez, não tem um departamento especializado em simbologia (nem devem, porque a manifestação artística não deve ser cerceada). Conclusão: compete a nós (consumidores) usar aqueles dos quais realmente podemos extrair algum sentido simbólico das imagens; o resto vira coleção, pois são verdadeiras obras de arte. Na primeira edição desta trilogia (Editora Elevação, 2000) e no livro *Curso completo de tarô* (Editora Nova Era, 2002) eu havia classificado os tarôs existentes em quatro categorias, mas, após certa reflexão e diálogo com alguns leitores, cheguei à conclusão de que a primeira (tarôs clássicos) e a segunda categoria (tarôs modernos) poderiam ser agrupadas sem que se alterasse a disposição básica. Assim, para entender os tarôs que se encontram à venda, podemos agrupá-los em clássicos, transculturais e surrealistas.

Tarôs clássicos são aqueles cujas cartas seguem o padrão Marselha (não necessariamente os mesmos traços, cores e ornamentos), ou seja, *as imagens são de fácil identificação e condicionadas ao padrão comum e secular*. Para elucidar melhor, analisemos a variação da carta 2 (arcano Sacerdotisa) nas figuras a seguir: 27a, 27b e 27c. Embora encontremos ornamentos diferentes, por cadeia simbólica, eles concebem a mesma coisa. Observe, então, nas três cartas: uma *mulher sentada*

Figura 27a – Jacques Vieville Tarot. Heron-Boechat, França.

Figura 27b – Rider-Waite Tarot. U.S. Games Systems, EUA.

Figura 27c – Barbara Walker Tarot. U.S. Games Systems, EUA.

segurando um *livro* ou um *pergaminho*, que simbolizam o conhecimento, e podemos substituir um pelo outro sem prejuízo para análise; no entanto, essa figura sacerdotal não poderia empunhar uma foice, por exemplo, mas poderia conter uma chave ou um baú sem prejuízo simbólico. Se ela veste azul ou vermelho, não há tanta importância; também podemos adorná-la com qualquer um destes símbolos: *tiara*, *guirlanda*, *láurea*, *véu* ou *pancárpia*; portanto, há inúmeras formas de retratá-la sem perder o conceito estrutural. Reflitam a respeito.

Alguns exemplos que seguem o modelo clássico:

Ano de publicação — nome, autor.

1910 — Rider-Waite Tarot, Pamela C. Smith & Waite.

1930 — Le Tarot de Marseille (reedição de 1760), B. P. Grimaud.

1944 — Thoth Tarot, Frieda Harrys & Crowley.

1963 — Villardi Tarot, Antonio Villardi.

1975 — Zigeuner Tarot, Walter Wegmüller.

1978 — Golden Age Tarot, Malile S. Duval.

1979 — Stairs of Gold Tarot, Tavaglione.

1980 — Fournier Tarot of Marseilles, H. Fournier.

1985 — The Medieval Scapini Tarot, Luigi Scapini.

1986 — Barbara Walker's Tarot, Barbara Walker.

1989 — Art Nouveau Tarot, Matt Myers.

1990 — Cosmic Tarot, Norbert Losche.

1997 — Old English Tarot, Maggie Kneen.

2000 — Classic Tarot (reedição de 1835), Carlo DellaRocca.

2002 — Tarô Clássico Nei Naiff, Thaís Linhares.

2005 — Revelations Tarot, Zach Wong.

2007 — Jean Noblet Tarot (reedição de 1650), Jean-Claude Flornoy.

2008 — Legacy of the Divine Tarot, Ciro Marchetti.

2009 — Dame Fortune's Wheel Tarot, Paul Huson.

2010 — Crystal Tarot, Philip Permut.

Para o segundo conjunto se agrupam as cartas dos **tarôs transculturais**, cujas imagens não se reportam aos símbolos básicos, apenas tentam relacionar algum tema, mito ou etnia com o arcano clássico. *É elaborada uma transposição baseada unicamente no significado da carta, não mais nas imagens tradicionais ou em suas alegorias*. Não importa quantos tarôs consigamos colocar lado a lado, pois todos serão diferentes uns dos outros e, inclusive, dos próprios clássicos; contudo, ao ler sobre a cultura ou o mito relacionado, haverá certa similitude com o sentido do respectivo arcano. Exemplos: com base na lenda do rei Arthur, a ilustradora Anna-Marie Ferguson associou a carta Sacerdotisa com a dama do lago, Nimue (Figura 28a). A artista plástica Kris Waldherr relacionou o mesmo arcano (Figura 28b) à deusa indiana Sarasvati. A taróloga Juliet Sharman-Burke e a astróloga Liz Greene vincularam à deusa grega Perséfone na representação dessa carta (Figura 28c).

Figura 28a – Legend the Arthurian Tarot. Llewellyn, EUA.

Figura 28b – The Goddess Tarot. U.S. Games Systems, EUA.

Figura 28c – Tarô Mitológico. Siciliano, Brasil.

Alguns exemplos que seguem o modelo transcultural:

Ano de publicação — nome, autor.

1970 – Egipcios Kier Tarot, Editorial Kier (mitologia egípcia).

1976 – Xultun Tarot, Peter Balin (mitologia maia).

1977 – Golden Dawn Tarot, Israel Regardie (ritos da Golden Dawn).

1980 – Etruscan Tarot, Gabriela Pompei (mitologia etrusca).

1983 – Christo Initiaque, Oliver Stephane (vida de Jesus).

1986 – Astec Tarot, J. M. Simon (mitologia asteca).

1989 – Chinese Tarot, Jui Guoliang (mitologia chinesa).

1989 – The Norse Tarot, Clive Barret (mitologia nórdica).

1990 – The Jungian Tarot, Robert Wang (psicologia analítica).

1992 – Tarot of the Orishas, Zolrak & Durkon (mitologia africana).

1998 – Sacred Circle, Anna Franklin e Paul Mason (mitologia céltica).

1999 – Vision Quest Tarot, Gayan S. Winter (mitologia ameríndia).

2000 – Vampire Tarot, Natalie Hertz (romance de Branstorm).

2003 – Celtic Dragon Tarot, D. J. Conway e Lisa Hunt (lenda de dragões).

2004 – Buddha Tarot, Robert M. Place (vida de Siddhartha Gauthama).

2005 – Feng Shui Tarot, Peter Paul e Eileen Connolly (Feng Shui).

2007 – Golden Botticelli Tarot, A. Atanassov (pinturas de Botticelli).

2008 – Dark Grimoire Tarot, Michele Penco (lendas de textos mágicos).

2009 – Fairy Tale Tarot, Lisa Hunt (cenas de contos infantis).

2010 – Elemental Tarot, Marco Turini (elementais, deidades).

Cunhados a partir do final da década de 1970, encontramos um grupo de tarô que nem remete aos *clássicos*, nem tem relação *transcultural*, pois as imagens advêm do puro sentido artístico: estético, fantasioso, criativo. Classifico essas cartas de **tarôs surrealistas**, belos trabalhos de arte, mas que requerem certo grau de saber da carta tradicional para se entenderem as conexões que o artista executou. No entanto, confesso que muitas vezes é impossível determinar se realmente se trata de um tarô, pois se encontra tão longe da fonte original que poderia ser outro tipo de oráculo. Para compor a imagem da Sacerdotisa o artista plástico Carl Hoehrig combinou vários ornamentos por cadeia simbólica: lua, mulher, letra hebraica, runas (Figura 29a). A artista plástica Julia Turk empregou para a mesma carta: mulher, camelo, tapete mágico, fetos, mar, navios (Figura 29b). A fundação internacional Osho, por intermédio do ilustrador Ma Deva Padma, criou algo semelhante para o arcano 2: lua, mulher, golfinhos, mar, cristal (Figura 29c).

Figura 29a – Röhrig Tarot. Bluestar, EUA.

Figura 29b – Navigators of the Mystic Sea Tarot, U.S. Tamos, EUA.

Figura 29c – Osho Zen Tarot. St. Martin's Press, EUA.

Alguns exemplos que seguem o modelo surrealista:

Ano de publicação — nome, autor.

1976 – Tantric Tarot, Penny Slinger.

1979 – Gothic Tarot, Alla Canway.

1980 – Fantasy Showcase, Bruce Pelz.

1981 – Genine Tarot, G. Slleper.

1983 – Tarot Mystique, Alexandre Mourouzi.

1984 – Voyager Tarot, James Wanless.

1990 – Haindl Tarot, Hermann Haindl.

1994 – Healing Earth Tarot, David McKie.

1995 – Osho Zen Tarot, Ma Deva Padma.

1995 – Experimental Tarot, Samvado Gunnar Kossatz.

2002 – Hudes Tarot, Susan Hudes.

2004 – Baroque Bohemian Cat's Tarot, Alex Ukolov.

2005 – Golden Tarot of Klimt, A. Atanassov.

2006 – Fantastic Menagerie Tarot, Alex Ukolov e Karen Mahony.

2006 – Tarot of the Sidhe, Emily Carding.

2007 – Golden Botticelli Tarot, A. Atanassov.

2008 – Quantum Tarot, Christopher Butler e Kay Stopforth.

2008 – Touchstone Tarot, Kat Black.

2009 – Fifth Tarot, Martien Bakens e Teressena Bakens.

2011 – Shadowscapes Tarot, Stephanie Pui-Mun Law e Barbara Moore.

Ainda podemos encontrar vários conjuntos de cartas que são denominados *tarô* mas que em nada lembram os conteúdos arquetípicos essenciais; alguns até mesmo os chamam de *tarô fantasia*. Surgiram após 1980 e suas imagens são tão distantes que quase constituem um novo tipo oracular, embora estejam acompanhados de livretos com as explicações do tarô clássico. Não se iluda com o nome; observe, sempre, o simbolismo.

Voltamos às questões iniciais deste capítulo. Cá entre nós, fazia, sim, grande diferença saber da estrutura das imagens do tarô! Este é o motivo: analisar o símbolo em sua integralidade para que o tarólogo não tenha dificuldade em entender a própria ferramenta de trabalho ou que o tarotista possa jogar com absoluta confiança. Infelizmente, nem todos os tarôs conseguem estimular a mente (ou a alma) a desenvolver a linguagem oracular, e muitas ilustrações — que podem ser maravilhosas — não possuem utilidade alguma para tudo o que já foi escrito sobre o tarô. Estamos em um ponto da jornada profissional em que competirá a todos entender e ler os diversos tarôs publicados, inclusive determinar o que não é um verdadeiro tarô, embora seja catalogado pela editora como tal. Afinal, *tarô é tarô*. Entendeu a premissa?

56 ARCANOS AUXILIARES

Os arcanos menores encontram-se estruturados em quatro conjuntos de 14 cartas cada — naipe de ouros, de espadas, de copas e de paus. Cada série contém quatro cartas formando a *corte* (pajem, cavaleiro, rainha, rei) e dez cartas *numeradas* (sendo a primeira grafada de Ás e as demais de 2 a 10). Nenhum livro expõe qual seria a sequência exata; todos divergem de alguma forma, seja pela alternância dos naipes, da corte ou dos numerados. A estrutura mais lógica que consigo avaliar, como expus no item "ELOS DIVINOS", é o encadeamento dos arcanos da corte para os arcanos numerados — do pajem ao rei, do 1 (Ás) ao 10 —, e, essencialmente, contendo a seguinte ordem: ouros, espadas, copas e paus. Ao contrário dos arcanos principais, os arcanos auxiliares não têm função cíclica; contudo, delimitam a trajetória de determinado plano: *material*, *mental*, *sentimental* ou *espiritual*. Embora a corte e os numerados tenham evolução entre si, cada qual representa um aspecto individual e particular de manifestação da série correspondente; a corte também simboliza uma pessoa ou até mesmo o caráter/personalidade (esse assunto é discutido no terceiro volume). Outra distinção importante se encontra nas alegorias — enquanto nos 22 arcanos principais cada carta contém uma arquitetura simbólica distinta, nos arcanos auxiliares observam-se *três* conteúdos alegóricos que, combinados entre si, resultam em 56 cartas, a saber:

naipe + corte + números. Irei me dedicar um pouco mais ao arcabouço dos arcanos auxiliares, visto que sua estrutura é pouco abordada na literatura disponível.

QUATRO ELEMENTOS

Independentemente de uma estrutura lógica nos arcanos menores, diversos estudiosos relacionam, há séculos, os quatro naipes aos quatro elementos místicos: Terra (ouros), Ar (espadas), Água (copas), Fogo (paus). Para compreender a função dos naipes nos arcanos secundários devemos fundamentar os quatro elementos sob a ótica *exclusiva* da ciência oculta. Será um erro fatal ler/estudá-los sob a tradição indiana, chinesa ou ameríndia, por exemplo. As pesquisas existentes sobre esses pensamentos são interessantes, mas cada qual carrega em si valores distintos que não se aplicam ao tarô — a visão deve se estabelecer exclusivamente no *esoterismo ocidental pós-medieval*.

Outro ponto delicado será com a alquimia, o hermetismo, a cabala e a astrologia — essas áreas místico-esotéricas, assim como o tarô, possuem os quatro elementos vinculados às estruturas e, embora o significado seja similar, o engendramento é totalmente adverso. Vejamos. Será um equívoco classificar diretamente (ou por analogia) as cartas do naipe de ouros *com* Touro (signo zodiacal), Malkut (10ª esfera da Árvore da vida) ou Sal (aglutinador alquímico) *somente* porque todos estão associados ao elemento Terra. Embora os conceitos básicos sejam semelhantes, as aplicações são distintas e as estruturas, divergentes. Não podemos nos esquecer de que as cartas do tarô indicam a vivência comum a todos os seres humanos, independentemente de signos solares (mês de nascimento), credo, raça ou sexo.

- **Atenção.** Os elementos no âmbito astrológico estão estruturados em três estágios (fixo, cardeal e mutável), que explicam certas características zodiacais; por exemplo: Touro: Terra- fixo; Virgem: Terra-mutável; Capricórnio: Terra-cardeal. Um mapa astral deve explicar a essência solar taurina por intermédio do elemento *Terra/fixo (concentração, preservação, posse)*; porém, em um jogo de tarô estaríamos orientando um dado momento, e tanto um naipe de paus (Fogo) quanto um naipe de copas (Água) poderiam explicar certo período da vida de um taurino ou de qualquer signo. Outra questão é a sequência dos elementos: a astrologia revela o propósito espiritual da encarnação (Fogo-Terra-Ar-Água), e o tarô, o processo do homem encarnado (Terra-Ar-Água-Fogo). São engendramentos mágicos: um esboça o *ser;* o outro, o *estar.* Por sua vez, a cabala tem apenas três elementos (Ar-Água- Fogo), enquanto a alquimia contém cinco elementos encerrados em 7, 12 ou 21 estágios na transmutação espiritual (Fogo-Ar-Terra-Água-Éter).

Nas ciências ocultas, a sequência do elemento pode ser aplicada de diversas formas, existindo 16 combinações possíveis para a engendração mágica — para o tarô, no entanto, utilizamos apenas a fórmula genérica: TERRA, AR, ÁGUA e FOGO (Tabela 1, pág.110). Alguns autores estimulam atributos diferentes aos naipes, tais como Ar ou Fogo para ouros, Fogo ou Terra para espadas, Terra ou Ar para paus. Ainda há outro encadeamento: paus/ouros/espadas/copas ou ouros/copas/espadas/paus; contudo, invariavelmente, a literatura de aprendizado é similar. Essa divergência deixa o estudante confuso e ele acaba desistindo de aprender esse fantástico conjunto. As explicações a seguir já visam o contexto de aplicação aos arcanos menores.

1. Elemento TERRA (plano material, ter) — símbolos: *moeda, diamante, touro, pentagrama, dados, losango, cor verde* ou *preta*. Representa aquilo que possui sentido real, circunstância visível ou sensível ao tato. Identifica aquisição, controle legítimo e tudo o que podemos *obter* a nosso favor. Praticamente

tudo na vida se classificará nesse elemento; porém, sob uma condição: nenhum aspecto psíquico ou emocional estará envolvido diretamente — somente o *ter ou não ter*.

2. Elemento AR (plano mental, ser) — símbolos: *espada*, *faca*, *flecha*, *pássaro*, *anjo*, *coração negro*, *cor amarela* ou *azul-escuro*. Qualifica tudo o que se encontra na mente e na expressão (física ou verbal); constitui o universo das metas e dos ideais (crença, filosofia, aprendizado); também, a cultura adquirida e tudo o que podemos *ser* através de planejamentos e atitudes. Afirma, exclusivamente, a *intenção* ou a *ação* de possuir algo.

3. Elemento ÁGUA (plano sentimental, estar) — símbolos: *taça*, *copo*, *chaleira*, *crisol*, *peixe*, *águia*, *coração vermelho*, *cor vermelha* ou *azul-claro*. Agrupa o mundo sentimental, imaginativo e abstrato (desejo, sonho, percepção), identificando o envolvimento sentimental em algum ideal (amor, paixão) ou a relação consigo mesmo (verdade, devaneio) em um dado momento. Esse elemento é sempre *transitório* e identifica o estado emocional.

4. Elemento FOGO (plano espiritual, ficar) — símbolos: *bastão de madeira*, *vareta*, *condão*, *cajado*, *leão*, *trevo*, *cor vermelha* ou *branca*. Classifica aquilo que é transcendente, as formas de desenvolvimento da vida, pelo destino ou pela decisão pessoal (resolução, confiança, sucesso). Esse elemento qualifica ações honradas, ideais, empreendimentos e tudo o que pode *ficar* (por direito humano e divino) em nosso poder pessoal.

- Vale salientar que o elemento Água é o purificador da alma, enquanto o elemento Fogo, do espírito; ambos se amalgamam para o equilíbrio do cerne psíquico (desejo e compreensão). Assim, o elemento Fogo se reporta exclusivamente ao mundo espiritual do homem encarnado, o último estágio de evolução terrestre e transcendência pessoal; jamais reproduzirá o mundo divino (anjos, entidades etc.).

Tabela 1 – Quatro elementos

Resumo			
TERRA	**AR**	**ÁGUA**	**FOGO**
TER	*SER*	*ESTAR*	*FICAR*
OUROS	*ESPADAS*	*COPAS*	*PAUS*
Material	Mental	Sentimental	Espiritual
Ciência	Filosofia	Arte	Religião
Corpo	Alma/Psique	Alma/Emoção	Espírito
Forma	Ideia	Sonho	Conceito
Realização	Planejamento	Desejo	Aspiração
Conclusão	Verbalização	Criatividade	Intuição
Dinheiro	Ambição	Vaidade	Filantropia
Trabalho	Profissão	Habilidade	Dom
Posse	Ciúme	Paixão	Serenidade
Destruição	Vingança	Amargura	Perdão
Limitação	Egoísmo	Orgulho	Fraternidade
Namoro	Intenção	Sedução	Inspiração
Casamento	Relacionamento	Amor	Harmonia

A CORTE

As figuras contêm *status* e poder irreversível (pajem, cavaleiro, rainha, rei), além de idades diferenciadas (do mais jovem ao mais velho). O conjunto deve ser observado como plano intermediário entre as direções dos arcanos principais e as funções dos auxiliares numerados — ele contém alguns símbolos dos arcanos maiores (figuras) e dos menores (naipes). Todas as cartas da corte em todos os tarôs clássicos, também na maioria dos modernos, encontram-se configuradas de forma similar, variando apenas a ornamentação dos elementos (moeda, espada, taça, bastão) na mão do personagem, ou seja, a corte de copas é ilustrada segurando uma taça (Figura 30); o mesmo ocorre com as outras cortes.

Figura 30 – Ancient Italian Tarot. Lo Scarabeo, Itália.

1. PAJEM — símbolo: um adolescente de pé (vigor e aspiração), vestindo roupas simples, representando o aprendiz, o buscador, o proletário; geralmente é ornamentado com chapéu (o que indica perspicácia). Traduz-se em vitalidade, praticidade, inconsistência, curiosidade, expectativa, especulação, notícia. A posição social simboliza desejo, dedicação e atenção. Pode ser designado *valete*.

2. CAVALEIRO — símbolo: um jovem em cima de um cavalo (força e poder), adornado com roupas mais elegantes que as do pajem ou as vestes de um cavaleiro medieval (compromisso, dever hierárquico). Representa habilidade, confiança, idealismo, persuasão, sagacidade, diretriz. O caráter social indica ação, determinação e objetividade.

3. RAINHA — símbolo: uma mulher em um trono (força, poder), vestindo roupas luxuosas e adornada com uma coroa (comando, autoridade). Tem domínio parcial e passivo (energia feminina). Indica experiência, preservação, habilidade, generosidade, matriarcado. A situação social sugere equilíbrio e poder parcial. Pode ser designada *dama*.

4. REI — símbolo: um homem em um trono (força, poder), trajando roupas luxuosas, usando uma coroa ou chapéu (comando, autoridade, astúcia). Contém domínio total e ativo (energia masculina). Sugere realização, produtividade, fertilidade, autoridade, patriarcado. A circunstância social indica total controle sobre tudo, o dominador.

- **Atenção.** Um problema na literatura do tarô se reporta às constantes compilações sem alguma análise/pesquisa prévia. Encontramos no tarô de Arthur Waite a inversão de numeração entre as cartas Justiça/Força (8/11), e no tarô de Aleister Crowley, novas nominações para a corte (príncipe, princesa, cavaleiro, rainha — não há a nominação *rei* no conjunto). Ambos têm considerações próprias (doutrinárias), que veremos melhor no capítulo "Ordem no caos simbólico". Escritores, artistas plásticos e ilustradores têm se baseado no sistema Waite ou Crowley, como se fossem regras gerais (são exceções!); em todo caso, atente para as equivalências e substituições quando ler o referido capítulo.

NUMERAÇÃO

No capítulo "ORDEM NO CAOS SIMBÓLICO" constataremos que a numerologia *não* se aplica aos arcanos principais, pois há números arquetípicos que só correspondem parcialmente. Contudo, na estrutura dos arcanos auxiliares, a visão pitagórica dos números se ajusta perfeitamente — é a única parte do tarô em que há uma adaptação na teoria metafísica dos números. Mais uma vez, meu carinho especial por Ozampin Olafajé, pois, sem aquela maravilhosa transmissão oral de conhecimento oculto, eu levaria muito mais tempo para formar as estruturas do tarô. Ele nos explicou melhor os conceitos esotéricos de Papus a partir da seguinte tabela:

Tabela 2 – Lei dos números

Lei dos números		
1	Princípio	Princípio
2	Oposição	
3	Equilíbrio	
4	Princípio	Oposição
5	Oposição	
6	Equilíbrio	
7	Princípio	Equilíbrio
8	Oposição	
9	Equilíbrio	
10	Evolução	---

Notamos claramente quatro grupos distintos: *princípio* (1, 2, 3), *oposição* (4, 5, 6), *equilíbrio* (7, 8, 9) e *evolução* (10). Podemos considerar que o *princípio do princípio* (1), o *príncipio da oposição* (4) e o *princípio do equilíbrio* (7) se reportam à *evolução* (10), tendo como objetivo realizar a ideia prima (1); realizando a redução pitagórica, temos:

1 = 1

1 + 2 + 3 + **4** = 10 (1 + 0 = 1) = 1

1 + 2 + 3 + 4 + 5 + 6 + **7** = 28 (2 + 8 = 10 = 1 + 0 = 1) = 1

Podemos também considerar que a *oposição ao princípio* (2), a *oposição à oposição* (5) e a *oposição ao equilíbrio* (8) reproduzem uma fase transicional para a conclusão de cada estágio em que se encontra inserido — *princípio* (1, 2, 3), *oposição* (4, 5, 6) e *equilíbrio* (7, 8, 9) —, visto que:

1 + **2** = 3

1 + 2 + 3 + 4 + **5** = 15 (1 + 5 = 6) = 6

1 + 2 + 3 + 4 + 5 + 6 + 7 + **8** = 36 (3 + 6 = 9) = 9

Estudar a estrutura numeral é um grande avanço para a compreensão das cartas numeradas, bem como para as mensurações e potencialidades simbólicas de cada uma. Ao aprender a sequência, será possível classificar corretamente o conceito de cada arcano, o que possibilita o aprendizado ou a exclusão de qualquer postulação equivocada sobre os naipes em qualquer literatura de tarô. Vejamos. Na lei dos números (Tabela 2) observam-se a escala gradativa de valores, a noção do movimento linear e as possíveis variáveis — 1 é o início, 10 é o fim, e os números intermediários representam a trajetória entre eles. Ao analisar determinado número é importante observar: a graduação, o antecessor e o sucessor, uma vez que, mensurando a importância de uns com os outros, obteremos a exata proporção destinal.

1. Princípio — o número 1 (*princípio do princípio*) instaura a potencialidade irreversível de uma ideia/ação; no entanto, sempre dependemos de terceiros para a realização dos objetivos. O número 2 (*oposição ao princípio*) impõe certa limitação à vontade inicial (1), dependendo de concordâncias para a efetiva continuidade. O primeiro conjunto da lei numérica encerra-se no número 3 (*equilíbrio do princípio*), fornecendo a retomada ao conceito inicial (1) com a devida superação do empecilho (2), dando continuidade ao processo da situação (3-4).

2. Oposição — o número 4 (*princípio da oposição*) revela conflitos em que a vontade pessoal (3) foi reformulada ou não é mais acalentada. O número 5 (*oposição à oposição*) identifica o auge da problemática entre o mundo interno e o externo (4): esvaziamento do poder, desperdício da vontade. O número 6 (*equilíbrio da oposição*) termina essa tríade expondo a incontinuidade (4-5), e revendo o problema inicial (4), escolhem-se novos patamares para se recuperar o tempo perdido (6-7).

3. Equilíbrio — o número 7 (*princípio do equilíbrio*) identifica a tentativa de retorno ao poder pessoal, o controle eficaz sobre a situação (1-3). O número 8 (*oposição ao equilíbrio*) assenta uma ruptura definitiva dos padrões: a correção é compulsória, não havendo retorno às leis anteriores (1-7). O número 9 (*equilíbrio do equilíbrio*) denota que todos os fatores, pessoais e sociais, estão reorganizados e o tempo se encarregará da solução final (9-10).

4. Evolução — o número 10 (*evolução*) simboliza a conclusão de tudo, a realização da ideia de uma forma plena e irreversível, o término de todas as variáveis ocorridas nos três conjuntos anteriores (de forma positiva ou não). Também sinaliza novos patamares, ciclo de vida com progresso e desenvolvimento.

NOVOS SÍMBOLOS?

Até o início do século XX os arcanos auxiliares seguiram uma única estrutura. As cartas da corte possuíam praticamente as mesmas figuras, variando apenas um único ornamento: cada personagem ostentava um naipe. As cartas numeradas, por sua vez, continham a quantidade de naipes referentes à própria numeração. Por exemplo: o arcano Ás de Ouros contém a ilustração de uma moeda; a carta 2 de Ouros, duas e assim por diante. O mesmo esquema vale para os demais naipes.

O tarô de Rider-Waite, desenhado por Pamela Smith em 1910, instaura uma nova perspectiva para os arcanos auxiliares — a partir do significado da carta, ela cria imagens que simbolizam o próprio arcano. Para muitos tarotistas, possuir esse tipo de baralho ajuda bastante na interpretação da carta, pois, com a imagem retratada, é muito mais fácil lembrar a mensagem adivinhatória do que somente ler os números dos elementos. Se por um lado isso facilita, por outro, complica. Os tarôs com os arcanos menores ilustrados são completamente diferentes entre si, ou seja, jogar um tipo de tarô não significa que você conseguirá entender os outros existentes.

Por exemplo, o arcano 2 de Copas nos tarôs clássicos contém a ilustração de duas taças (Figura 31a), significando união, amor, afetividade, reunião, reciprocidade, sociedade. Também o encontraremos figurado com alguma situação análoga ao significado da carta (Figura 31b), ou, ainda, de forma mais simbólica (Figura 31c), cuja compreensão imediata pode ser difícil. As ilustrações dos arcanos auxiliares são mais livres e flexíveis (ao contrário dos arcanos principais), por isso será possível, nesse exemplo, encontrar a imagem de duas pessoas abraçadas e felizes, duas árvores entrelaçadas, duas pessoas assinando um contrato, um casal de namorados — todas as ilustrações devem transportar para o sentido do arcano: união (seja afetiva, social ou profissional).

Certa vez recebi um e-mail perguntando se deveríamos decorar os significados das cartas, uma vez que o remetente não conseguia compreender as imagens. Podemos, sim, memorizar algumas palavras

Figura 31a – IJJ Swiss Card Tarot. U.S. Games Systems, EUA.

Figura 31b – Cosmic Tarot. AGM AGMuller, Suíça.

Figura 31c – The Enchanted Tarot. St. Martin's Press, EUA.

para recordar o contexto simbólico; tudo o que se encontra em livros são possibilidades, mas não representam conceitos únicos e fechados. Deve-se entender o símbolo em si (e só os tarôs clássicos fornecem essa dinâmica). Veja que interessante: quem lê os tarôs clássicos consegue entender inúmeros estilos, enquanto quem aprende algum tarô transcultural ou que contenha os arcanos menores figurados não consegue ler nenhum outro que não seja o próprio. *Se não se conhece a base simbólica, não há como progredir no estudo, menos ainda em uma consulta*. Pense sempre dessa forma.

Apesar de encontrarmos tarôs diversos, a maioria tende a seguir o mesmo padrão simbólico, e essa estrutura é desejável para a preservação do atributo do arcano. Muitas vezes, a criação artística transforma o tarô em belas imagens, que, por sua vez, tendem a ser simbolicamente outro baralho; essas figuras se fragmentam de tal forma que, ao longo do tempo, não seriam mais reconhecidos como um tarô. A taróloga americana Cynthia Giles enfatiza que a continuidade simbólica é vital, não apenas para os estudiosos da teoria e da história (tarólogos), mas, certamente, também para aqueles preocupados com a adivinhação (tarotistas). Porém, se procurarmos pacientemente, com um excelente dicionário de símbolos, sempre será possível descobrir um elo nas imagens dos tarôs contemporâneos com os tarôs tradicionais. *Ninguém inventa um tarô!* Todos são variações artísticas de uma única estrutura simbólica.

INTEGRAÇÃO DOS 78 ARCANOS

Carta alguma do tarô é aleatória, menos ainda o conjunto. Um dos passos mais importantes é assimilar sua inter-relação — observando o arcano principal e auxiliar — e toda a dinâmica envolvida. Estudar ou aplicar o conteúdo simbólico da carta *sem* observar o contexto sintomático (atributo, posição, sequência, intertexto) implicará em erros durante uma análise oracular. O arcano principal representa uma situação, enquanto o auxiliar a sinaliza de forma cristalizada. A saber: a *situação* (arcano principal) em uma relação direta com o *objetivo* (arcano auxiliar, naipe) se manifesta em uma *ação* (arcano auxiliar, corte) para realizar a *trajetória natural* (arcano auxiliar, numerado). Somente com uma visão globalizada será possível abranger não apenas a aplicabilidade na própria vida (autoconhecimento), como também em uma consulta (adivinhação).

SINTOMA

Embora esse assunto tenha surgido bem após minha elucubração sobre a estrutura dos caminhos (página 171), ele fica mais bem-inserido na conclusão deste capítulo, uma vez que estamos tratando da estrutura individual para o geral. Quando cheguei a esses conceitos, já havia esmiuçado o conteúdo simbólico da carta, extraído os atributos e sua divisão em quatro planos (assunto do Volume 2), mas faltava entender qual a razão de sempre aconselharem o consulente mediante alguma carta, como, por exemplo, solicitar *calma* no arcano 13, ser mais *ativo* no arcano 2, *acreditar* em um mundo melhor no arcano 16. Ora, raramente isso se encontra em livros, mas, naturalmente, todos falavam (mesmo quem nunca tivessem lido algo a respeito).

Em 1993, quando estava terminando de escrever sobre a estrutura binária (página 139) e relendo o livro *Jung e o Tarô*, de Sallie Nichols (1908-1982), sobre a viagem do Louco, percebi que todo arcano imediatamente posterior era o conselho natural do antecessor. Após muitas reflexões, tudo se encaixou perfeitamente — o conselho da Morte é a Temperança; da Sacerdotisa, é a Imperatriz; da Torre, é a Estrela. Novamente, retomei várias obras e anotações antigas para encontrar a coerência de tal possibilidade. Meus dias e noites (maravilhosos) descobrindo infinitas possibilidades estão vívidos em minha memória, as consultas e salas de aula me permitiram testar — o que não encontrei bases filosóficas ou não funcionou na prática, arquivei. Ao trabalho que foi útil e inovador denominei SINTOMA DO ARCANO.

Os arcanos maiores e menores, sem dúvida alguma, incorporam intertextualidade e metalinguagem. Embora comumente haja enorme preocupação em se entender o arcano, ele não pode ser estudado como um objeto autônomo. Todo arcano contém limites de atuação que se concentram, primeiramente, no símbolo da própria carta, o atributo capital (adivinhação). Todavia, encontraremos na segunda análise — o sintoma — algo extremamente revelador e complementar ao contexto: a orientação (conselhos). O conhecimento desse processo poderá tanto ser empregado na compreensão da cadeia simbólica quanto de sua utilização oracular.

Introduzirei, para o estudo avançado, estes três conceitos: *emissor*, *sucessor* e *ressoante*, como meios lógicos de se compreender a interligação dos arcanos. Dentre as três possibilidades, o *arcano emissor* e o *sucessor* são os mais fáceis de se entender, uma vez que um representará a própria carta, e o outro, a imediatamente posterior; o *arcano ressoante* dependerá de conexões numéricas de acordo com a redução pitagórica (arcano maior) ou da posição do naipe (arcano menor). O significado do arcano sucessor seria o passo natural a ser dado, podendo até mesmo se pronunciar como um *aconselhamento* para que o resultado se manifeste a contento; no entanto, a trajetória para o arcano ressoante representa algum anacronismo do desejo/situação, ocasionando uma espécie de vaivém contínuo até que o arcano emissor possa continuar a jornada, ou seja, transformar-se no arcano sucessor. Assim, será possível entender a trajetória da questão analisada durante uma consulta: fácil, difícil, neutra, aberta, fechada? Estude os sintomas dos arcanos principais na Tabela 3 (a seta indica o sucessor, e o semicírculo, o ressoante).

- Por exemplo, o arcano *emissor* 1 tem como *sucessor* o arcano 2, e o *ressoante*, o arcano 10 (pois, 1 + 0 = 1). Essa dinâmica significa que as novas ideias (Mago) do consulente devem ser analisadas (Sacerdotisa); caso contrário, criam-se outros objetivos (Roda da Fortuna), não se seguindo o conceito inicial (Mago), nem se avançando rumo à reflexão necessária (Sacerdotisa). Portanto, o arcano 1 é apenas um indicador de boas e novas ideias, mas dependerá de muito esforço e organização para realizá-la.

- *Tenha sempre em mente*: o arcano ressoante não representa um estágio evolucional como o arcano sucessor; apenas um eco, uma reverberação a ser eliminada. Assim, tudo retorna ao

Tabela 3 — Sintoma dos arcanos principais

↱	1→2 ↻ 10	2→3 ↻ 11	3→4 ↻12	4→5 ↻ 13	5→6 ↻ 14	6→7 ↻ 15	7→8 ↻ 16	8→9 ↻ 17	9→10 ↻ 18	10→11 ↻ 1	↴
1 ← s/n s/n ↻											11→12 ↻ 2
↳	s/n←21 3 ↻	21←20 2 ↻	20←19 1 ↻	19←18 9 ↻	18←17 8 ↻	17←16 7 ↻	16←15 6 ↻	15←14 5 ↻	14←13 4 ↻	13←12 3 ↻	↲

arcano emissor, para que este refaça a jornada e, talvez, siga para o arcano sucessor.

- *Agora, preste mais atenção*: podemos definir na estrutura sintomática que o destino nos oferta um caminho pelo qual caberá a nós seguir ou não; contudo, haverá alguns pontos em que, mesmo empregando o livre-arbítrio, o resultado será o mesmo (alguns neutros, outros bem positivos ou, ainda, totalmente adversos ao desejado) — não temos o controle absoluto da vida, somente o domínio parcial. Por exemplo: uma ocupação profissional depende do livre-arbítrio, certo? E se a empresa fosse à falência, teríamos o livre-arbítrio? Nunca.

  - **Atenção:** O estudo e os exemplos dos sintomas estão contidos no Volume 2 (*Tarô, vida e destino*), é parte integrante da estrutura individual do arcano.

Vale lembrar que os arcanos principais representam a fonte inesgotável da vida. Neles, tudo se cria e recria, neles avançamos e retrocedemos; no entanto, plasmam-se nos arcanos auxiliares. O grupo principal representa ideias/situações, e o secundário, projeções/realizações, sendo que *os arcanos maiores equivalem a um moto-contínuo circular e os arcanos menores a uma única direção/manifestação*. Igualmente, podemos definir que os arcanos principais lançam os auxiliares de forma centrífuga; portanto, os arcanos menores, que dependem do projeto dos maiores, jamais serão cíclicos, pois consistem em ideias lineares. O encadeamento entre o naipe, a corte e a numeração sinaliza uma única trajetória, sem retorno e com término no último arcano (10). O arcano emissor e o sucessor seguem as mesmas regras já observadas; no entanto, o arcano ressoante terá a mesma equivalência (corte ou número) do naipe seguinte. Analise os sintomas dos arcanos auxiliares na Tabela 4 (a seta indica o sucessor, e o semicírculo, o ressoante).

Tabela 4 – Sintoma dos arcanos auxiliares

Ouros (O)	Espadas (E)	Copas (C)	Paus (P)
Pajem ↺ Pajem/E ↓ Cavaleiro/O	**Pajem** ↺ Pajem/C ↓ Cavaleiro/E	**Pajem** ↺ Pajem/P ↓ Cavaleiro/C	**Pajem** ↺ Pajem/O ↓ Cavaleiro/P
Cavaleiro ↺ Cavaleiro/E ↓ Rainha/O	**Cavaleiro** ↺ Cavaleiro/C ↓ Rainha/E	**Cavaleiro** ↺ Cavaleiro/P ↓ Rainha/C	**Cavaleiro** ↺ Cavaleiro/O ↓ Rainha/P
Rainha ↺ Rainha/E ↓Rei/O	**Rainha** ↺ Rainha/C ↓ Rei/E	**Rainha** ↺ Rainha/P ↓ Rei/C	**Rainha** ↺ Rainha/O ↓ Rei/P
Rei ↺ Rei/E ↓ Ás/O	**Rei** ↺ Rei/C ↓ Ás/E	**Rei** ↺ Rei/C ↓ Ás/C	**Rei** ↺ Rei/O ↓ Ás/P
Ás ↺ Ás/E ↓ 2/O	**Ás** ↺ Ás/C ↓ 2/E	**Ás** ↺ Ás/P ↓ 2/C	**Ás** ↺ Ás/O ↓ 2/P
2 ↺ 2/E ↓ 3O	2 ↺ 2/C ↓ 3/E	2 ↺ 2/P ↓ 3/C	2 ↺ 2/O ↓ 3/P
3 ↺ 3/E ↓ 4/O	3 ↺ 3/C ↓ 4/E	3 ↺ 3/P ↓ 4/C	3 ↺ 3/O ↓ 4/P
4 ↺ 4/E ↓ 5/O	4 ↺ 4/C ↓ 5/E	4 ↺ 4/P ↓ 5/C	4 ↺ 4/O ↓ 5/P
5 ↺ 5/E ↓ 6/O	5 ↺ 5/C ↓ 6/E	5 ↺ 5/P ↓ 6/C	5 ↺ 5/O ↓ 6/P
6 ↺ 6/E ↓ 7/O	6 ↺ 6/C ↓ 7/E	6 ↺ 6/P ↓ 7/C	6 ↺ 6/O ↓ 7/P
7 ↺ 7/E ↓ 8/O	7 ↺ 7/C ↓ 8/E	7 ↺ 7/P ↓ 8/C	7 ↺ 7/O ↓ 8/P
8 ↺ 8/E ↓ 9/O	8 ↺ 8/C ↓ 9/E	8 ↺ 8/P ↓ 9/C	8 ↺ 8/O ↓ 9/P
9 ↺ 9/E ↓ 10/O	9 ↺ 9/C ↓ 10/E	9 ↺ 9/P ↓ 10/C	9 ↺ 9/O ↓ 10/P
10 ↺ 10/E ↓ não possui.	10 ↺ 10/C ↓ não possui.	10 ↺ 10/P ↓ não possui.	10 ↺ 10/O ↓ não possui.

- Por exemplo, o arcano *emissor* Pajem de Ouros tem como *sucessor* o arcano Cavaleiro de Ouros, e o *ressoante*, o arcano Pajem de Espadas. Os projetos em andamento (Pajem de Ouros) devem ser perseverados (Cavaleiro de Ouros); caso contrário, perde-se na própria vaidade (Pajem de Espadas), não se atingindo nem os objetivos práticos (Pajem de Ouros), nem uma construção produtiva (Cavaleiro de Ouros). Portanto, o Pajem de Ouros indica o caminho correto para a obtenção do desejo, revelando que qualquer outra forma poderia resultar em fracasso.

  - **Atenção.** O estudo e os exemplos dos sintomas de cada arcano menor está contido no Volume 2 (*TARÔ, VIDA E DESTINO*), por fazer parte da estrutura e estudo individual do arcano.

INTERTEXTUALIDADE

Fechando os principais conceitos, ainda podemos encontrar e analisar diversas correlações simbólicas em todos os tipos de tarôs, não importando a variação artística. Sempre encontraremos na carta Mago (Figura 32a) algo representativo dos quatro elementos (Tabela 5), geralmente uma moeda (Terra — plano material), uma adaga (Ar — plano mental), uma taça (Água — plano sentimental) e um bastão (Fogo — plano espiritual). Como a primeira carta, revela a elaboração natural de um desejo/situação em que se reúnem todas as condições para dar continuidade à realização nos arcanos sucessores. Os quatro elementos também estão detalhados nas quatro séries dos arcanos menores (Figura 32b), ou seja, naipe de ouros (Terra — ter), de espadas (Ar — ser), de copas (Água — estar) e de paus (Fogo — ficar).

Tabela 5 – Quatro naipes

TERRA	AR	ÁGUA	FOGO
Moeda	Espada	Taça	Bastão
Dados	Adaga	Copo	Chaleira
Touro	Anjo	Águia	Leão
Naipe de ouros	Naipe de espadas	Naipe de copas	Naipe de paus
Plano material	Plano mental	Plano sentimental	Plano espiritual
Ter	Ser	Estar	Ficar

Na última carta numerada, o arcano Mundo (Figura 32c), também observamos os quatro elementos, comumente simbolizados por outra cadeia simbólica — um touro (Terra — plano material), um anjo (Ar — plano mental), uma águia (Água — plano sentimental) e um leão (Fogo — plano espiritual). Esse arcano representa a realização final dos objetivos com todo o sucesso e as mudanças necessárias à prosperidade. Observe que na carta 1 os quatro elementos estão concentrados em cima de uma mesa ou algo semelhante (símbolo do microcosmo) e na carta 21 encontram-se fora de um círculo ou algo similar (símbolo do macrocosmo); isso qualifica que o poder da vida (quatro elementos) se encontra embrionário no arcano 1, e absolutamente realizado no 21. Assim, a ornamentação dos quatro elementos enfatiza que o *Mago* é o primeiro arcano e o *Mundo* é o último; sendo o Louco (a carta sem número) o elo entre o antigo e o novo. Então, do primeiro emissor ao último sucessor, as situações vão evoluindo passo a passo, arcano a arcano, para se posicionarem em uma atividade espiralada crescente, mas sempre emanando a potencialidade por intermédio de um elemento (naipe); por isso, os arcanos menores simbolizam a solidificação da ideia, a manifestação ou condição final. Tudo se relaciona com tudo, o tarô é um único organismo, no qual cada carta em sua posição estrutural e interação simbólica satisfaz apenas uma parte do todo. *Ler o tarô é encontrar em qual trajetória ou parte do caminho se encontra determinada situação.*

Figura 32a – Ancient Tarot de Marseille. Grimaud, França.

Figura 32c – Ancient Tarot de Marseille. Grimaud, França.

Figura 32b – Tarô de Marselha. Editora Pensamento, Brasil.

ARCANOS OCULTOS

Sempre me lembrarei de três divisores de água em minha carreira: *a enciclopédia de tarô da U.S.Games, as orientações do mestre Ozampin Olafajé e as aulas da cigana Strada* (*Helena Rego*), que, embora não tivessem tal intenção, cada qual se revelou uma peça-chave para eu construir o arcabouço que desejava. Incluo, ainda, o mago-tarólogo Bosco Viegas e a astróloga-taróloga Baby Ahrends, por me motivarem a descobrir novos parâmetros de análise oracular. Todos eles falavam de arcanos ocultos que poderiam existir em uma consulta, e que havia formas de se chegar a tais descobertas. Até esse ponto, nenhum problema; é fácil e faz parte da metodologia de jogos (essa técnica é ensinada no terceiro volume — *TARÔ, ORÁCULO E MÉTODOS*). No entanto, foi nas aulas da minha querida cigana que surgiu outro conceito: *três arcanos ocultos*. Em vez de parafrasear, expor proposições ou sintetizar conhecimentos, considerei mais interessante deixar próximo da aula que tivemos naquele dia.

"Três?", questionaram todos na aula, em uma grande sala repleta de almofadões dourados na casa de Baby Ahrends, em frente ao Parque Lage, no Rio de Janeiro. Ela, muito sorridente, sentou-se no chão, iniciando calmamente a montagem das 78 cartas em nove colunas por nove linhas (Figura 33a). Pensei: se já estava difícil construir uma estrutura para o tarô, imagine então acrescentar mais arcanos? E ainda ocultos! Bem, a primeira explicação foi sobre o número 9. Olhou para cada um, apontou as cartas e disse: *Por que nove por nove?* Como o último da série de algarismos (1 a 9), o proclama, simultaneamente, um fim e um recomeço; dessa forma, igualmente, desenvolveremos a ideia de nascimento e de morte ao mesmo tempo. Assim, o numeral nove representa a totalidade do mundo, a universalidade. Trata-se do número da multiplicidade que sempre retorna à unidade, pois, ao ser multiplicado por outro número, é o único que regressa a si mesmo na soma pitagórica [9 x 9 = 81 (8 + 1 = 9)].

1	2	3	4	5	6	7	8	9
10	11	12	13	14	15	16	17	18
19	20	21	22	23	24	25	26	27
28	29	30	31	32	33	34	35	36
37	38	39	40	41	42	43	44	45
46	47	48	49	50	51	52	53	54
55	56	57	58	59	60	61	62	63
64	65	66	67	68	69	70	71	72
73	74	75	76	77	78	*79*	*80*	*81*

Figura 33a – Arcanos ocultos. Tabela do autor.

- As relações místicas com o número 9 são imensas. *Vejamos algumas*: ele simboliza a evolução do universo por meio de três tríades, em que cada triângulo representa um aspecto do mundo: o céu, a terra e o inferno. Não por acaso, a Árvore da Vida, sistema filosófico cabalístico, contém três tríades (3 x 3 = 9). Existem nove ordens divinas que formam um cinturão espiritual ao redor da Terra; há nove musas na antiga Grécia, que representam a totalidade do conhecimento humano; nove deuses formam o principal panteão etrusco e, igualmente, para os maias, nove deuses. Os mongóis adoravam nove estrelas como fonte de saber. Na nona hora, Jesus feneceu para, então, ressuscitar. Segundo as escrituras sagradas, nove pessoas entraram vivas no paraíso. Há nove céus para os budistas. Nos ritos mágicos, adivinhe qual é o número sagrado da lua? Acertou ao pensar no número nove! E a gravidez humana? Nove lunações ou nove meses? Tanto faz, é a mesma coisa. Uróboros, símbolo da eternidade, é representado pelo número nove em todas as antigas civilizações.

O sistema 9 *por* 9 simboliza a totalidade da vida, a cigana continuava a explicar, e, ao deitarmos as cartas do tarô nessa exposição (Figura 33a) obtemos a chave: *faltam três arcanos!* Alguns alunos disseram: vou colocar mais uma linha e encontrar mais arcanos ocultos, chegarei a 12, o número da transformação! Outro acrescentou: prefiro encontrar 21, o número sagrado! Imediatamente, o semblante da professora mudou, ou melhor, crispou-se. Alerto, disse Helena com aquela voz doce e angelical que, ir além destes números (78 arcanos revelados e 3 arcanos ocultos) seria reinventar o ocultismo, e não haveria sustentação esotérica. Em um primeiro momento sempre somos impelidos a ir além, cogitar sem termos a mínima consciência da amplitude do que dizemos ou fazemos — acrescentou. Pausa para o chá, vamos nos acalmar, disse.

- Muitos anos se passaram desde aquela aula: 20, para ser mais exato! No entanto, aquela mesma situação, com as pessoas tentando ir além das explicações, ainda se manifesta nas novas gerações. Tenho lido diversos trabalhos interessantes na internet, mas são pontos de vistas; e faltam alegações coerentes para que se tornem adequadas. Ademais, inúmeros artigos on-line são de pessoas que sequer deram consultas profissionais ou ensinaram o tarô; ou seja, não possuem conhecimento de causa a não ser daquilo que leram em um único livro ou ouviram de uma única pessoa. *Não basta discordar; deve-se lançar hipóteses sólidas baseadas em experiências e boas teorias para torná-las reais, satisfatórias.* Se o tarô fosse uma arte estruturada e simbolicamente indiscutível, como é a astrologia ou a numerologia, esta obra e inúmeros artigos *nonsenses* postados na web (fórum, grupo, rede social) não teriam função alguma, nem mesmo existiriam. Estaríamos em áreas mais avançadas de análise e pesquisa, mas, infelizmente, ainda encontramos discussões sobre o que *é* tal arcano, o que se *acha* de tal método, qual tarólogo *sabe* mais, qual *tarotista* acertou determinada previsão. Isso é uma clara indicação de que ainda procuramos um caminho seguro para o tarô ou de que ninguém ainda possui uma única chave absoluta do conhecimento. Parece que temos urgência em entendê-lo para que *não* se dilua no fantástico imaginário, terminando em um monte de cartas com pequenos desenhos bonitinhos e centenas de análises bizarras espalhadas on-line.

Vamos à segunda fase, ela continuou, após o delicioso chá de hortelã servido pela amiga Baby Alreads. O número 9 representa o fim e o começo, o ciclo da vida, mas de que forma? Quando efetuamos a soma das *extremidades* em diagonal entre as colunas de arcanos, todo o produto e sua redução pitagórica serão sempre o numeral 1. Por exemplo, acompanhe a tabela a seguir com a Figura 33a:

Tabela 6 – Redução do número

Soma — diagonal	*Redução do produto*	*Redução pitagórica*
1 + 81 = 82	8 + 2 = 10	1 + 0 = 1
9 + 73 = 82	8 + 2 = 10	1 + 0 = 1
11 + 71 = 82	8 + 2 = 10	1 + 0 = 1
17 + 65 = 82	8 + 2 = 10	1 + 0 = 1
33 + 49 = 82	8 + 2 = 10	1 + 0 = 1

Chegamos ao ponto fundamental: *o número 9 simboliza o fim/recomeço, e o número 1, o retorno ao eterno.* Alerto para não relacionar esse número com a carta 9 (Eremita) nem com a carta 1 (Mago), pois estamos estudando a filosofia oculta dos números, não a numeração contida nas cartas. Então, o que significa o número 1? Em primeiro lugar, ele é um símbolo unificador que realiza a harmonia do consciente com o inconsciente, o equilíbrio dinâmico dos contrários. O número 1 representa o início de tudo e se antagoniza com o numeral 9, cujo simbolismo é o fim de tudo. Ele resume tudo o que é indivisível, indestrutível, sempre imutável e, ainda que multiplicado por *si* mesmo, permanece único, idêntico (1 x 1 = 1). Por isso, ele encerra o Deus único, do qual tudo emana e para quem tudo volta. Esse número também simboliza o centro cósmico e ontológico, a elevação espiritual do homem por intermédio do conhecimento.

"Agora, podemos retomar o assunto dos três arcanos ocultos", ela disse, parecendo bem mais calma e apontando para as cartas. "Estes símbolos, jamais, em tempo algum, devem ser representados por cartas, porque seremos nós (!) os agentes construtores dos arcanos ocultos: o *tarotista*, o *consulente* e o *jogo* (Figura 33b). As cartas guardadas dentro de uma gaveta não significam nada; elas somente criam um aspecto mágico e revelador quando alguém nos solicita uma consulta. Outras vezes, quando abrirmos para nós mesmos, seremos o consulente e o tarotista ao mesmo tempo. Não crie a ilusão de que uma carta a mais no tarô irá torná-lo mais poderoso", ela ria e chacoalhava as dezenas de pulseiras de ouro. "Quem tenta fazer isso é porquc deseja cobrir as próprias falhas. *A força mágica do tarô encontra-se no ato da consulta quando a sinergia dos três arcanos ocultos abrem os segredos do destino pela combinação dos 78 arcanos.* Por isso, há dificuldade de interpretação quando jogamos para nós mesmos, pois a tríade do destino não é formada adequadamente — há um anacronismo. O melhor é sempre procurarmos outro profissional para nos orientar; afinal, um médico não pode operar a *si* mesmo, não é verdade?" — Fomos tomar mais chá!

Figura 33b – Arcanos ocultos. Tabela do autor.

- Segundo Pitágoras, a tríade (3) simboliza a manifestação divina no tempo e no espaço, e expressa a ordem intelectual e espiritual em Deus, no Homem e no Universo. Representa a fase da grande iniciação oculta para a compreensão do mundo. O ternário traduz o movimento do pensamento da vida para sua expressão, sendo, portanto, o momento visível da criação, da reunião e da resolução. É impossível estudar qualquer crença sem observar a trindade divina: Osíris-Ísis-Hórus, Vishnu-Krishna-Brahma, Pai-Filho-Espírito Santo. Em muitas civilizações, as deusas do destino eram três, como, por exemplo, Clotho-Lachesis-Atropos (gregas), Urda-Verdandi-Skulda (nórdicas). Um fato interessante é o de que, em virtude da perfeição espiritual da tríade, todos os oráculos da Antiguidade eram pronunciados sobre uma trípode (apoio com três pés) que, geralmente, era adornada com três cobras entrelaçadas.

O que representa um jogo de tarô senão uma compreensão do microcosmo? O que somos nós, tarotistas e tarólogos, senão decodificadores imparciais do destino? O que representa um consulente senão um mistério a ser esclarecido, um buscador eterno de respostas sem-fim? Sim, a tríade oculta é mais do que perfeita para preencher a lacuna do arcabouço do tarô. O arcano 81 seria o jogo em si, o portal do *destino*, uma vez que se encontra interligado ao arcano Mago (o grande articulador, senhor dos quatro elementos); o arcano 80 poderia representar o próprio *tarotista*, pois se relaciona com o arcano Sacerdotisa (o saber nas mãos pronto para ser revelado). Por fim, o arcano 79 significaria o *consulente*, certamente relacionado com a carta Imperatriz (dona absoluta de seu caminho e pronta para fazer o que bem entender). Ter um panorama do tarô facilitará o estudo individual da carta, e para completar a base estrutural seguiremos para o próximo capítulo apondo uma inter-relação entre os arcanos.

PARTE 3

DIAGRAMA DA VIDA

NOS CAPÍTULOS ANTERIORES ESTUDAMOS QUE TARÔ É TARÔ, QUE sua simbologia e conteúdo são ricos e vastos, dispensando qualquer outra forma de pesquisa inicial; também observamos haver certa influência mútua em seu conjunto alegórico. Nesta fase de estudo daremos atenção especial aos possíveis diagramas: análise de conexões e de inter-relações entre os arcanos — considero uma das pesquisas mais importantes, pois remeterá o profissional e o estudante para uma profunda reflexão dessa arte espiritual. *Conhecer o arcabouço das cartas possibilitará entender não somente a função oracular, mas também a utilização para o autoconhecimento*. Teremos, nos diagramas, regências distintas entre os arcanos principais (lei do binário, ternário e setenário) e os arcanos auxiliares (lei do quaternário e decenário), e a explicação de cada um deles servirá sempre como uma espécie de pano de fundo ou cenário em que o arcano estará atuando (durante uma consulta). Jamais devemos nos esquecer da posição ocupada pela carta/arcano nas diversas estruturas (veja o exemplo da carta 11/Força na página 189); ao observá-la, você terá uma visão segura do valor arquetípico, atributo, sintoma, dimensão e função naquele momento oracular — isso fornecerá autoconfiança. Os diagramas serão explicados por intermédio das imagens do tarô clássico, que é a fonte primordial de estudos e pesquisas; no entanto, valerá para *qualquer* tipo de tarô, mesmo para aqueles em que não se encontrem as referências aludidas durante a explicação.

- Filosofar é preciso! O presente trabalho foi desenvolvido durante a década de 1990, baseado, inicialmente, nas ideias de Oswald Wirth (1860-1943), Piotr Demianovitch Ouspensky (1878-1947) e Gérard Anaclet Vincent Encausse (1865-1917). Com o propósito de uma releitura contemporânea, ampliou-se com novas estruturas à medida que se investigava o arcabouço dos arcanos. A grande questão era transformar termos místicos, como *colunas de Jakin e Boas*, *sistema jônico e dórico*, *via seca e úmida* etc., em palavras cognoscíveis; no entanto, se usássemos algum conceito metafísico, era esperado que fizéssemos isso de forma clara ou que houvesse alguma explicação. Não nos encontramos mais no século XIX para rebuscar a literatura com palavras carregadas de mistérios sem necessidade, nem para ficar copiando palavras que não fazem sentido algum para os estudantes atuais. *O tarô fala da vida urbana, do convívio social, das necessidades mais íntimas do ser humano* — e é para esse universo que o estudo deve ser projetado.

- Saliento que a estrutura *binária* e os *caminhos do destino* (estrutura Nei Naiff de tarô) fornecem uma visão global da vida, uma atividade cíclica, o pano de fundo do tarô ou a possível trajetória de uma situação; já a estrutura *ternária* e a *setenária* apresentam conceitos de organização interna, etapas para se chegar ao ponto desejado. O mesmo ocorre com a estrutura *quaternária* e *decenária*. Nas duas primeiras, o processo é contínuo e circular, as situações se apresentam de forma ascendente e espiralada; já nas estruturas restantes a ação é linear, na qual se aprendem etapas para completar o sentido da vida (ou dos desejos).

- Todas as imagens deste capítulo pertencem ao *tarô clássico Nei Naiff*, ilustração de Thaís Linhares e parte integrante do livro *Curso Completo de Tarô*, ou são em formato maior da Editora Nova Era ou da edição menor pela Editora BestBolso.

ESTRUTURA BINÁRIA

Segundo Pitágoras (570-497 a.C.) a mônada (1) representa a essência de Deus, o fogo masculino que atravessa tudo, o eterno, o falo; a *díade* (2) simboliza o momento em que Ele se manifesta com a faculdade geradora e reprodutora; assim, Deus é duplo: essência indivisível e substância divisível. Na filosofia mística dos números, o filósofo-matemático revela que a díade representa a união divina do eterno-masculino e do eterno-feminino, gerando a natureza terrestre. O binário (2) é o símbolo da reflexão, da oposição, da base de toda ciência, teologia e filosofia; nele repousa a dialética, convergindo sempre para a evolução. O antagonismo latente se torna manifesto e recíproco, afluindo para a integração: positivo-negativo, masculino-feminino, virtude-pecado, paraíso-inferno, consciente-inconsciente. O sucesso e o progresso existem graças ao equilíbrio dos opostos, ao processo binário da dialética. Podemos aplicar esse conceito aos arcanos principais, que claramente se distinguem em duas vias antagônicas: VIA SOLAR (arcanos de 1 a 11) e VIA LUNAR (arcanos de 12 a 21, além da carta sem numeração).

VIA SOLAR

Poderíamos também denominar VIA RACIONAL, pois todos os arcanos são ATIVOS e pertencem ao princípio da INICIATIVA, da razão, da vontade, da expressão clara e aberta, do estado egotista de todo ser humano. Ela se reporta aos objetivos diretos e árbitros de qualquer situação ou desejo pessoal, em que tudo pode se caracterizar pela vontade própria, sem observar os desejos alheios, a vontade de terceiros e a real construção da vida. Essa via simboliza o absoluto controle da vida, do status de poder e glória. Tal circunstância pode

Figura 34a.

ser tanto positiva quanto negativa, dependendo da evolução pessoal de cada um. Analisemos a jornada rumo ao sucesso (Figura 34a).

O *homem*, ao assimilar o MAGO (1), cria desejos por meio do absoluto livre-arbítrio, mas percebe que é necessário obter certa reflexão contida na SACERDOTISA (2). Para executar a vontade inicial, também é necessário obter a inteligência da IMPERATRIZ (3) e o controle real do IMPERADOR (4), para que o intento se cristalize. O livro da sabedoria contido no arcano 2, porém, não será aberto, nem conhecido, antes que se tenha aprendido a viver e a controlar as ações. O que fazer? Prosseguir com o aprendizado e tentar desenvolver os limites.

Ao se atingir o SACERDOTE (5), o conhecimento torna-se efetivo, adquirindo o rigor, a disciplina e a inspiração divina. O *homem* pode, então, vislumbrar a autoridade social e já observa com acuidade o livro da sabedoria. Como todo conhecimento gera dúvidas, deve-se procurar a harmonização e a verdadeira escolha no ENAMORADO (6); pois, sem o impulso da inspiração e da escolha, não será possível realizar nada na vida.

Uma vez selecionado o caminho adequado, o *homem* desenvolverá um poder ilimitado no CARRO (7), seguindo velozmente pelo caminho da prosperidade; contudo, sempre dependeremos de terceiros para a realização de um ideal. Surge, então, a Justiça (8), apresentando certa advertência: não há causa alguma sem um efeito; o equilíbrio e a racionalidade são primordiais para a realização dos objetivos.

Com os ideais bem-definidos, o *homem* partirá cautelosamente por intermédio do Eremita (9), digerindo as experiências em harmonia com o próprio tempo e buscando conhecer em profundidade o livro desejado. Afinal, construir um futuro sólido e inabalável é o objetivo de todos, e deter os transtornos da vida é a meta primal. Porém, o destino, materializado na forma de uma enigmática esfinge com uma espada em punho, adverte ferozmente: *para ocupar meu lugar na Roda da Fortuna (10), dominando o próprio destino, terás de conhecer a ti mesmo — decifra-me ou te devoro!*

Somente sob os auspícios da Força (11) o *homem* poderá deter o infortúnio destinal por algum tempo, uma vez que adquirirá autocontrole e poder sobre terceiros; no entanto, terá ele a sabedoria para ler o próprio livro destinal? Como fazê-lo? Ele, enfim, conseguirá entender e decifrar o enigma do livro da sabedoria: *o poder pessoal não se encontra apenas nas conquistas sociais ou nos domínios de toda ciência, mas também, e principalmente, no controle absoluto das energias instintivas e em todos os poderes latentes contidos no interior da alma. Somente com a autoestima e o autoconhecimento será possível atingir a autocura!* Ao final desta primeira via o *homem* entende o mundo exterior e se prepara para conhecer a si mesmo na próxima jornada.

VIA LUNAR

Neste passo interior, que, igualmente, tem a denominação de TRANSCENDENTAL, todos os arcanos são PASSIVOS e pertencem ao princípio da REFLEXÃO, ao estado de interiorização, à dissolução do ego e da vaidade, à estruturação da vida em sintonia perfeita com o destino. Essa via se reporta aos obstáculos que surgem diante dos objetivos, os quais dependerão de terceiros para a efetiva realização. Aqui, a reciprocidade é a única forma de sucesso. O início desta jor-

Figura 34b.

nada representa a perda do status egotista, mas catalisa novas ideias e diretrizes rumo ao autoconhecimento. Não teremos necessariamente sempre de passar por essa fase, mas em um dado momento sempre o encontraremos em nossa vida: *evolui quem quer!* Vejamos a sequência das cartas na Figura 34b.

O *homem* descobriu na via racional (Solar) que para alcançar os objetivos deverá dominar a si mesmo. Mas, para tal tarefa hercúlea, terá de buscar dentro de seu íntimo as mais profundas respostas e caminhos para a perfeita realização de sua vida. O primeiro passo será atravessar o umbral do Pendurado (12), no qual os valores (materiais, sociais, pessoais) adquiridos já não são mais eficazes. Aprender a interiorização e ter a coragem de praticar as lições do livro sagrado é a única saída neste momento. A primeira página revela que os mistérios da vida encontram-se na Morte (13), cuja mão rompe e queima as ilusões, devendo, então, mudar os paradigmas pessoais. Descobre-se que, longe de ser um fim, será um recomeço, uma nova etapa, plena de possibilidades — cortar o mal pela raiz é um velho ditado popular!

Renovando e avaliando a personalidade por intermédio da Temperança (14), será imprescindível ao *homem* apreciar o tempo para superar os obstáculos. É necessário utilizar esse momento de trégua para reequilibrar as energias e se preparar para a batalha consigo mesmo. Conhecer o DIABO (15) é como o homem incauto ver o próprio abismo instintivo, observar os mais secretos desejos, a ambição, o orgulho e a vaidade; entender esse grande mistério arcano é a última página do livro sagrado da sabedoria. Conhecida a fonte de toda dor humana (desejo incondicional do poder e da felicidade eterna), resta estabelecer o vínculo direto com a TORRE (16) e romper os grilhões do passado, abrir a mente e o coração para um novo futuro e uma nova estrutura pessoal. *Quer o homem queira ou não, o novo chegará!*

De agora em diante, será revelado ao *homem*, purificado e liberto, toda a fé e a esperança contidas na ESTRELA (17): tudo se abre e floresce, o negativo se esvai, aparecendo tudo o que é positivo. Depurados os instintos e desagregados os valores sociais impostos, surge por intermédio da LUA (18) o mergulho interior, no qual o *homem* buscará no inconsciente, rico em enigmas, as respostas para se autoconhecer (finalmente). Logo após, ele emergirá, sob os eflúvios da bem-aventurança e do autoconhecimento no SOL (19); pela primeira vez ele não está só, descobriu a si próprio, quem é e o que quer. O livro da sabedoria foi totalmente assimilado e o desejo está finalmente concluído.

A partir de então, só a energia do JULGAMENTO (20), senhor absoluto do destino, poderá determinar o resultado da realização do *homem*. O que virá? O bem, o mal, o certo, o errado? O que importa? Foi o melhor que ele pôde fazer na mísera vida terrena. *Ninguém é perfeito!* O MUNDO (21) só existe como síntese de tudo que o *homem* adquiriu, conquistou, obteve, valorizou, e é muito mais um prelúdio de uma nova vida do que a preservação da conquista.

Mas, como a ânsia não para, o *homem* avança em direção ao LOUCO (carta sem numeração), carregando apenas o que lhe convém. Reconhece que não possui nada válido e, em consequência, volta ao desconhecido. Busca em seu inconsciente algo que ainda não reconhece, mas deseja ousar e revolucionar a vida, na esperança de se realizar outra vez, outra vez, outra vez... Onde está o MAGO?, ele pergunta, pois deseja criar uma nova ideia, abrir um novo ciclo de vida. Tudo recomeça.

FORÇAS PROGRESSIVAS

A via Solar e a via Lunar também se contrapõem em valores, em que o intrigante binário da mente humana — lógica e intuição — opera para a própria evolução, pois a ambiguidade latente em todos nós é que permite o desenvolvimento. Na tabela a seguir apresenta-se a oposição dos arcanos na lei do binário, em que o *Mago* e o *Louco* se contrapõem; a mesma relação entre a *Sacerdotisa* e o *Mundo* e assim sucessivamente. Nessa estrutura, não compete obter respostas, somente reflexões no potencial de cada carta; poderíamos extrair outras dezenas de palavras pertinentes à oposição do arcano — incentivo o leitor a pesquisar e estudar outras possibilidades. Tenha em mente que os antagonismos levam ao crescimento pessoal, social e espiritual. Reflita e analise o conjunto da tabela a seguir:

Tabela 7 – Estrutura binária

Arcano	Antagonismo		Arcano
1	Consciência	Inconsciência	sem número
2	Elucubração	Exortação	21
3	Preservação	Evolução	20
4	Retenção	Expansão	19
5	Sociabilidade	Introspecção	18
6	Hesitação	Confiança	17
7	Avanço	Obstáculo	16
8	Lógica	Instinto	15
9	Isolamento	Participação	14
10	Instabilidade	Modificação	13
11	Controle	Impotência	12

ESTRUTURA TERNÁRIA

Segundo Pitágoras, a *tríade* (3) simboliza a manifestação divina visível no tempo e no espaço, a *anima mundi*, sendo o resultado do equilíbrio entre a mônada (1) e a díade (2). A tríade é, portanto, a lei constitutiva das coisas e a verdadeira chave da vida, mostrando as correspondências entre o macrocosmo e o microcosmo. O ternário (3) é, basicamente, o símbolo do equilíbrio; considerado a principal estrutura das ciências esotéricas, ele expressa a ordem intelectual e espiritual em Deus, no homem e no universo — é a fase da grande iniciação oculta para a compreensão do mundo. Pelo ternário podemos considerar que tudo é triplo no universo: Deus-Filho-Espírito Santo, espírito-alma-corpo, pai-mãe-filho, passado-presente-futuro, masculino-feminino-andrógino, positivo-negativo-neutro. Essa fórmula traduz tanto a dialética da estrutura binária quanto o movimento da vida rumo ao objetivo real — é o momento visível da criação. Por fim, o ternário equivale à superação da dualidade — expressando a síntese da vontade à reunião e à resolução. Na estrutura ternária encontraremos os arcanos principais agrupados em três etapas: *via da indução* (arcanos 1, 4, 7, 10, 13, 16, 19 — Figura 35a), *via da reflexão* (arcanos 2, 5, 8, 11, 14, 17, 20 — Figura 35b) e a *via da dedução* (arcanos 3, 6, 9, 12, 15, 18, 21 — Figura 35c). Esses três caminhos remeterão a uma subestrutura para o equilíbrio das forças interiores: *preparação*, *reavaliação* e *finalização*.

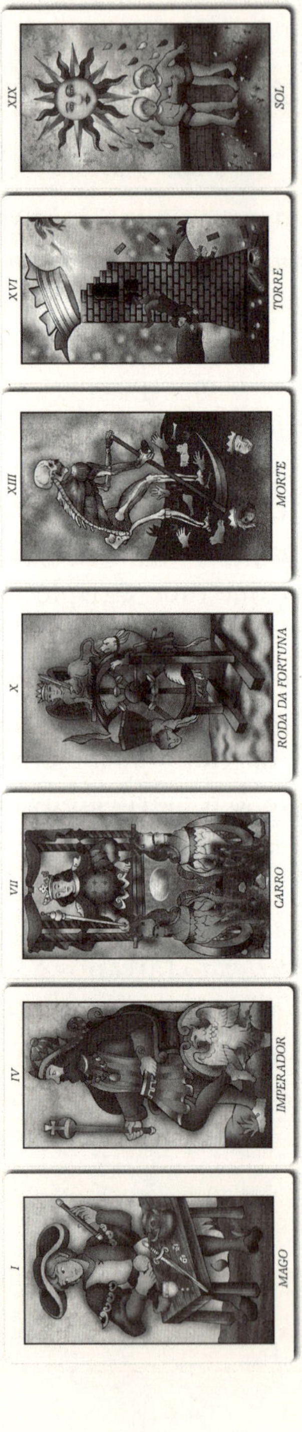

Figura 35a.

VIA DA INDUÇÃO

No primeiro caminho do ternário — A FORÇA MOTRIZ DA VIDA — todos os arcanos serão *ativos*, progressistas, indutivos, e estão diretamente acoplados à primeira máxima do ser humano: *o desejo*. Da força do desejo e da necessidade da realização no Mago (1) emana a autoridade, o princípio sólido e real do Imperador (4) para uma vida mais completa e dinâmica no Carro (7), rumo à felicidade desejada. Todos os objetivos escolhidos dependerão sempre de fatores externos contidos na Roda da Fortuna (10), obrigando frequentemente a mudanças de planos na Morte (13) para prosseguir com a vida rumo à felicidade almejada. Portanto, a obtenção dos objetivos iniciais depende, exclusivamente, de uma reestruturação das metas por intermédio da Torre (16), a fim de se libertar de qualquer empecilho; somente agindo dessa forma atinge-se no Sol (19) a plenitude da obra escolhida inicialmente.

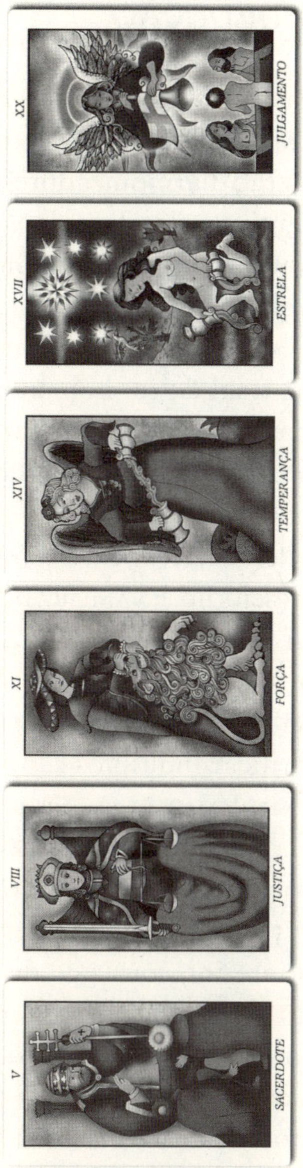

Figura 35b.

VIA DA REFLEXÃO

Nesse segundo desdobramento — A FORÇA CONTÍNUA DA VIDA —, todos os arcanos serão passivos, analíticos, reflexivos, produzindo continuidade ao processo indutivo com a busca da verdade pessoal. As cartas dessa via estão diretamente relacionadas à segunda máxima do ser humano: *o planejamento*. A utilização do conhecimento e de forças ocultas da SACERDOTISA (2) depende do aprendizado do mundo humano e do espiritual no SACERDOTE (5), para o esboço e a criação de um objetivo pessoal. Como toda ação gera uma reação e nada passa incólume perante a JUSTIÇA (8), o desenvolvimento do autocontrole é imprescindível na FORÇA (11), para que não se enfraqueça a força magnética dos objetivos. Quando atingimos esse amadurecimento, surge, então, um objetivo mais elaborado na TEMPERANÇA (14), que se encontrará agregado com a paz interior e a integração social da ESTRELA (17). As responsabilidades dos limites pessoais nos fazem constantemente traçar novos planos e objetivos na fase do JULGAMENTO (20), pois renascer ou reformular uma ideia é sinônimo de evolução e aprendizado.

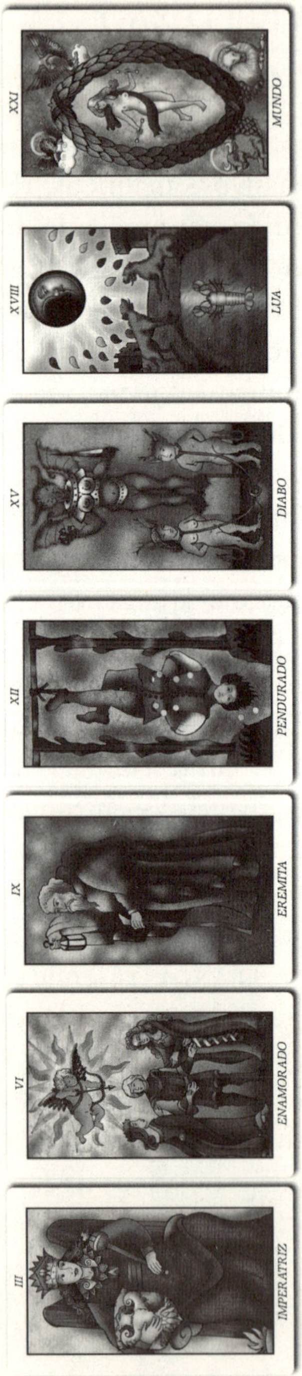

Figura 35c.

VIA DA DEDUÇÃO

No último passo do ternário — A FORÇA EQUILIBRADORA DA VIDA — todos os arcanos serão harmonizadores, conclusivos, resolutivos, dando respostas ao processo anterior com melhor arquitetura do planejamento ou de uma conclusão final. Estão diretamente vinculados à máxima final do ser humano: *a realização*. A natureza humana, sempre em busca do desenvolvimento e da perfeição da Imperatriz (3), se vê diariamente diante de várias opções para manifestar esse desejo no Enamorado (6). Contudo, para escolher esse maravilhoso objetivo sabe que deve ter a prudência e a sabedoria do Eremita (9), meditar e sacrificar múltiplos caminhos como o Pendurado (12). Na labuta do desprendimento, defronta-se com os mais profundos desejos contidos no Diabo (15). Porém, ainda mergulhado no caos interior, consegue discernir o falso do real, descobrindo o verdadeiro caminho por intermédio da Lua (18). Finalmente, após encontrar o autoconhecimento, deslumbra-se com a glória e a realização no Mundo (21), tendo, assim, a absoluta certeza da existência de uma vida melhor e de que novos projetos serão estabelecidos.

TRÊS FASES DO EQUILÍBRIO

No ternário também é possível encontrar uma subestrutura com sete etapas agrupadas em três fases, todas conduzindo à lógica e ao princípio do equilíbrio; servem como ponto de apoio para a realização de qualquer desejo. Estude, observe.

Preparação

1, 2, 3 — A ideia primordial deve ser avaliada e gerada com inteligência.

4, 5, 6 — A vontade pessoal tem de ser disciplinada para se optar pela melhor solução.

7, 8, 9 — A meta precisa ser direcionada com equilíbrio e sabedoria.

Reavaliação

10, 11, 12 — Os fatores externos devem ser controlados e analisados à exaustão.

Finalização

13, 14, 15 — A atitude correta traz ponderação ao poder pessoal.

16, 17, 18 — A mudança conduz a um caminho pleno de esperança e prosperidade.

19, 20, 21 — A plenitude alcançada traz garantia e uma visão mais ampla do mundo.

ESTRUTURA SETENÁRIA

Segundo o filósofo Pitágoras de Samos o septêmplice (7) é o equilíbrio da tríade (3) sobre a tétrada (4), ou seja, a divindade manifestada, o espírito (representado pelo triângulo) que se harmoniza com o homem encarnado, a matéria (simbolizado pelo quadrado). Por conseguinte, envolve o encontro dos homens com Deus ou o pacto divino com a humanidade. É a cifra dos adeptos, dos grandes iniciados; representa, acima de tudo, a lei da evolução. Entender o septêmplice significa reproduzir a obra divina em si mesmo. Se o ternário (3) é o princípio de toda natureza e o quaternário (4) é sua manifestação, então o setenário (7) é a conclusão do mundo, a plenitude dos tempos, símbolo universal da totalidade. Esse sistema é comum à cosmogonia e à escatologia de todas as civilizações: sete dias da semana, sete planetas, sete notas musicais, sete cores do arco-íris, sete dias da lua, sete corpos áuricos, sete chacras, sete sábios da Grécia (Bias, Quílon, Cleóbulo, Periandro, Pítaco, Sólon, Tales), sete pecados capitais (orgulho, cobiça, luxúria, ira, gula, inveja, indolência), sete virtudes cardeais (humildade, altruísmo, castidade, diligência, amor, temperança, caridade), sete maravilhas do mundo (Pirâmides do Egito, Jardins Suspensos da Babilônia, Tumba do Rei Cária, Templo de Diana, Colosso de Rodes, Estátua de Zeus, Farol de Alexandria), entre tantas relações possíveis. A estrutura setenária também será dividida em três etapas: *via da criação* (arcanos 1, 2, 3, 4, 5, 6, 7 — Figura 36a), *via do planejamento* (arcanos 8, 9, 10, 11, 12, 13, 14, 15 — Figura 36b) e *via da manifestação* (arcanos 15, 16, 17, 18, 19, 20, 21 — Figura 36c). Elas também remeterão a uma subestrutura —*preparação, reavaliação* e *finalização*.

Figura 36a.

VIA DA CRIAÇÃO

No primeiro caminho do setenário os arcanos são *ativos*, pertencem aos poderes latentes do homem, buscando todo tipo de iniciativa e possibilidades para a conclusão de seus objetivos. A luz de uma obra deve ter início com muita criatividade no Mago (1); no entanto, precisa se basear na sabedoria universal da Sacerdotisa (2). A continuidade baseia-se na dedução e na iniciativa pessoal da Imperatriz (3) e, igualmente, deve ter um exercício diário do controle absoluto expresso no Imperador (4). Buscam-se a disciplina, a organização e a inspiração divina no Sacerdote (5), devendo sempre optar pela essência verdadeira como almejado no Enamorado (6). Assim se conduz uma obra para o sucesso: com o máximo de rigor pessoal e poder mental possível, sem se dispersar um único momento por intermédio do Carro (7).

Figura 36b.

VIA DO PLANEJAMENTO

No segundo passo todos os arcanos serão *intermediários*, interagem na relação dos desejos pessoais com as leis sociais e buscam se equilibrar onde o ciclo natural da vida deve ser respeitado. As leis naturais julgam as realizações falsas ou verdadeiras na Justiça (8), e o veredicto será cumprido com determinação, acuidade e sabedoria no Eremita (9). Mas como nenhum desejo ou obra permanece estável por muito tempo, as leis do destino são para todos diante da Roda da Fortuna (10); portanto, devem-se adestrar as forças instintivas e psicoemocionais na Força (11) para reavaliar em profundidade a vida como o Pendurado (12), na tentativa de se eliminar os excessos. A Morte (13) ensina que a eterna reformulação é o segredo para a continuidade do sucesso. Assim se planeja uma obra para sempre: com equilíbrio, ponderação e renovação constante de ideias; no entanto, para tal envergadura, é necessário esperar, aguardar a germinação e a maturação na Temperança (14).

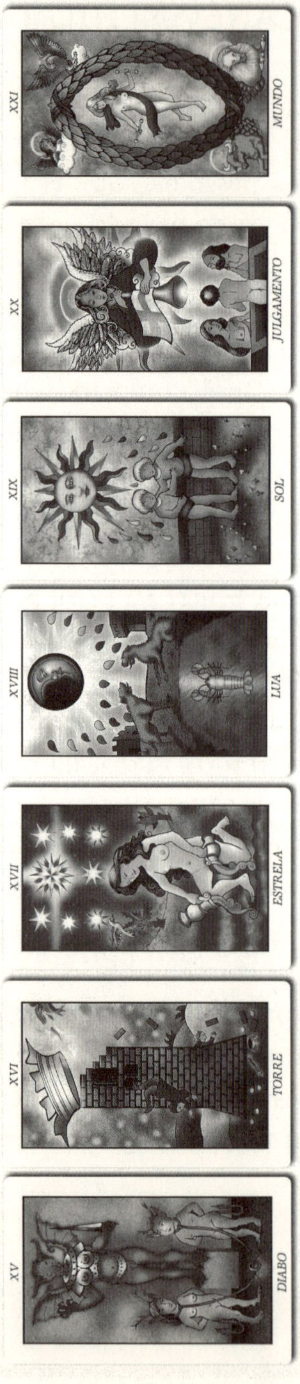

Figura 36c.

VIA DA MANIFESTAÇÃO

No último caminho todos os arcanos são *passivos*, pertencem às forças do mundo material e buscam realizar os objetivos pessoais. Mas como essa via é a projeção das duas últimas (criação e planejamento), o resultado pode não ser o desejado, por isso há necessidade de eterna reformulação da vida. A vontade incontrolável de poder material expressado pelo DIABO (15), não respeitando as leis universais e naturais, pode acarretar sérias catástrofes irreversíveis com a chegada da TORRE (16). Aliás, na vida, absolutamente nada resulta dos primeiros planos, temos sempre de modificá-los ao longo da projeção. Portanto, o importante é ter serenidade, esperança e certeza de que tudo acontece na hora certa na ESTRELA (17); basta apenas enfrentar o duelo natural do imaginário e do real, que, com frequência, confunde as verdadeiras decisões na LUA (18). A iluminação interior e a realização final do desejo no SOL (19) virão esclarecer se valeram tantos dissabores, porque a recompensa ou o resultado final poderão ser doces ou amargos, de acordo com o JULGAMENTO (20). Assim se manifesta uma obra de forma resoluta: ao concluir, adquirir a garantia da vitória ou a simples realização do desejo, revela-se a necessidade de seguir adiante, rumo aos novos patamares abertos no MUNDO (21).

SETE PASSOS DA EVOLUÇÃO

Os sete passos do setenário se agrupam em três etapas e todos conduzem à lógica e ao princípio da evolução; servem como ponto de apoio para a realização de qualquer desejo. Estude, observe, avalie.

Preparação

1, 8, 15 — A vontade deve seguir a lei e a ordem para combater a arbitrariedade.

2, 9, 16 — A sabedoria e o conhecimento têm de ser progressistas e revolucionários.

3, 10, 17 — A natureza da criação precisa fluir livre e tranquilamente pela vida.

Reavaliação

4, 11, 18 — O controle deve ser exercitado, mas livre de devaneios e dúvidas.

Finalização

5, 12, 19 — A disciplina e o rigor das ideias conduzem à iluminação interior.

6, 13, 20 — A escolha certa e justa traz como resultado a recompensa esperada.

7, 14, 21 — A decisão pensada e analisada conduz ao resultado desejado.

ONDE ESTÁ O LOUCO?

A esta altura você já deve ter perguntado: *onde está o arcano sem número? Por que o* Louco *não faz parte da estrutura ternária e setenária?* Parabéns por haver questionado, pensei que não havia notado; igualmente, eu fiz tal questionamento ao ocultista Ozampin que, brilhantemente, me orientou. Bem, faço questão de parafraseá-lo.

LOUCO

Figura 37

Na estrutura binária temos a dialética humana, e o arcano *Louco* (Figura 37) é parte integrante das grandes revoluções do pensamento, das sociais às científicas ou religiosas; podemos dizer que, sem esse arcano inserido na alma, o homem seria uma massa amorfa, sem evolução, e estaria fadado à inércia absoluta. Observe que a polaridade se processa com o arcano *Mago*, ou seja, o *Louco* simboliza a difusão do inconsciente para a consciência, do caos para a ordem, do nada para o absoluto — por essas razões aparece na estrutura binária. Porém, todo pensamento revolucionário tem como *resultado* uma nova estruturação, planejamento e força direcional, que não fazem parte do arcano sem número; portanto, ele não poderia estar presente na estrutura ternária, que discorre sobre o equilíbrio, tampouco da estrutura setenária, que esclarece a evolução.

Bem, então se questiona: quer dizer que, uma vez revolucionado um sistema, seja pessoal, familiar ou social, ele se torna ausente ou inerte? A resposta é não, pois o *Louco* estará oculto e prestes a atuar nas duas estruturas (ternária e setenária) somente quando for necessário, pois, enquanto houver algum planejamento direcionado, ele não se manifestará. Você ousaria mudar algo que está fluindo, dando certo? Creio que não.

Embora nos tarôs clássicos essa carta não tenha valor numérico, por questões cartesianas e não simbólicas, considerarei a numeração 22 somente para efeito de elucidação; necessito que você entenda como ele se encontra amalgamado entre os arcanos. Simbolicamente, ele continua sem número, pois não aparece de forma real na estrutura — sempre tenha em mente que ele é uma energia latente e, igualmente, o vácuo de tudo. Observe a soma nas tabelas a seguir e verifique como o *Louco* atua secretamente nas duas estruturas.

Tabela 8 – Louco no ternário

O arcano Louco na estrutura ternária			
1	2	3	
4	5	6	
7	8	9	1 + 21 = 22 2 + 20= 22 3 + 19 = 22 4 + 18 = 22 5 + 17 = 22 6 + 16 = 22 7 + 15 = 22 8 + 14 = 22 9 + 13 = 22 10 + 12 = 22 11 + 11 = 22
10	11	12	
13	14	15	
16	17	18	
19	20	21	

Tabela 9 – Louco no setenário

O arcano Louco na estrutura setenária							
1	2	3	4	5	6	7	1 + 21 = 22 2 + 20 = 22 3 + 19 = 22 4 + 18 = 22 5 + 17 = 22 6 + 16 = 22 7 + 15 = 22 8 + 14 = 22 9 + 13 = 22 10 + 12 = 22 11 + 11 = 22
8	9	10	11	12	13	14	
15	16	17	18	19	20	21	

ESTRUTURA QUATERNÁRIA

A filosofia pitagórica revela que a tétrada (4) é a chave da ordem, onde encontramos a lei dos seres terrestres, e, igualmente, ensinava:

- *A mônada (1) é a essência espiritual (elemento Fogo)*
- *A díade (2) é a concepção universal (elemento Água)*
- *A tríade (3) é a reprodução do mundo (elemento Ar)*
- *A tétrada (4) é a manifestação do universo (elemento Terra)*

Juntos criam um movimento sem começo nem fim: a década (10), pois 1 + 2 + 3 + 4 = 10. Assim, temos a fórmula mágica do quadrado (4) dentro do círculo (10), a manifestação de Deus na Terra, a famosa fórmula da *Tetractis* (grega) e do *Tetragrama* (hebraico), os mistérios do homem encarnado e a responsabilidade com a vida. O quaternário (4) é o símbolo da vida terrestre expressando a situação evolutiva da existência humana. Ele se reporta não somente à tridimensionalidade, mas também ao universo holográfico, no qual tudo contém o todo e o todo contém tudo. O conceito junguiano observa o quaternário como o princípio dos processos psíquicos conscientes e inconscientes do homem. As ciências ocultas ressaltam que o 4 é o número sagrado do planeta Terra e o símbolo da pedra filosofal — o homem perfeito. No quaternário repousa o simbolismo dos quatro elementos — Terra, Ar, Água, Fogo —, a própria formação da vida. A estrutura quaternária é aplicada somente aos arcanos auxiliares, existindo sempre uma evolução linear, ascendente, e se lançando a um caminho possível, real e concreto (reveja a página 107, *Quatro Elementos*). Esse processo se revela em quatro degraus (*ter*, *ser*, *estar*, *ficar*), relacionando os quatro elementos esotéricos aos naipes, e em quatro caminhos de aprendizagem (*aspiração*, *vontade*, *objetivo*, *realização*), pautados na corte dos arcanos auxiliares.

QUATRO DEGRAUS DE EVOLUÇÃO

1º degrau — Ter — elemento Terra — naipe de ouros.

O grande aprendizado humano é adquirir. Nós nascemos sós e nada nos pertence, nem mesmo a nossa vontade. Somos alimentados, vestidos e conduzidos pelos familiares até a idade adulta, quando procuramos estabelecer estruturas pessoais. Nesse período de incubação familiar tudo parece fácil, não sabemos o que é lutar para sobreviver, pois tudo que necessitamos advém da família. Mesmo os mais pobres e sem lar, também em idade jovem, dependem da boa vontade social. Somente a partir da maturidade é que damos valor ao plano material e tentamos estruturar o futuro, adquirindo todas as nossas vontades. Esse degrau revela o poder material do naipe de ouros, não sob o prisma financeiro, mas aquilo que se possui de concreto e real na vida — seja um trabalho, um casamento, uma amizade ou uma profissão.

2º degrau — SER — elemento Ar — naipe de espadas.

Quando entramos na adolescência começamos a pensar e a analisar de forma consciente todas as vontades. Temos a necessidade de *ser* alguém, mostrando o que possuímos ou o que desejamos (*ter*). Lutamos contra a família, que nos incubou, e nascemos para a sociedade, livres e donos do próprio destino. Inicia-se o livre-arbítrio, que perdurará por toda a existência. Nesse estágio desenvolve-se o esforço para alcançar tudo o que se deseja — bens, pessoas, profissão, dinheiro, poder, *status*. Observe a função do naipe de espadas: buscar o que se deseja, agindo em causa própria; atuar e lutar pelas ideias, na tentativa de encontrar a suposta felicidade no mundo.

3º degrau — ESTAR — elemento Água — naipe de copas.

Somente na juventude, após a adolescência, se percebem as necessidades mais profundas da alma; no entanto, essa descoberta ocorre após certa vivência do estágio anterior (*ser*) e também pode aparecer tardiamente, na maturidade. Cada um tem uma forma experiencial de viver. Nessa fase desenvolvemos a capacidade de amar a nós, aos outros e a todas as coisas, descobrindo quem somos e o que queremos. Muitas vezes, por não termos a capacidade (*ser*) de atingir o que desejamos (ter), tudo permanece inativo, suspenso, mas fixo no coração (estar). A energia do naipe de copas é totalmente individual e intransferível — não é possível amar por dois, nem dividir uma vingança —, o mundo emocional é exclusivo de cada ser humano. Tem-se a sensação de mergulhar no abismo da alma, pois não há limites emocionais, e tudo parece possível e eterno. Os limites somente são percebidos nos dois primeiros degraus (*ter-ser*), razão da luta e da perseverança contidas neles.

4º degrau — FICAR — elemento Fogo — naipe de paus.

Depois de várias etapas do *ter*, *ser* e *estar*, percebemos que nada é para sempre, ou eterno, e aprendemos a *ficar*. Esse conhecimento demanda tempo e muita experiência; nem sempre é possível adquiri-lo, mas essa é a meta espiritual de todos. Nessa última etapa da evolução pessoal, quando atingida, desenvolve-se a capacidade de lutar sem nenhum subterfúgio, entendendo-se as dificuldades da vida, os fracassos, as desilusões, os êxitos e as glórias. Tem-se uma atitude mais condescendente e, finalmente, assimilam-se os limites pessoais e sociais. O naipe de paus simboliza a *transcendência* de todos os valores e a capacidade de produzir a vida com compreensão, honra e verdade, com a capacidade de seguir em frente, lutando para ser feliz; também representa o intercâmbio real de si mesmo com o outro, o equilíbrio entre o mundo interno e o mundo externo.

QUATRO CAMINHOS DE APRENDIZADO

1º caminho — ASPIRAÇÃO — pajem.

Sentimos que tudo pode se realizar. Temos uma fonte inata de criatividade, inspiração e inteligência. A força que brota em nosso interior parece não ter limite: somos impelidos eternamente ao novo. Nesse mundo de possibilidades tudo parece absolutamente viável, mas ainda não conhecemos a realidade a ser percorrida. Somos meros aprendizes da raça humana e temos toda a energia do universo disponível em nosso coração. Ah, se soubéssemos conter a aspiração para o futuro, teríamos força para a imortalidade!

2º caminho — VONTADE — cavaleiro.

Partimos em busca da realização de nossas aspirações. Rompemos barreiras, ousamos, lançamo-nos no abismo dessa louca vida. Lutamos, seduzimos, agregamos. Fazemos de tudo para alcançar as metas, mas faltam experiência e sabedoria. A idealização abre novos caminhos, mas nunca o criador irá passar por eles, e, certamente, outros atingirão esse ideal. O grande mistério da vida é que nunca é possível abrir amplamente as estradas para si mesmo, mas apenas para os outros, assim como constantemente trilhamos parcialmente por caminhos alheios.

3º caminho — Objetivo — rainha.

Conseguimos preservar nossos ideais, metas e diretrizes, sem, contudo, termos a euforia de outrora. Queremos a absoluta certeza de que seremos capazes de atingir qualquer objetivo sem sustos ou percalços. Temos de garantir, antes de tudo, a privacidade e os limites, não deixando que ninguém invada o mundo pessoal, nem impeça a autoestima. A experiência já faz parte da vida: o exercício do poder (humildade em liderar e ser inspirado) é imperativo para a perenidade.

4º caminho — Realização — rei.

Adquirimos a plenitude e o sabor adocicado da vitória. Tudo o que se deseja, idealiza ou aspira é possível; afinal, aprendemos mais cedo ou mais tarde a dar e a receber. O escambo não é mais uma moeda corrente, mas se tornou sinônimo de troca; permutar favores é um selo entre as sociedades sem o qual seria impossível prosseguir com a paz, seja entre nós, uma comunidade ou um país. O domínio da realização e o fruto da prosperidade se projetam na diplomacia, na educação, nos limites e na vontade direcionada e bem-planejada. O rei nasceu: viva o rei!

- Reflita sobre a relação simbólica e humana do primeiro degrau (naipe de ouros) com o primeiro caminho (pajem) e faça o mesmo com o restante: espadas-cavaleiro, copas-rainha, paus-rei. Analise o desenvolvimento entre os quatro degraus e os quatro caminhos.

- Aproveite, pegue um tarô, monte as outras estruturas (binária, ternária e setenária) e medite sobre os conceitos apresentados para o autoconhecimento e encontre suas próprias respostas. Investigue sobre a interação de todas as estruturas, adicionando o estudo do arcano sucessor e ressoante apresentado na página 119.

ESTRUTURA DECENÁRIA

Para Pitágoras, a década (10) é o número perfeito por excelência, pois representa os princípios divinos evoluídos e reunidos em uma nova unidade. Da mesma forma que a mônada (1) evolui naturalmente para a tétrada (4), que encerra em si a década (1 + 2 + 3 + 4 = 10), a década (10) se transforma na mônada (1 + 0 = 1) e assim sucessivamente, em um ciclo eterno. O filósofo grego Procolo dizia que a década (*dechomai* = receber) é também mundana, é o mundo que rece-be as imagens de todos os números divinos, dos quais ele, sobrenatural-mente, participa. A estrutura quaternária e a decenária estão intimamente ligadas, pois uma é a manifestação da outra e, como tal, se complementam — a evolução dos seres, com o eterno viver, planejar, prosperar e expandir. A estrutura decenária (arcanos auxiliares numerados) terá sempre uma evolução linear, transitória, ascendente, percorrendo as formas concretas da vida até a realização ou a definição. Esse processo se revela nas últimas dez etapas de toda a vivência que temos desenvolvido para o autoconhecimento com os arcanos do tarô.

REALIZAÇÃO DA VIDA

Todo desejo, toda vontade, poderá ser realizado — revela enfaticamente um guru esotérico e muitas literaturas de autoajuda, de neurolinguística ou motivacional... No entanto, a realidade não é bem assim! Muitos fatores pessoais, sociais ou até mesmo cármicos estão em jogo quando imperam a vontade, o ego, a vaidade. O grande mistério da vida é que nada acontece exatamente como planejamos, mesmo que seja executado da melhor maneira possível. É absolutamente verdadeiro que nem tudo *acontece* como queremos, e mais: costumamos encontrar a felicidade em situações *nunca planejadas*. É incrível como não contamos com reveses quando estamos entregues ao pernóstico desejo. Enfim, comumente nos esquecemos de que não estamos sós e que os outros também têm planos pessoais. Ninguém é autossuficiente neste mundo, tampouco poderá agir sozinho — uma relação afetiva depende de duas pessoas, uma família de três, uma comunidade de centenas, um país de milhares; e todos têm suas obrigações, deveres e direitos em comum acordo, onde para cada ação haverá sempre uma reação — essa é uma lei natural. Portanto, não espere fazer algo a seu favor sem que alguém também exija os próprios direitos. Vejamos os possíveis passos de uma realização; a projeção se relaciona com a base estrutural dos arcanos menores numerados (reveja a página 113, *Numeração*):

1º passo — Princípio do Princípio

O *homem*, com a convicção de seu ideal e o equilíbrio emocional na direção de algum desejo, decide colocar em prática o livre-arbítrio. Não observa limites nesse momento; isso porque a própria vontade é lei tanto no mundo natural quanto no mundo mágico. Ele quer, procura, avança. É o ponto de partida incontestável em que somente o futuro revelará os acertos e erros de tal objetivo.

2º passo — Oposição ao Princípio

Ao se colocar em prática seu objetivo, seja pelo plano da ação ou da concretização, poderão surgir obstáculos e atrasos não previstos, sendo necessária a reavaliação dos planos. O *homem* intui que nem tudo pode acontecer exatamente como idealizado; percebe, mas não assimila nem entende perfeitamente. O ideal ainda é maior que tudo, e continuará investindo e lutando com ou sem ajuda.

3º passo — Equilíbrio do Princípio

Vencida a oposição ao desejo, o *homem* avança destemido e confiante, possivelmente superando os fatores externos que o atrapalhavam, seja pela harmonia ou pelo rompimento. Se houve alguma mágoa, não há importância; mais uma vez ele tentará realizar a vontade tão bem-arquitetada, vislumbrando o acalentado ideal inicial. O retorno ao desejo ou a recuperação do tempo perdido são fundamentais.

4º passo — Princípio da Oposição

Com receio de perder aquilo que considera tão valioso (um ideal, um jeito de ser, uma propriedade, uma pessoa), o *homem* retém tudo para si. Segura firmemente ou deixa inativo de alguma forma: não investe, não desenvolve, não liberta, apenas mantém sob seu controle, posse e poder. Nada se desenvolve e nada prospera. O medo de perder tira a alegria de ganhar, diz um ditado popular.

5º passo — Oposição à Oposição

O desperdício do tempo precioso em se permanecer na inércia resulta, indubitavelmente, em perdas parciais ou em fracassos não desejados. A advertência é vista por todos os lados: pessoas e situações em total desconforto com o desenvolvimento do ideal adquirido. O *homem* descobre que o acúmulo da posse se torna um fardo difícil de ser mantido, e que é preciso, urgentemente, renovar e ampliar os horizontes. No entanto, não há meios para retomar os planos iniciais nem vontade para descobrir novas diretrizes. Somente o tempo poderá curar e resolver.

6º passo — Equilíbrio da Oposição

O *homem* avalia tudo o que possui: o que mais pode fazer? Quais alterações devem ocorrer? Quais caminhos, pessoas ou situações serão melhores para não continuar perdendo? Um misto de conflito pessoal somado a uma esperança se instala na vida. Não sabe o que fazer, mas tem certeza da única opção: necessita mudar urgentemente, ser generoso consigo mesmo, perdoar e escolher um novo rumo. Sim, agora é possível seguir adiante com novas ideias.

7º passo — Princípio do Equilíbrio

Vencida mais uma etapa da vida, o *homem* consegue equilibrar-se em seus conceitos, renovar seus ideais, conquistar mais espaço, reconstruir seus objetivos e, mais uma vez, tentar realizar seus sonhos. Oportunidades surgem no horizonte, propostas lhe são oferecidas e tudo caminha a favor. Agora está feliz porque aprendeu com os próprios erros ou está tendo a chance de investir novamente no próprio progresso. *O show não pode parar* — é o lema máximo deste passo.

8º passo — Oposição ao Equilíbrio

Entretanto, na vida, nem tudo acontece só porque se deseja, nem tudo o *homem* poderá manipular ou controlar; existem fatores e situações que nunca farão parte dos planos — destino e reveses de terceiros, que fogem ao magnetismo pessoal. O *homem* descobre que não pode jogar com todos para sempre; percebe que o sucesso e o fracasso encontram-se na forma de como tudo é reavaliado ao longo do tempo. Nada — ou ninguém — pode ser negligenciado, nem ele mesmo. Agora ele procura entender os fatores externos e a existência de forças superiores à sua vontade, compreendendo que o resultado pode ser imprevisível.

9º passo — Equilíbrio do Equilíbrio

Quando eventos exteriores se misturam ao desejo do *homem*, tudo transcorrerá independentemente da vontade e do livre-arbítrio. O meio social, as situações, as atitudes e o destino fornecem novos subsídios além do esperado ou imaginado; ele poderá receber honrarias ou escárnios, recompensas ou perdas. De qualquer forma, a experiência e a evolução pessoal já fazem parte da vida e, no futuro, saberá utilizar os erros e acertos em benefício próprio. Aprende que atenção e cautela não fazem mal a ninguém, e que saber aceitar o novo é uma lição de vida. Um novo caminho se abrirá no futuro — isso ele pressente e até mesmo deseja.

10º passo — Evolução

O *homem*, senhor absoluto de sua vida, finalmente descobre o poder pessoal: aplica toda a experiência passada em ideais futuros.

Ele se encontra aberto ao desenvolvimento, feliz por saber renovar se for necessário e sábio para mudar radicalmente se for indispensável; todas as experiências (boas e más) serão aplicadas em prol da própria evolução. Agora, ele se encontra apto a elaborar o que deseja de forma duradoura. Realizar todos os planos com sabedoria será seu lema. Progredir será sua meta eterna.

10

ESTRUTURA NAIFF DE TARÔ

As estruturas filosóficas explanadas até agora podem ser encontradas em alguns livros (com outras explicações e opiniões) e, para os tarólogos da minha geração, talvez tenha soado familiar ler sobre o binário (via solar-lunar) e o ternário (indução/reflexão/dedução), visto que esses conceitos foram por demais explorados na década de 1980 em salas de aula. Como relatei no segundo capítulo ("Estrutura do tarô"), por muitos anos me debrucei sobre diversas obras e cursos, tentando desvendar algo que me inquietava: encontrar a coesão entre as 78 cartas ou descobrir certa coerência que me desse suporte tanto para o autoconhecimento quanto para o oráculo. Após resolver satisfatoriamente o que almejava, por volta de 1991, o grau de exercício mental sobre a simbologia do tarô era tamanho que, durante as reflexões, concluí *novas* formas estruturais, embora baseadas em conceitos dos renomados ocultistas citados no início deste capítulo (Diagrama da vida).

Tudo teve início quando eu ponderava sobre a sequência Força-Pendurado (11-12) na estrutura binária — a questão era: *como era possível desenvolver tamanho poder do Mago à Força na primeira parte do binário e, abruptamente, tudo se esvair no arcano seguinte (Pendurado)?* Então, algumas questões simbólicas chamaram-me a atenção: os arcanos que se encontram no início, no meio e no fim são ilustrados com chapéu — Mago/Força/Louco —, em um movimento circular. Depois, a carta 7, na qual a alegoria central aparece em movimento (após seis estarem fixas, de pé ou sentadas), também com o primeiro animal (cavalos) sendo ilustrado; na carta 16 havia o céu revolto (raios), primeira menção à natureza; na carta 17 observa-se o primeiro personagem nu (nos tarôs clássicos); os quatro elementos na carta 1 (Mago) e na carta 21 (Mundo) e outros detalhes relacionados a consultas.

Algo estava se formando em minha mente, mas eu ainda não entendia. Pesquisava, estudava, ministrava aulas, palestras, consultas (tarô, astrologia, terapia) — trabalhava sete dias na semana! Sou de uma época em que havia feiras místico-esotéricas em todos os lugares do Rio de Janeiro (RJ), até mesmo em rodoviárias se atendia com astrologia e tarô! Na cidade havia mais de 250 lojas ofertando o saber exotérico e produtos místicos, sem contar com as dezenas de salas em residências que se transformavam (com almofadões, cristais, velas, gnomos e muito incenso perfumando o ambiente) em pequenos auditórios ou santuários. Foi um período rico de expressão esotérica; entretanto, o que realmente me proporcionou atingir meus objetivos foi a *prática com as cartas*, observar como realmente podiam funcionar.

As leituras, junto com a observação das consultas, me possibilitaram desenvolver uma nova maneira de estudar o tarô (com estrutura a seguir) que, desde 1992, tenho divulgado em minhas palestras e aulas, com excelentes resultados. Como já disse, os nomes escolhidos para os novos *caminhos* são originais, eles foram motivados pelo significado do conjunto de cartas. Todos os estudantes dizem que facilitam bastante o aprendizado global e o entendimento da função do tarô como um oráculo e sua relação com a vida humana; para mim, sintetizá-los foi como renascer e redescobrir a profissão de tarólogo e de tarotista. Estude-os com atenção, reflita sobre todos os pontos, leia e releia. Compare os grupos entre si e tente aplicá-los à própria experiência; ao fazer tais comparações, conseguirá um bom caminho para o autoconhecimento e uma ótima base para entender o que é o destino escrito nas cartas do tarô.

O DESTINO ESCRITO NAS CARTAS

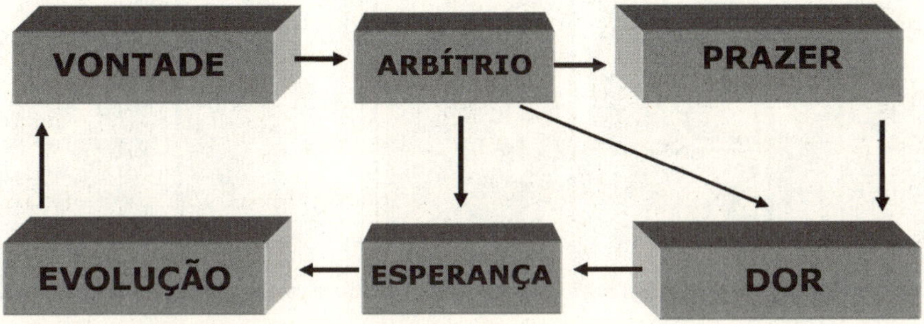

O plano de estudo se divide em seis partes distintas (arcanos principais), mas todas se manifestam em uma sétima (arcanos auxiliares); a ideia é expor uma espécie de diagrama que a vida (homem-destino) possui, com todas as variações de acertos e erros, ganhos e perdas, avanço e retrocesso. Depois de anos de taromancia, cheguei à seguinte conclusão: a evolução nos chega pela maturidade ou pela dor, aprende-se por uma via positiva ou negativa. Não há chances de somente ganhar, mesmo sabendo ler o tarô. *O autoconhecimento é a única evolução*, tenho dito desde então. Este estudo também é base de meu livro *Onde está minha felicidade* (Editora Nova Era, 2004), no qual explico a fórmula do sucesso perante o desafio do fracasso, o equilíbrio no amor e nas finanças, tudo a partir de nossas escolhas. Se um dia puder lê-lo, encontrará maior profundidade no entendimento dos conjuntos de arcano que serão estudados a seguir.

CAMINHO DA VONTADE

Observe as cartas. Inicialmente, note que todas contêm símbolos de poder (trono, coroa, cetro, condão, báculo, escudo). Repare que os personagens centrais se encontram fixados em um único ponto, sejam sentados ou de pé (representam o ego). Essas cartas simbolizam *exclusivamente* a vontade humana, jamais o destino; pois nem tudo está escrito para acontecer e inúmeras vezes construímos a vida sem a interferência de ninguém. No *caminho da vontade* todos os arcanos acenam com inúmeras possibilidades de realização, mas nenhum garante a efetivação imediata; a *vontade* sempre dependerá das próprias atitudes (não basta querer; deve-se lutar), igualmente precisará de terceiros para a concretização final. Aqui se aspira, deseja, manda, ordena, manipula; planeja-se ao bel-prazer, à vontade, à revelia; criam-se leis e ordens, sejam pessoais, morais ou jurídicas. Procuram-se a dignidade ou a destruição, mas sempre por conta própria!

Vejamos. Quero comprar um carro, planejo ser psicólogo, desejo casar, mudar de emprego, viajar no fim do ano, comprar uma calça, falar com um amigo, ir ao supermercado... Enfim, são tantas coisas que desejamos e planejamos todos os dias, todas as horas, a vida toda, mas sempre dependendo de alguém ou de algo, por mais autossuficientes que sejamos! As cartas de 1 a 5 representam a visão pessoal, o que se pensa e aquilo pelo qual se anseia, jamais o que o *outro* pondera ou almeja. Nesse estágio, nunca se consideram os reveses — o outro não quer namorar; não existe o produto no supermercado; não há como receber a promoção no trabalho; o amigo não está em casa; a possibilidade de ser reprovado no exame da escola. A análise é sob a ótica pessoal: eu posso e controlo tudo na vida!

A maior parte dos consulentes acredita que tudo é controlado pelo fatídico destino. Nem sempre. Por exemplo, não adianta dizer que o parceiro é um carma com o arcano 2 no plano afetivo de uma jogada — é falta de autoestima mesmo! No entanto, essa situação não é de menos-valia, é um aviso de que a solução se encontra nas próprias mãos! Veja o lado bom. Também é interessante notar que, quando nos interessa algo, indicamos o destino como agente construtor e, outras vezes, gritamos por nosso livre-arbítrio. Tudo bem, na vida existem os dois, mas no *caminho da vontade* somente há um: *o desejo pessoal totalmente livre para ir e vir, em que não há obstáculos além daqueles produzidos pela própria pessoa.*

Atenção:

- O primeiro e o último arcanos desse caminho — MAGO e SACERDOTE — indicam o poder máximo do desejo pessoal. Um cria o mundo particular; o outro, o social. Um estabelece regras para si; o outro, para todos. Um quer aprender; o outro, somente ensinar. Ambos buscam desenvolver aquilo em que acreditam ou o que desejam dos outros. Os arcanos intermediários — SACERDOTISA, IMPERATRIZ, IMPERADOR — são os condutores da vontade pessoal: querer *conter*, querer *preservar*, querer *controlar*.

- Certa vez, em uma de minhas palestras, um ouvinte não entendia a razão de o arcano 5 se encontrar nesse caminho, pois acreditava ser uma carta da mais alta espiritualidade. Lembrei a todos que um sacerdote é uma pessoa cuja vontade própria é servir à divindade ou à humanidade; também pode ter sido alguém imposto ou escolhido por um grupo de homens, jamais por anjos ou algo do além. O símbolo evoca religiosidade, leis morais, mas não propriamente transcendência; isso porque o caráter de um sacerdote, seja um presbítero ou babalaô ou qualquer líder religioso, envolve comungar com a fé praticada pelo próprio dogma. A benevolência e a compreensão desse arcano estão ligadas unicamente à possibilidade de conversão do outro, não existindo universalidade, somente pessoalidade!

CAMINHO DO LIVRE-ARBÍTRIO

Observe que nesse passo não há símbolo algum de poder, como vimos no caminho anterior, somente figuras de pé com o mesmo estilo de roupa e um cupido acima delas. Os arcanos de 1 a 5 se movem para esse arcano (6), decidindo qual a melhor forma de prosseguir com os objetivos, como ou quando realizar a vontade: *a escolha determinará um resultado irreversível.* Aqui nos encontramos o tempo todo — já acordamos escolhendo o que vestir, quais compromissos podemos cumprir, aonde vamos. Nessa trilha decidimos com quem desejamos casar, em qual faculdade faremos o vestibular, qual a cor do carro que desejamos, como ajudaremos a família, a que horas falaremos com o amigos. Note que o tempo futuro nos arcanos do caminho da vontade (irei adquirir) se tornou presente (estou adquirindo) com a possibilidade de realizar a vontade.

Atenção:

- Toda escolha traz resultados positivos ou negativos; isso porque somente teremos certeza do resultado após a efetivação. Quantas vezes desejamos ardentemente alguma coisa e, após adquiri-la, nos decepcionamos? E, em outras, nem damos muito valor, mas tudo termina em algo fantástico? Observe que na vida somente há dois caminhos: certo ou errado, verdadeiro ou falso, ganhar ou perder, ter ou não ter. Assim, preste atenção — a partir do *caminho do livre-arbítrio* surgirão dois resultados básicos (um correto ou um equivocado) e, ainda, uma terceira possibilidade (o avanço perfeito):

    - *Caminho do prazer* — o produto final ocorre como desejado e por meio do livre-arbítrio, a manutenção dependerá de responsabilidade; ninguém se opõe ou objeta; caminhos abertos; o destino é indiferente.

    - *Caminho da dor* — o resultado não é satisfatório ou nem chega a se completar por razões superiores; é preciso rever todos os valores e objetivos; terceiros se contrapõem; há obstáculos; o destino limita tudo.

    - *Caminho da esperança* — advém quando há certa experiência de vida e a conclusão (que ocorre no *caminho da evolução*) será bem melhor do que o esperado; progresso com anuência superior; terceiros ajudam a prosperar; tudo tende ao crescimento; o destino auxilia no avanço.

CAMINHO DO PRAZER

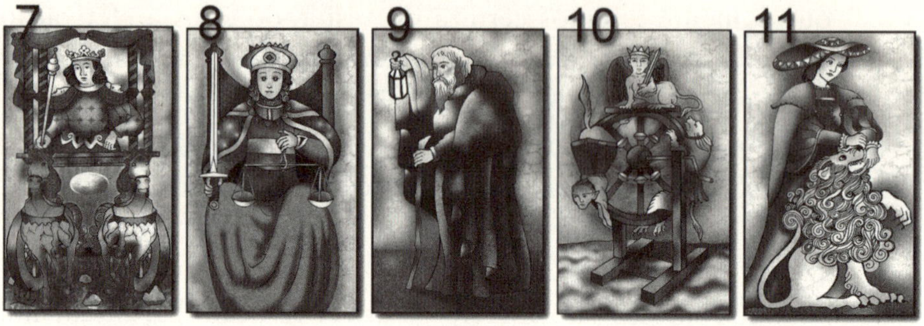

Em primeiro lugar, note que esse *caminho* é o resultado direto dos anteriores (*vontade* + *livre-arbítrio*) e observe que a carta inicial (7) contém os mesmos símbolos de poder do *caminho da vontade* — cetro, coroa, roupa suntuosa; todavia, enquanto os primeiros arcanos são estáticos, agora encontramos certo movimento (biga, cavalos). Isso indica que as escolhas foram direcionadas e são realizadas no presente, imediatamente. Os eventuais percalços são conhecidos e transpostos, e nada impedirá a determinação; as possíveis mudanças serão contornadas pelo poder contido nos arcanos de 7 a 11. Contudo, toda realização exige responsabilidade: saiba que todo direito se faz acompanhar de deveres e, nesse caminho, todo cuidado é pouco.

Prosseguindo com os exemplos anteriores: não é extasiante a festa de um casamento? Sim! Mas o que ocorre depois? Surge a obrigação de prover a família e de manter uma conduta moral. Mas é só isso? Não! Há a labuta do tempo, os obstáculos da rotina. Mas é só isso? Não! Também temos o destino, a vinda de filhos, mudança de casa, de trabalho; enfim, de quantas coisas houve necessidade para se sustentar um casamento? Muitas! Porém, é nosso desejo, vontade e prazer manter o matrimônio, certo? Não é uma alegria imensa sermos admitidos em uma faculdade? Sim! Mas para adquirir o diploma é necessário estudar muitos anos, fazer inúmeras provas! Não é difícil a lida do estudo? Claro! Porém, ultrapassam-se todos os obstáculos porque queremos manter o prazer final: sermos um profissional!

Tudo na vida é similar: *toda realização é seguida de responsabilidade, tempo e preservação*! Geralmente, quando se consegue tudo de forma rápida e fácil, termina-se por não preservar ou valorizar aquilo que se possui, seja um bem ou uma pessoa. Entende-se somente o direito da posse, e não os limites da garantia; portanto, não há o real valor necessário para uma construção sólida. Note que a última carta desse caminho simboliza o controle e o poder absoluto (Força). Agora, segue-se uma questão relevante: quem pode dominar uma circunstância eternamente? O que ocorre quando administramos sempre da mesma forma, não admitindo mudanças? Se impusermos unicamente nossa vontade, qual seria o resultado? A resposta é simples: sofrimento, perda, dissolução, ruptura, revelada no próximo passo, o *caminho da dor*.

Atenção:

- O primeiro e o último arcanos desse caminho — CARRO e FORÇA — estabelecem o máximo do poder e do prazer. Um se desenvolve pela determinação; o outro, pela dominação. Um institui a destreza; o outro, a inteligência. Um é movido pela emoção; o outro, pela razão. Ambos são magnéticos, audazes e realizadores. Os arcanos intermediários — JUSTIÇA, EREMITA, RODA DA FORTUNA — são os condutores para a manutenção do objetivo realizado: saber ser *responsável*, saber ter *ponderação*, saber fazer *alterações*.

- Em uma de minhas palestras um ouvinte não conseguia entender de que forma o Eremita seria observado como *prazer*. Respondi-lhe que um dos grandes erros na análise dos arcanos é vê-los como algo autônomo e independente. Eles devem ser analisados sempre como parte de um todo. Realmente, se eu o ressalvo como algo isolado das 78 cartas, poderia fazer algum sentido aquele questionamento — não observar *prazer* nesse arcano; porém, ele é uma parte desse caminho! O arcano 9 simboliza a busca da sabedoria, a superação dos obstáculos, a construção lenta dos objetivos, a labuta para se atingir um bem maior. Essa carta revela os percalços para se conseguir algo tão desejado — não temos o sentido do prazer imediato, mas estamos no caminho para obtê-lo! É o momento entre o primeiro e o último ano da universidade, do carro na oficina, da construção de uma casa. *Justiça* e *Eremita* são dois arcanos que se reportam aos deveres e às responsabilidades para a aquisição ou a manutenção da felicidade, pense nisso.

CAMINHO DA DOR

Esse caminho pode ser oriundo dos dois anteriores: *livre-arbítrio* ou *prazer*. Observe que o primeiro arcano (12) não contém o símbolo de poder pessoal visto nas cartas anteriores, bem como o personagem encontra-se invertido, pendurado, amarrado, impossibilitado. No último arcano (16) observamos novamente a inversão do corpo humano (caindo), em meio a uma tempestade. Veja que os arcanos intermediários (13, 14, 15) não possuem figuras humanas — eles simbolizam a negação da paz e da felicidade. Assim, a dor existe porque a vontade não está sendo alimentada; igualmente, o amor não é nutrido ou o sonho não é realizado! Nesse caminho, vive-se a utopia, o orgulho, a vaidade; diariamente, nutrimos a dor da ilusão, da mudança, do tempo, da ambição, da perda. Existe um fino véu que separa o conteúdo de um sonho do contexto de uma fantasia, cuja proximidade confunde, às vezes, nossas mais belas aspirações com os mais profundos devaneios. Geralmente, somos cobrados pelo coletivo social a ter limites, mas quem os quer? O que mais se ouve é: *o importante é ser feliz...* Lutamos até o fim de nossas forças, sem ganhar absolutamente nada do que desejamos, até que padecemos um dia. Essas cartas revelam oposição ao desejo, podendo ser o próprio destino, o carma ou a vontade de outros que não comungam com a nossa. Quem viver, verá! Como esse caminho pode ser ingressado por duas vias, fornecerei exemplos distintos:

1. No *caminho do livre-arbítrio,* ao efetuar as escolhas oriundas do *caminho da vontade*, elas não se concretizarão; nesse caso, o resultado nem chegaria ao arcano 7 (início do caminho do prazer), iria direto para o arcano 12 (início do caminho da dor). Por exemplo: tive o desejo de comprar um carro; mas, ao verificar as condições de pagamento, não foi possível adquiri-lo; no entanto, mesmo muito chateado, o desejo continua como uma obsessão.

2. Por intermédio do *caminho do prazer*, ao tentar manter tudo sob a mesma visão pessoal, é possível perder o controle e o poder. Por exemplo: compra-se um carro, mas sem condições de pagar o financiamento ou de mantê-lo adequadamente; todo o orçamento estaria comprometido. Conclusão: perda e prejuízo. Após o casamento, deseja-se manter a vida de solteiro com muita diversão e sem compromissos com o lar ou o trabalho. Conclusão: perda e dissolução!

Quando ouvir uma destas frases — *só eu sei por que estou fazendo isso; só eu sei o que sinto; só eu sei o que estou passando; só eu sei o que estou sofrendo* —, saiba que a pessoa está vivendo o *caminho da dor* e jamais conseguirá atingir a felicidade almejada. Essa não é uma via de cristalizações, mas de exercícios espirituais, humanos, pessoais, cármicos. O aprendizado não é fácil, mas, certamente, será o mais evolucional. Não estou pregando a dor como forma de purificação; porém, é o momento em que o egotismo se encontra em sua queda máxima, mas próximo de uma possível transcendência. O resultado desse caminho é a subida em um degrau espiritual, uma vez que novos valores serão descobertos e o *caminho da esperança* surgirá, triunfante.

- O primeiro e o último arcanos desse caminho — Pendurado e Torre — são os baluartes da dor, criando o sofrimento visceral. Um se mortifica pela utopia; o outro, pela realidade. Um padece pela vaidade; o outro, pelo orgulho. Um possui agonia intensa; o outro, desespero avassalador. Ambos não conseguem atingir a meta final, o lamento e a perda são o resultado. Os arcanos intermediários — Morte, Temperança, Diabo — são os condutores da falência dos objetivos: a dor da *mudança* pessoal, a dor da *espera* social, a dor da *ambição* da vida.

- Em um de meus simpósios um convidado não aceitou de forma alguma que a Temperança fosse considerada *dor*, visto que era um anjo tão delicado representando a alquimia. Respondi-lhe o de sempre: um arcano não deve ser estudado isoladamente, pois faz parte de uma história maior. Contudo, gostei quando associou a palavra *alquimia*, porque indica um trabalho que leva muito tempo. O alquimista deveria ter muita paciência e perseverança para atingir o estágio final e, mesmo assim, não teria a garantia do sucesso! Para elaborar qualquer tipo de alquimia, seja a que praticavam na Renascença ou a que pretendemos com o mundo espiritual, leva-se muito, mas muito tempo mesmo! Outra questão é o símbolo: *um anjo tocando a terra*. O anjo é um ser celestial e deve ser ilustrado pairando, como ocorre na carta 20, por exemplo; porém, quando o figuramos no solo, isso simboliza proteção em um perigo iminente. Sem apor o próprio signo: temperança! Como veremos no segundo volume desta trilogia (*TARÔ, VIDA E DESTINO*), esse é um arcano de interferência espiritual porque há muitos conflitos a serem resolvidos antes das realizações desejadas. O arcano 14 jamais recusa uma conclusão; contudo, o tempo de espera é tão grande que se desiste por causa do tédio, do marasmo, da inércia; conclui-se, portanto, que não era tão necessário quanto se pressupunha. A *Temperança* é uma lição de vida!

CAMINHO DA ESPERANÇA

No âmbito estrutural, temos, agora, um passo significativo na relação homem-destino, por meio deste caminho. Repare que é a primeira figura nua, e a natureza e o céu são totalmente retratados; o sentido de liberdade é amplo nesse simbolismo. As águas dos jarros do anjo (*Temperança*) são despejadas pela mulher ajoelhada (*Estrela*) — o homem se liberta da ilusão e da agonia, não há mais sofrimento do passado; somente a alegria de um futuro novo! Nessa fase tem-se a aspiração mais profunda: *acreditar na vida e em Deus, não importa em qual condição se esteja*. Quando aprendemos a sentir esperança, nos aproximamos imediatamente do *caminho da evolução*, deixando para trás todas as angústias de uma vida funesta. Assim, teremos decisões seletivas, eletivas e corretas. Mesmo que nossas escolhas sejam algumas vias equivocadas, saberemos

retornar, perdoar e seguir no caminho da verdade. O orgulho não deve prevalecer sobre um erro, da mesma forma que um erro não desculpa outro. Por exemplo, aprende-se que, após transitar pelo *caminho da dor* (dívida, briga, obsessão, prejuízo, separação, utopia), não se pode comprar/ter algo sem condições de honrar a dívida; não se deve manter uma imagem social sem os recursos necessários; um casamento deve ser estruturado no respeito mútuo; se temos direitos, também possuímos deveres; tudo é transitório na vida, tudo. Nada é para sempre, nada.

Atenção:

- O *caminho da esperança* é alcançado apenas pela vivência/experiência do *caminho da dor*, raramente pela razão/desejo do *caminho do prazer*; no entanto, uma vez atingido o caminho por uma situação em particular, as vias do *prazer* e da *dor* serão eliminadas. Assim, a partir de então, em circunstâncias similares àquelas, ao se efetuarem as escolhas (*vontade* e *livre-arbítrio*), tudo se projetará no *caminho da esperança* e no *da evolução*. O equilíbrio e a serenidade se desenvolvem naturalmente em determinadas áreas, nunca em todas; por isso, somos tão complexos. Podemos observar que algumas pessoas são excelentes profissionais, mas destemperadas no casamento; outras têm uma relação invejável, mas não sabem administrar as finanças. Existem aquelas que passaram dez anos sofrendo por causa de uma separação e, ao se curarem, entenderam os próprios erros, também os do parceiro. *A vida continua, não adianta chorar* — diz um ditado popular.

- Quando entendemos a inter-relação das cartas, extraímos maior compreensão de um jogo ou até mesmo da responsabilidade sobre a própria felicidade. O livre-arbítrio é uma tônica em nosso mundo, mas até que ponto ele prevalece sobre as ações cármicas ou de terceiros? Creio que é inevitável passarmos pela dor em algum momento da vida. Se o destino ou o desejo foram os responsáveis pelo prazer ou pela dor, isso apenas descobriremos quando tivermos condições de adentrar o caminho do meio — *livre-arbítrio/esperança.*

CAMINHO DA EVOLUÇÃO

No último estágio de aprendizado descobrimos quem somos e aquilo a que podemos aspirar de acordo com a condição socioeconômica e espiritual. Observe o simbolismo das cartas: personagens seminus, natureza amplamente retratada, plano celeste aberto, não há adereços denotando poder sobre terceiros (cetro, coroa, trono). Encontramos na carta 19 duas pessoas se tocando com afeto que contrastam com os personagens das cartas 6, 15 e 16 (não há reciprocidade). Tudo indica solução, clareza, harmonia. Nessa fase tem-se a certeza da vontade da alma e do espírito; também o destino acena com promessas de sucesso. Descobrem-se limites pessoais e sociais, podendo-se aplicá-los no *caminho da vontade* para sempre se obter a felicidade. Todas as aquisições são passadas, o homem deseja um futuro próspero e glorioso, por isso avança rumo ao desconhecido (Louco), mais forte e mais confiante, buscando a construção da vida (Mago). *Toda dor foi transformada em conhecimento, e toda sabe-*

doria em transcendência. Esse passo é fruto da experiência e, infelizmente, não nascemos com ele, temos de aprender eternamente a viver os percalços da vida. Contudo, a cada novo trabalho, relação ou amigos, somos mais condescendentes, espiritualizados, adultos. Aprendemos a respeitar o outro, a valorizar o que possuímos, a entender os limites de todos, não havendo mais lugar para a vaidade, a dor e o sofrimento.

Voltando ao exemplo do casamento que terminou em divórcio. Quando alguém consegue superar o dissabor, reconstruindo a própria vida, aprende que a próxima relação deverá ser baseada na harmonia e no respeito mútuo. No caso de dívidas, aprende-se a permanecer dentro do orçamento, a viver livre de ansiedade, suposições e promessas vãs. Esse caminho retoma o *caminho da vontade*, porém com uma visão amadurecida; afinal, aprendeu-se a mudar paradigmas, a acompanhar a evolução tecnológica, o avanço social e, principalmente, a aceitar os limites pessoais! Essa relação cíclica (o elo entre o que foi e o que será) é efetuada pela última carta do *caminho da evolução* (Louco), ao se ligar com a primeira, do *caminho da vontade* (Mago), levando toda experiência adiante. A vida é um eterno aprendizado.

Atenção:

- O primeiro e o último arcanos desse caminho — LUA e LOUCO — simbolizam a máxima do autoconhecimento. O primeiro revoluciona a alma; o segundo, a vida. Um é movido pela paixão; o outro, pela alegria. Um procura a coesão; o outro, a progressão. Um soluciona obstáculo do passado; o outro, do futuro. Ambos instauram caos, mas revelam uma nova ordem, repleta de prosperidade. Os arcanos intermediários — SOL, JULGAMENTO, MUNDO — são os condutores da evolução, abrindo novos parâmetros de vida: elaborar a *plenitude*, elaborar o *horizonte*, elaborar a síntese da *vida*.

- Geralmente, o tarólogo/tarotista iniciante questiona sobre o valor da carta 18 como parte da *evolução*, por estigmatizá-la com parcos conceitos. Sempre digo a mesma coisa: não devemos estudar isoladamente o conceito de um arcano, ele faz parte de um todo; se observarmos carta a carta, nada fará sentido. Todavia, vejamos um pouco do conteúdo. É inquestionável que qualquer livro comum de tarô explique como sendo a psique, a alma, os valores do inconsciente. Vejamos: o que é tudo isso senão um caminho para a autodescoberta? É óbvio que doerá saber o que se esconde nas sombras da alma; contudo, somente enfrentando os próprios medos será possível construir uma nova vida, fundamentada na autoestima! Esse arcano não é a luz, mas representa o único portal para obtê-la (18-19).

- Conceitos que devem ser observados com muita atenção e posterior reflexão: nos primeiros 11 arcanos (Vontade, Livre-arbítrio, Prazer) o destino ou o carma não interfere nas decisões, tudo se encontra em nossas mãos. O sucesso dependerá unicamente de nossa responsabilidade, compreensão e reciprocidade. O destino pode até advertir, por intermédio da carta 8 ou 10, mas em nada bloqueará o resultado final (bom ou mal); não atrapalhará, tampouco ajudará. Já nos arcanos de 12 a 16 (Dor) o destino ou o carma bloqueará toda forma de sucesso absoluto, de um resultado feliz; por mais que se tente administrar os obstáculos, ele impedirá uma realização satisfatória. Porém, nos últimos arcanos (Esperança e Evolução), o destino ou o carma está aberto para ajudar no progresso e na conclusão perfeita de toda e qualquer situação. Nesse momento, ele está de acordo com nossas atitudes e decisões, chegou o momento de prosperar, no qual, destino e homem, andam juntos para um mesmo propósito: êxito.

CAMINHO DA FORMAÇÃO

Estudamos no segundo capítulo que os arcanos maiores representam o macrocosmo, enquanto os arcanos menores espelham o microcosmo. *Um é o conceito-ideia; o outro, a forma-resultado*. Os caminhos estruturais dos arcanos maiores se relacionam entre si, mas se projetam, invariavelmente, nos arcanos menores — esse é um dos princípios da metodologia que estudaremos no volume 3 para a análise adivinhatória/orientação. Então, por exemplo, o *caminho da vontade* (arcanos principais de 1 a 5) se expressará de alguma maneira no *caminho da formação* (arcanos auxiliares: material, mental, sentimental, espiritual); vejamos:

- Se o desejo for bem objetivo e prático, será manifestado por intermédio de alguma carta do *naipe de ouros* (produto do plano material) — como, por exemplo, quero namorar, comprarei um presente, viajarei nas férias.

- Se estiver na ação ou no planejamento, será por intermédio do *naipe de espadas* (obra do plano mental) — desejo ser médico, sou do partido republicano, confio cegamente naquela amizade, planejo ir a Roma.

- Se for passional ou um sonho, será pelo *naipe de copas* (fruto do plano sentimental) — estou amando o trabalho, não vivo sem meu marido, meu sonho é conhecer Paris, o carro que comprei é lindo.

- Se for harmônico e desprendido, será por intermédio do *naipe de paus* (ato do plano espiritual) — ajudo a família, tenho consciência de meus limites, aceito sua opinião, respeito afetivo.

- Observe que é diferente: *sair/viajar de férias* (ouros e paus = ter certeza, realização) de *planejar/desejar as férias* (espadas e copas = ter probabilidade, desejo). A figura da corte ou a numeração forneceria o ponto da trajetória — favorável ou desfavorável, com ou sem obstáculos.

- O mesmo ocorrerá com os demais caminhos: *livre-arbítrio*, *prazer*, *dor*, *esperança*, *evolução,* que se manifestarão em determinado naipe (cristalização da ideia).

Em que o estudo das estruturas poderia ajudar em uma leitura de tarô? Por exemplo, o arcano 11 (Força) revela um potencial de equilíbrio pessoal, domínio social, realização, magnetismo e poder de atração. Se observarmos a *estrutura binária*, veremos a polaridade com o arcano 12, expondo que o potencial de domínio cessará em um dado momento. No *ternário*, terá duas posições: entre os arcanos 8 e 14, revelando a necessidade de cautela e de ponderação, e entre os arcanos 10 e 12, mostrando as alterações inevitáveis desse mesmo poder. No *setenário* também encontraremos duas posições: entre os arcanos 10 e 12, já vistos, e entre os arcanos 4 e 18, indicando a necessidade de controle sobre os devaneios de domínio. Também, se notarmos os sintomas estruturais do arcano Força, verificaremos que se relaciona com o arcano 12 e com o arcano 2 (sucessor e ressoante), revelando seu limite de atuação e impotência em longo prazo. Adiciona-se o fato de ser o último passo do *caminho do prazer*.

Em todos os casos torna-se evidente que essa força arquetípica não conseguirá o controle absoluto por muito tempo, sendo necessário o autoconhecimento para mudar a situação quando for necessário — o prazer e o ego têm limites. Sim, o arcano revela que tudo dará certo e poderá ter o controle sobre a situação... Agora, pense: você já conseguiu dominar alguém, uma posição profissional ou um amigo pelo tempo que desejou? Passou um ano inteiro em equilíbrio absoluto, sem alterações emocionais ou psíquicas? Conseguiu evitar a morte de um ente querido, arrumar aquele emprego que sempre cobiçou? A resposta a estas perguntas é um enfático *não*.

O poder dessa carta é maravilhoso: deve-se aproveitar o máximo possível do presente momento e nunca desistir dos ideais; no entanto, a estrutura e o sintoma assinalam para não se acomodar, nem ser possessivo, tampouco egoísta, pois em determinado momento será obrigado a retribuir, a aceitar a opinião e o desejo alheios. Se fizer isso, conseguirá seguir feliz como o arcano Estrela, pois anulará o caminho de dor (12-16). Caso não deseje compartilhar, a energia do arcano Pendurado ou do arcano Sacerdotisa acenará indubitavelmente. Estudar as estruturas nos permitirá entender os limites simbólicos de cada carta; tornará possível elaborar melhores interpretações, fornecendo respostas claras e objetivas. Aproveite, estude, elucubre.

PARTE

4

ORDEM NO CAOS SIMBÓLICO

Se você se dispôs a ler o livro a partir desta página, por favor, volte para ao primeiro capítulo, que é muito importante para entender o que proponho. O tarô, como qualquer estudo místico-esotérico, nos estimula a ter uma sede incessante de saber, é como se estivéssemos embevecidos por algo mágico e indescritível. Simplesmente precisamos desvendar, mas não entendemos como ou de que forma. Sabemos que a resposta se encontra em algum lugar, mas não temos uma bússola que possa nos ajudar. Em toda ciência oculta existe uma única fonte: *os símbolos* — então, buscamos, buscamos, buscamos. Como já relatei nos primeiros capítulos, entrei por diversos caminhos para entender o tarô, visto que, a princípio, encontrei informações fragmentadas e não conseguia sintetizá-las. Meu objetivo é que o tarotista não possua as mesmas dúvidas que eu tive ao iniciar a prática com as cartas.

Sempre digo que ensino a jogar o tarô, como obter a melhor resposta, tendo confiança no próprio conhecimento. Todo o meu trabalho se baseia em prática (consultor, professor), em pesquisa (livros, museus, bibliotecas) e em diversos cursos paralelos. Em momento algum da trilogia será abordado o que eu acho; somente esclareço o caminho para uma interpretação segura, sem sustos, sempre baseada em um pensamento esotérico. Não será argumentado nada além do que todos já sabem genericamente sobre o tarô ou além daquilo que se encontra publicado em livros; contudo, tento *organizar* e *fornecer* diretrizes para que o estudante entenda as diversas correntes de pensamentos (linhas de estudos) e como melhor aplicá-las. Para mim, o que relato neste capítulo foi de extrema utilidade em minha carreira profissional: ganhei confiança, discernimento e objetividade. Antes da primeira publicação em livro (Editora Elevação, 2000), apresentei o mesmo tema no *2º Simpósio Nacional de Astrologia* (Rio de Janeiro, SINARJ, 1998), formalizando a diferença existente entre tarô, cabala e astrologia. *Leia com calma e reflita*. O assunto é complexo, mas eu tentarei ser o mais objetivo e didático possível. Tenho consciência de que alguns pontos são polêmicos à primeira vista; no entanto, observe a dialética — as argumentações e os paradoxos se baseiam nas próprias estruturas das ciências ocultas; tente tangenciá-los, e não observá-los isoladamente.

PRIMEIRO PASSO

Eu comecei dessa forma, com você não foi/será diferente: após o primeiro contato com o tarô, deseja-se conhecer uma série de elementos análogos para facilitar o entendimento ou até mesmo para ampliar o saber. Buscamos tudo o que se encontra escrito sobre numerologia, cabala, mitologia — isso porque vimos os benditos símbolos estampados em alguma carta ou um livro que associou uma letra hebraica ao arcano, também lemos as relações mitológicas possíveis ou os assuntos truncados encontrados livremente on-line. Sem contar que sempre deparamos com alguém afirmando que, para entender o tarô, deve-se aprender a cabala. Então, procuramos uma infinidade de conceitos esotéricos, algo que nos dê uma resposta. Erro fatal, pois não encontramos nada que valide o oráculo, e duvido que aquele ditoso amigo realmente possua o tão afamado conhecimento cabalístico. Ao final de muito tempo, estudamos de tudo um pouco, menos o que é mais importante: *os símbolos do tarô*. Tudo bem, é válido entender esses segmentos paralelos, mas representa uma ação impulsiva que nos leva a um caminho de equívocos, dúvidas e, principalmente, a uma dissociação do próprio arcano.

Muitos ainda creem que, estudando áreas esotéricas distintas, poderão entender melhor ou desvendar os mistérios da carta durante uma consulta; no entanto, a confusão estará armada ao se tentar explicar um símbolo por intermédio de outra alegoria e nunca conseguindo decodificar a mensagem do jogo, ou melhor, usar uma semântica adequada. Para ser bem sincero, creio que perdemos tempo com esses estudos paralelos, que poderíamos deixar para mais tarde, muito tempo depois, em um futuro bem distante, após termos absorvido os atributos do arcano, para não cairmos em devaneios místicos, em verborreia, em prolixidade.

No primeiro capítulo identificamos que a máxima de toda memória coletiva ou individual é a preservação literal de seus símbolos. Se o tarô tivesse alguma proporção direta com outros segmentos místicos ou com qualquer cultura extinta, tudo estaria implícito nas cartas (simbólica e visualmente) desde os primeiros tarôs há mais de 600 anos — e, convenhamos, não ocorre. Porém, observo que há uma magnitude indireta de conceitos pertinentes à filosofia hermética, neoplatônica, alquímica ou cabalista entre tantas outras que floresceram na Europa renascentista. Observe bem: temos referência, mas nenhuma relação clara. Aliás, que ciência oculta não contém tais alusões?

Creio que pelo fato de o tarô ainda estar em um plano evolucional (há muito que se pesquisar, aplicar e escrever), sem um arcabouço definido, sendo emanado do espiritual para o mental, não houve assimilação completa de sua estrutura e valor, e, por não conseguirmos explicações adequadas, buscamos outros parâmetros de estudo simbólicos. Observe que todos os sistemas de autoconhecimento são evolucionais e lógicos, e cada um se aplica a uma área ou condição humana, em sua necessidade diária ou transcendental. Cada um preenche um espaço ou uma lacuna no universo holístico. Cada qual tem uma resposta a fornecer para a mesma questão. Quantas vezes um cliente procura orientação na astrologia ou na numerologia, mas o assunto é de competência do tarô (ou vice-versa)? Muitos. Antes de chegarmos às comparações, detectando as incongruências, farei um breve resumo da aplicação de cada arte.

ASTROS E NÚMEROS

Astrologia, numerologia, quirologia ou fisiognomonia analisam a essência da pessoa, descrevem a personalidade e o comportamento; também a tendência e a potencialidade durante toda a vida; igualmente, as dificuldades, os anseios, as conquistas. Esses oráculos ponderam um período específico da vida: um dia, um mês, um ano, dez anos, sem, contudo, observar o livre-arbítrio ou em que contexto de vida se encontra o momento interpretado. A responsabilidade é ofertada e tudo depende exclusivamente do consulente. Quantos trânsitos astrológicos ou pináculos positivos são desperdiçados por se permanecer em estruturas amorfas? Não basta saber o que ocorrerá; também é necessário interagir com o destino.

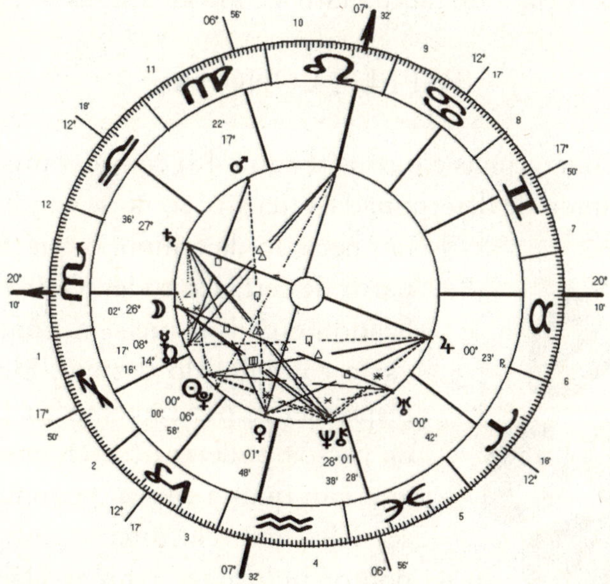

Figura 47 – Mapa astral (Rio de Janeiro: 22/12/2011).

Em um plano geral, diríamos que a *quirologia* (leitura das linhas das mãos) e a *fisiognomonia* (leitura das linhas do rosto) revelam um panorama geral de toda a vida em um único esboço (na mão ou no rosto); contudo, de tempos em tempos, algumas linhas do destino se modificam devido ao arbítrio que tomamos, mas o esboço geral permanece. A *astrologia* (análise dos planetas do dia de nascimento e de suas subsequentes trajetórias, Figura 47) e a *numerologia* (análise do nome completo, também do natalício inicial e dos seguintes) avaliam o curso de vida, no qual, desejando-se ou não, as oportunidades e os obstáculos são apresentados de forma estática, aprendendo quem quer.

Em todas podemos buscar esclarecimentos existenciais para a alma, as razões do carma e do destino, para os dissabores e as alegrias. Também conseguimos boas respostas para a tendência geral, tais como probabilidade de casamento, aspectos da saúde, melhor profissão ou época positiva de investimento — sem observar, como mencionado, o livre-arbítrio. A riqueza interpretativa é incomensurável.

PAPEL E CONCHAS

Tarô, I Ching, runas e búzios (Figura 48) consideram o movimento ou o resultado de determinada situação, como se conduz a vida em um período de tempo, o que acontecerá a partir de certas atitudes. O presente é focalizado no consulente sem, contudo, observar o caminho do destino. Eles poderiam responder se o casamento com determinada pessoa poderia ocorrer, mas jamais objetariam qual a razão de nunca conseguir ser feliz nos relacionamentos. Avalie este ponto: tudo deve ter um plano de ação, uma trajetória, ou estar em andamento, seja em um plano mental ou material. Essas artes só analisam o que está evidenciado, elas não trabalham com variáveis, possibilidades, tendências, somente com a realidade (mental, emocional, material).

Figura 48 – Jogo de búzios.

Runas (jogo com 24 letras do antigo alfabeto nórdico) e *I Ching* (jogo com 64 hexagramas chineses) atuam mais como informações filosóficas, orientando uma questão em particular. Elas não revelam claramente o resultado, mas fornecem conclusões meditativas sobre o próprio comportamento perante o fato consultado. Pode-se questionar qualquer ato, desde que esteja fundamentado em uma ação real. O *I Ching* somente fornece respostas a uma questão específica. Com as *runas*, por sua vez, podemos ir além de perguntas singulares e analisar contextos gerais, mas a resposta tenderá sempre a resultados meditativos. *Búzios* (jogo com 16 conchas africanas), *tarô* (jogo com 78 cartas) e *cartomancia* (jogo com cartas alegóricas em geral) analisam situações reais: trabalho, casamento, dinheiro, saúde, família, observando a direção e o resultado. Há diferenças sutis entre elas, mas, no contexto final, o produto será o mesmo. No entanto, dentre todas elas, o tarô fornece uma dimensão ampliada dos limites pessoais e sociais.

OURO E FILOSOFIA

Hermetismo, gnosticismo, alquimia (Figura 49) e cabala propõem um caminho transcendental, um exercício filosófico (pessoal e intransferível) rumo ao mundo divino; eu poderia, também, acrescentar que inúmeras escolas esotéricas, seitas e religiões têm a mesma proposta. No entanto, nenhuma delas se classifica como oráculo ou adivinhação, mas unicamente como via espiritual, a necessidade instintiva da fé e da esperança em busca do equilíbrio interior. O homem tenta chegar ao mundo superior ou dele fazer uso em benefício próprio e evolução pessoal. Embora as estruturas sejam extremamente diferentes, todas têm o mesmo sentido e direção, sendo mais uma questão de gosto pessoal do que de verdades divinas.

Figura 49 – Hermes, Famae Alchymiae, 1717.

O *hermetismo* se ocupa da natureza divina das coisas, postula sobre a cosmogonia do mundo, cuja lei máxima é revelada no famoso axioma esmeraldino: *o que está embaixo é o mesmo que está em cima, e o que está em cima é o mesmo que está embaixo; juntos, perpetuam o milagre divino.*[11] Os estudos herméticos expõem a evolução pessoal por meio da sabedoria. O *gnosticismo* elabora tratados sobre a dualidade cósmica (anjo-demônio) e a humana (bom-mau), em que o saber é a única salvação para se atingir a espiritualidade suprema. Para ele o espírito humano é uma partícula de luz aprisionada na carne, devendo vencer o egotismo e sublimar a matéria. A *alquimia*, embora referenciada à parte, é o exercício prático do hermetismo e do gnosticismo, que formula etapas para se atingir a iluminação. O principal aforismo alquímico (*transformar o chumbo em ouro*) designava aos eruditos um segredo absoluto: o ser imperfeito (homem) deveria transcender. A maioria das pranchas alquímicas se assemelha, de forma impressionante, com alguns arcanos do tarô.

Por sua vez, a *cabala*, que veremos adiante em mais detalhes, é um sistema filosófico-religioso judaico que visa a compreensão do universo divino e humano. A prática se faz por intermédio de estudos no diagrama da Árvore da Vida, utilizando a *gematria* (numerologia dos textos bíblicos), o *notarikon* (sistema ritualístico com o alfabeto hebraico) e o *temurah* (reinterpretação mística das palavras sagradas). A partir da Idade Média a cabala se dissociou parcialmente do judaísmo, integrando-se à teologia cristã e aos ritos mágicos em geral. Em todo caso, nenhuma delas serve ao oráculo ou à adivinhação; são estudos e práticas para uma vida mais espiritualizada.

EXEMPLOS

Nos sistemas oraculares é impossível obter certo controle dos resultados almejados, pois tudo é revelado de acordo com o caminho

[11] *Quod est inferius est sicut quod est superius, et quod est superius est sicut quod est inferius, ad perpetuanda miracula rei unius.*

percorrido, e não existe manipulação. Quem poderia escolher outro mapa astrológico, caso não gostasse da data em que nasceu? Alguém conseguiria eliminar uma resposta negativa do tarô ou das runas? Ninguém, absolutamente ninguém. Se mudar o nome do registro de nascimento resultasse em sucesso, só haveria pessoas felizes no mundo, não acha? Contudo, nos sistemas de crenças, pode-se buscar sempre algum caminho espiritual que satisfaça o desejo. Quem nunca fez uma promessa? Quem ainda não solicitou uma vida melhor a algum santo ou divindade? Quem não deseja o poder absoluto sobre a própria vida e, ainda, ascender aos reinos celestiais? Todos, absolutamente todos. Podemos resumir que há vias estáticas e dinâmicas para a evolução, umas mostrando o caminho, outras ditando como se locomover. Os oráculos tomam a sequência *divino-humano*; os sistemas espirituais, *humano-divino* — observe que são caminhos opostos, mas paralelos e complementares. Vejamos alguns exemplos específicos:

- ASTROLOGIA. Um consulente tem em seu mapa natal o planeta Vênus em conjunção com Netuno na 7ª casa, em Peixes. Esse aspecto zodiacal revela que a natureza seria fantasiar o relacionamento afetivo, buscando sempre o ser perfeito e o amor eterno. Mesmo que namore alguém maravilhoso, seria difícil ter consciência disso e talvez sempre sofresse. Tal configuração astrológica não significa insatisfação eterna; deveria, sim, combater o devaneio, ser mais seletivo e buscar coerência na vida amorosa. No entanto, encontramos pessoas que ficam boa parte da vida agindo de forma semelhante, pois é o modo afetivo operante.

- TARÔ. Na casa 5 do jogo Mandala, para um consulente casado, o arcano Sol indicaria que se encontra feliz, consciente dos limites pessoais, revelando que tudo se direciona para a harmonia em seu coração; a carta também aconselha a não alterar nada. No entanto, se houvesse o arcano Pendurado, mostraria certa tristeza, porque acredita não haver a equivalência amorosa desejada; mas a carta igualmente adverte que isso nunca ocorrerá, necessitando de mudança de paradigma para obter a felicidade afetiva. O tarô sempre indicará direção e aconselhamento, mas o livre-arbítrio determinará que se aceite ou não a resposta.

- CABALA. Uma pessoa deseja se casar, então, por intermédio da magia cabalística (enoquiana, telêmica, rosacruciana), tenta manipular o destino e satisfazer unicamente o ego pessoal. Nesse caso, não se almejam as respostas; apenas resultados imediatos da suposta felicidade! Criam-se caminhos mágicos, rituais e talismãs. De qualquer forma, nenhuma magia sustenta estruturas falsas por muito tempo e nunca terá poder sobre o insondável mundo cármico. Ademais, um estudante de cabala poderia, a partir dos ensinamentos e preceitos, compreender a importância do respeito mútuo e, assim, conseguir viver melhor com as dificuldades pertinentes ao matrimônio. As artes místicas também servem ao autoconhecimento.

ESTUDO E PRÁTICA

É importante iniciar o estudo das ciências ocultas não como um veículo para se compreender o tarô, mas para conhecer aquilo a que cada uma delas se propõe, qual a sua finalidade última. Esse discernimento é extremamente necessário, pois fazer um estudante penetrar nos mistérios dos arcanos não é tarefa fácil. *Primeiro*, porque o iniciado pensa que uma entidade espiritual lhe revelará o destino por intermédio de visões diante das cartas, seguidas de sons divinos — uma verdadeira multimídia esotérica. *Segundo*, porque não precisará saber nada além de algumas palavras mágicas que aprenderá secretamente. Ler vários livros? Creem não ser necessário, pois sempre pedem algum resumo/apostila ou salvam uma página virtual duvidosa (que nunca lerão, é claro). *Terceiro*, a mais fatal, chegarão acreditando que é necessário ter uma iniciação mística durante a lua cheia — sem o ritual, as cartas não funcionarão (dizem)! Estou sendo sarcástico, óbvio, mas algo do gênero sempre paira nas primeiras aulas ou perambula pela mente dos neófitos. Nunca entendi a razão, mas a maioria dos estudantes quer aprender de forma rápida e mística. Simplesmente, impraticável.

É muito difícil, eu entendo, para um iniciante absorver rapidamente a engrenagem simbólica, a doutrina e a filosofia contidas nas cartas do tarô. Deve-se aceitar o fato de que se aprende uma nova linguagem, um alfabeto simbólico, uma leitura de planos holísticos. Mas, geralmente, os alunos querem saber como funcionam na prática, sem ter a real dimensão da abrangência de um arcano ou do próprio limite espiritual. Já mencionei que o estudo da carta precisa ter início na própria alegoria. Não se deve pesquisar (inicialmente) outras áreas (sempre insistirei nisso); outro passo decisivo se desenvolve no conhecimento da estrutura geral, discernindo a *tarologia* da *taromancia*. Sem esses preciosos passos não será possível ao *tarotista* chegar a uma prática satisfatória.

A ***tarologia*** se ocupa do estudo da estrutura que envolve as cartas do tarô: *conjunto*, *alegoria*, *sintoma*, *atributo*, *classificação*, *história*, *filosofia oculta*. Nessa área aprendemos como analisar o desenvolvimento dos arcanos, levando-se em conta todos os erros e acertos inseridos na trajetória. Observo que, tanto para mim quanto para meus alunos ou colegas profissionais, começamos a traçar melhor os objetivos tomando por base o conhecimento simbólico contido no tarô. Podemos estudar e pesquisar sem, necessariamente, abrir o oráculo ou pedir algum conselho pois, quando se obtém a ciência do arcano, é possível associá-la a cada ato/situação/passo. Sempre afirmo que o autoconhecimento por intermédio do tarô somente é obtido por quem o estuda.

Por sua vez, a ***taromancia*** é o ato de empregarmos as cartas do tarô para alguma previsão, adivinhação ou aconselhamento. S*omente* *por intermédio da tarologia podemos atingir a taromancia. Não haverá boa leitura sem entender plenamente as 78 cartas.* Considero os arcanos uma espécie de abecedário simbólico, similar ao nosso alfabeto (A-Z); mas, para obtermos a leitura do tarô, em vez de juntarmos letras para obter palavras, necessitamos de uma pergunta e de um método para que o conjunto de cartas explique a trajetória do destino. Sem dúvida alguma, a cartomancia com o tarô é a mais conhecida e procurada, pois todos desejam orientações sobre a vida afetiva, financeira e familiar.

Tarotista é a pessoa que usa o tarô para fins tarománticos — *nem todo tarólogo é um tarotista, e nem todo tarotista é um tarólogo*. Encontramos ótimos tarotistas usando a vidência ou que raramente estudaram o assunto; então, não podem ser tarólogos, pois sequer sabem da história (documentada) da cartomancia ou da estrutura do tarô. Há bons tarólogos que conhecem perfeitamente as cartas e sua história, mas nunca jogaram profissionalmente — digo daqueles que jamais atenderam desconhecidos, cobraram pela consulta ou que nunca tiveram a coragem de jogar sequer para a família ou amigos —, estes, também, não podem ser considerados tarotistas. E, ainda, encontramos aqueles estudantes que adoram o tarô, mas não desejam nem dar consultas ou aulas, apenas o fazem para si. Sem contar os internautas (blogueiros) que, entusiasmados com o aprendizado mágico, resolvem postar tudo aquilo que pensam ou acham. Mas nada disso invalida ninguém, uma vez que tais desmembramentos existem em qualquer área: nem todo advogado pode ser juiz, nem todo médico é cirurgião, nem todo ator consegue cantar, nem todo estudante obtém um diploma. Portanto, cada um possui um dom ou a falta de oportunidade para uma prática efetiva; em todo caso, creio que são necessárias ponderações, visto que o mercado esotérico se expandiu muito nas últimas décadas e nem todos estão aptos ao ensino ou ao atendimento (presencial ou on-line).

No entanto, apesar dessas classificações, será que decorar um livro ou dicas da internet, depois montar um blog, faria dele(a) um tarólogo/tarotista? É uma pergunta difícil de responder, ainda não há uma regulamentação[12] determinando o tipo de prova ou tarefa que deveria realizar antes de se tornar um profissional. Ainda não temos elementos para qualificar (ou desclassificar) ninguém, não somos senhores da razão, nem inquisidores. Inclusive, as cartomantes que "trazem o amor em três dias" tampouco deveriam ser julgadas. *No momento, ninguém tem o direito de avaliar quem quer que seja, a não ser a si mesmo*, mas é importante saber que o mercado é autorregulador: *permanece quem tem postura e comprometimento* — não adianta ser mimético, fazer *copy/paste* de páginas da web, gritar aos quatro ventos que sabe tudo, pois, se os clientes não observarem o mínimo de acerto (previsão, orientação), não voltarão, não indicarão mais ninguém, será o fim de uma carreira que nem começou.

Já no plano social, na perspectiva das massas, o tarô é visto como uma arte mística, muito mais em um plano mediúnico do que algo voltado ao estudo, à pesquisa e à análise. Por isso, as visões serão sempre distintas e não devemos nos preocupar em converter as pessoas em potenciais clientes. Cada um possui seu tempo: nós, para aprendermos, o cliente, para confiar, o amigo, para respeitar. Independente do que se pense de um tarólogo/tarotista, a taromancia serve para nortear os propósitos, orientar o livre-arbítrio sem, contudo, determinar uma única direção para o desfecho. A finalidade taromântica é esclarecer onde se encontra o problema: *no cliente, nos outros ou no destino?* **Sem tarologia não há taromancia; pode haver *achomancia*.** Estudar e entender a diferença entre os oráculos é tão importante quanto saber empregá-los adequadamente. A partir dos próximos tópicos analisaremos algumas áreas que estão sendo relacionadas ao tarô de forma desordenada e confusa.

[12] Em 16 de outubro de 2002 o Ministério do Trabalho e Emprego reconheceu a ocupação do tarólogo e do cartomante por intermédio do CBO 5168-05; somos legalizados, podemos nos registrar como autônomos, mas ainda dependemos de regulamentação profissional. Maiores informações leia no site: neinaiff.com/leis.

TARÔ *VERSUS* ASTROLOGIA

Embora possamos relacionar o tarô com a astrologia, ainda não existe um estudo que se adapte com perfeição a todas as cartas. Tudo o que se pode observar é alguma indicação qualificando o arcano: ora um planeta, ora um signo; às vezes, ambos. Deve-se ter muito cuidado ao se basear em tais associações, pois todas representam um ponto de vista, uma possibilidade análoga; jamais um conceito universal, como se tem compilado. Os livros que tratam do assunto, em sua maioria, em vez de dimensionar o arcano (que seria o desejável), reduzem-no sensivelmente, tendendo a uma deformação simbólica. Todas as citações astrológicas existentes (com raríssimas exceções) são oriundas do sistema cabalístico, o qual não se refere à astrologia ou ao tarô como nós aplicamos; mas, sim, ao próprio pensamento espiritualista hebraico ou à magia prática (veremos exemplos mais detalhados adiante).

Essencialmente, a função da astrologia ocidental é fornecer orientações baseadas no *mapa natal* (ou mapa astral), que é calculado com os dados pessoais de nascimento (data, hora, local). O mapa é fixo e único, e contém todas as informações pertinentes à personalidade, dons, aprendizados cármicos e possíveis acontecimentos na vida do indivíduo — o movimento da astrologia ocorre nos trânsitos planetários relacionados (sempre) com o mapa astral. Não se pode criar um mapa diferente, nem alterar os aspectos zodiacais. Por sua vez, o tarô é um sistema projetado para se analisar perguntas e situações reais, independentemente do tipo de personalidade; pode, inclusive, ser jogado inúmeras vezes para o mesmo problema.

Sob um ponto de vista muito simplista, podemos dizer que a astrologia é *estática,* porque os trânsitos podem ser calculados/avaliados *ad eternum* em relação ao mapa natal, e, ainda que alguns astrólogos afirmem que é dinâmica, convenhamos, ela é fixa no tempo e no espaço — os eventos podem ser considerados com anos ou décadas de antecedência. O *dinamismo* encontra-se na forma como o indivíduo irá perceber/viver determinado aspecto planetário, e neste exato ponto encontra-se o tarô: a análise da realidade e do livre-arbítrio! A astrologia jamais poderá determinar o comportamento exato do indivíduo diante de um fato; nem afirmar com certeza qual será sua decisão. No entanto, pode-se especular com a arte zodiacal, mas o mesmo não ocorre com as cartas — nelas você não encontrará esclarecimentos satisfatórios se não houver um objeto/situação real, tampouco haverá condições de mudar uma resposta.

Em função dessa dicotomia, já se observa certo grau de dificuldade ao se tentar elaborar a relação um por um (signo por arcano). Para elucidar melhor o proposto tomaremos como exemplo a carta 7 em três tarôs distintos. Observe atentamente as Figuras 50a, 50b e 50c.

O arcano Carro simboliza o desenvolvimento, o progresso, a consciência objetiva, a direção planejada; também indica oportunidade, determinação, inteligência, coragem, bravura, impulsividade, in-

Figura 50a – Röhrig Tarot. Bluestar Communications, EUA.

Figura 50b – Golden Star Tavaglione. U.S. Games Systems, EUA.

Figura 50c – Tarots Egipcios. Kier, Argentina.

dependência, magnetismo, egocentrismo; igualmente, revela que todos os caminhos estão abertos, sem obstáculos, livres, e que há absoluto poder pessoal e espiritual. Observe que todas as palavras são essencialmente dinâmicas e fortes, e todo o contexto indica uma posição de autossuficiência e de abertura de vida.

A correspondência astrológica sugerida pelos autores desses tarôs se encontra na parte inferior da carta — *Röhrig Tarot*, signo de Câncer (♋); *Golden Star*, signo de Gêmeos (♊); *Egipcios Kier*, signo de Peixes (♓) e o planeta Netuno (♆). Vejamos alguns detalhes. O signo de *Câncer* revela a forma conservadora, familiar, nostálgica, passiva, sensível, emocional e cautelosa; o signo de *Gêmeos* indica a forma expressiva, inventiva, perspicaz, mutável, inquieta, agitada e desconcentrada; o signo de *Peixes* representa a forma compassiva, emocional, filantrópica, passiva, melancólica; o planeta *Netuno* expõe a forma espiritual, intuitiva, mística, etérea, inconsistente, perceptiva; também, amor universal e transcendência.

Enfim, nenhum deles se enquadra nos possíveis atributos do arcano Carro, certo? Então, o que ocorre? Será que apenas enfeitam a carta? Sob um ponto de vista pessoal, creio que as qualidades da carta 7 estariam muito mais próximas (não totalmente análogas) aos signos do elemento Fogo (Áries, Leão e Sagitário) e ao planeta Marte ou Júpiter; no entanto, esses conceitos seriam apenas elucubrações, uma tentativa de ampliar o conhecimento, uma qualidade muito particular, e nunca uma aplicação direta (sobretudo em consultas), uma vez que teríamos de estruturar toda a astrologia e o tarô sob uma ótica lógica e indiscutível. No momento, isso é impossível.

Há um sistema perfeito tanto na astrologia quanto no tarô, mas esses sistemas são diferentes na estrutura e, principalmente, na finalidade. A grande questão é: *como é possível adaptar os 78 arcanos aos 12 signos zodiacais e aos 10 planetas?* E se porventura isso fosse possível? Um dos dois se tornaria inútil ao longo do tempo — você já pensou nessa possibilidade? Na astrologia, é possível acrescentar novos parâmetros para análise, como ocorreu com o planeta Plutão no início do século XX; mas tudo ocorre dentro de uma metodologia fechada — 12 signos, 12 casas, inúmeros aspectos planetários e as relações com a Terra. Ao tarô *não* podemos acrescentar nem uma nova numeração, nem outra carta, pois todos os símbolos universais habitam em sua estrutura. *Você deve estar pensando que sou insano ao afirmar isso.* Uma das qualidades mais impressionantes dos arcanos é a adaptabilidade. Qualquer coisa em que se pensa e/ou que venha a existir pode ser associado a alguma carta do tarô — considero uma fonte inata e incomensurável da vida terrestre.

Para essa afirmação considere a seguinte questão: quando os planetas transpessoais (Urano, Netuno e Plutão) foram descobertos e, posteriormente, inclusos em análises astrológicas, o tarô já existia com seus 78 arcanos. Não foi possível encontrar uma parte desses símbolos — que era nova para a astrologia — registrada em alguma carta do tarô? Sim! Por exemplo, o arquetípico *Plutão* pode ser associado a um atributo específico do arcano 12 (plano mental: obsessão), do 16 (plano material: transformação), do 17 (plano espiritual: meditação) e do 18 (plano sentimental: paixão), mas não em todos os níveis de análise taromântica (quatro planos). O arquetípico *Netuno* também pode ser associado ao arcano 12 e ao arcano 18; no entanto, o primeiro somente ao plano espiritual: fé, devoção; o segundo, unicamente ao plano mental: escapismo, devaneio. Mas as análises não são tão simples assim, pois também temos as possíveis combinações. Como poderíamos, por exemplo, classificar no tarô a posição de Plutão em Leão, Netuno em Peixes, Urano em Aquário? E eles nas 12 casas, e os outros planetas e signos? Tudo isso sem contar com os aspectos entre eles (quadratura, oposição etc.), que também transformam sensivelmente a análise, chegando a milhares de combinações.

Assim, se fecharmos os conceitos de um planeta para uma única carta, faltarão elementos para se adaptarem todos os predicados de um único arcano e sobrarão muitas características do respectivo planeta. O mesmo ocorrerá com os signos. *Não, não podemos ser tão ingênuos assim ao posicionar um elemento astrológico a uma única carta do tarô*. Os arcanos têm inúmeras facetas, e isso traz muita confusão. Portanto, caro amigo tarólogo, não se torture tentando decifrar os grifos astrológicos que se encontram nas inúmeras cartas, pois nada será acrescentado a seu valioso tempo. Estude (sim!) muito mais os símbolos contidos nos tarôs clássicos (como vimos no primeiro capítulo); talvez no futuro, ao se tornar também um bom astrólogo, você possa encontrar uma resposta satisfatória que preencha todas (!) as lacunas, mas sem a manipulação da linguagem de ambos os oráculos. Filosofe e faça qualquer adaptação, mas nunca saia do ponto de vista do tarô.

♋ ♊ ♓

TARÔ *VERSUS* NUMEROLOGIA

O que venho elucidando ao longo deste capítulo são os pontos obscuros com que deparamos ao tentar desvendar o tarô por intermédio de outras áreas esotéricas. Sinceramente, creio que tais pesquisas são válidas, mas precisamos ter uma visão lógica e filosófica do que estamos estudando. Não podemos aceitar tudo o que se encontra escrito, nem concordar com mestres, gurus e outros tarólogos (também não é preciso aceitar aquilo que escrevo, mas pesquise, estude). Mantenha sempre uma postura crítica, mas com base e argumentação saudável (e razoável). Dizer apenas que não concorda com certa argumentação (minha ou de outros tarólogos), sem elaborar ou citar outras fontes do saber, significa desdenhar a inteligência alheia. Soa como a fábula da raposa e as uvas (Jean de La Fontaine). Não aceitar o óbvio significa subestimar a própria capacidade de análise. Portanto, mantenha o espírito aberto.

Outro campo bastante discutido trata da numerologia aplicada ao tarô. Inúmeras vezes encontramos, em diversos livros, uma relação direta: o número 1 corresponde ao Mago; o número 2, à Sacerdotisa e assim por diante. A princípio, parece óbvio — 1 é 1 *e* 2 é 2 —, então, costuma-se recitar e repassar a associação sem refletir sobre o assunto. A maioria dos numerólogos não é tarotista, e muitos tarólogos sequer sabem a diferença entre o número 1 regendo a personalidade, o destino ou um pináculo qualquer. Havia me esquecido de relatar, mas o mesmo ocorre com a astrologia: muitos tarólogos desconhecem a função da astrologia e terminam por aceitar que tal carta simbolize determinado signo ou planeta.

Existem várias correntes de estudo sobre a numerologia: a pré-pitagórica considera a quantidade de letras do nome; a pitagórica (Figura 51) observa que cada letra do alfabeto ocidental tem um valor correspondente de 1 a 9; por sua vez, a cabalística, a indiana e a chinesa determinam valores numéricos distintos e algumas variações em suas análises. Todas possuem uma tabela de conversão letra-número, reduzindo a soma em valores de 1 a 9, também consideram o resultado 11, 22 ou 33. O sistema pitagórico (o mais usual) pondera a origem do produto (soma); por exemplo, a análise do arquetípico 4 obtém característica adversa se for resultado de 13 (1 + 3 = 4), de 40 (4 + 0 = 4), de 202 (2 + 0 + 2 = 4) etc.

1	2	3	4	5	6	7	8	9
A	B	C	D	E	F	G	H	I
J	K	L	M	N	O	P	Q	R
S	T	U	V	W	X	Y	Z	-

Figura 51 – Tabela pitagórica.

Para elucidar os prós e os contras entre a numerologia e o tarô, sempre cito um exemplo clássico: o *número 5* simboliza liberdade, rebeldia, prazer, futilidade, dinheiro, viagem, progresso, perspicácia, criatividade, jovialidade, sexualidade; está associado ao planeta Marte e ao signo de Áries por alguns; ao planeta Mercúrio, por outros. Por sua vez, a carta de número 5 do tarô (reveja a Figura 13) indica ordem, dogma, ética, moralidade, tradição, disciplina, virtude, fidelidade, legalidade, união, sociedade, inflexibilidade. Se um numerólogo ou um tarotista informasse que o produto do nome resultasse no *número 5* e, portanto, o *arcano 5* também seria o regente, haveria incoerência de valores. Observe o antagonismo: como o consulente pode ser disciplinado e rebelde ao mesmo tempo? Dogmático e livre de uma única vez? Aventureiro e fiel em um relacionamento? Desculpe, mas se essa incompatibilidade existisse de fato, o melhor seria procurar um psiquiatra, não um numerólogo, tampouco um tarotista!

Por outro lado, em algumas associações, observamos certa congruência simbólica, como, por exemplo, o *número 4* e a *carta* de número 4 (Imperador): solidez, estabilização, limitação, estagnação, obstinação, firmeza, trabalho, arrogância, opressão, praticidade, objetividade, concretização — ambos possuem conceitos arquetípicos muito semelhantes, esse tipo de similitude faz com que impensadamente se termine por associar todos os arcanos. Calma, não é bem assim, há outras associações que devem ser pautadas. Também encontramos divergências no campo da numerologia, pois alguns estudiosos dizem ser Urano o planeta regente do número 4, outros, Saturno; contudo, por extensão ao estudo dos números, se formos associar planetas ao arcano 4 encontraremos os mesmos conceitos já estabelecidos: *falta absoluta de senso lógico* para ambas as áreas, uma vez que os atributos dos planetas não se relacionam com o conceito de estabilização, solidez ou limitação — o simbolismo não se sustenta.

Observe que o tarô não é constituído somente dos arcanos principais; também encontramos o número 4 ou o 5 e todos os demais grafados nos arcanos auxiliares! Assim, temos mais quatro cartas com análise distinta (uma para cada naipe), que em absolutamente nada se relacionam com a significação do arquetípico número 5 (numerologia). Vejamos de forma bem resumida o significado dos arcanos contidos na Figura 52 — *5 de ouros*: prejuízo, afastamento; *5 de espadas*: desperdício, irreflexão; *5 de copas*: angústia, desmotivação; *5 de paus*: superação, reorganização. Qual a relação desses conteúdos adivinhatórios com os indicativos de personalidade da numerologia?

Figura 52 – Cosmic Tarot. AGM AGMüller, Suíça.

Encaremos os fatos: nenhuma associação plausível. São ciências ocultas distintas e deve ser evitada qualquer paridade.

Agora, indo um pouco mais além, consideremos a origem do produto. O arcano 13 (Morte), em um plano geral oracular, simboliza transformação, alteração, análise, lucidez, melancolia, pessimismo, desilusão, raiva, dor. Ao aplicarmos a redução (1 + 3 = 4) obteremos o arcano 4. Na numerologia, não há um arquetípico 13, somente o simbolismo do número 4; então, encontramos lacunas a preencher. Por outro lado, já observamos que tanto a carta 13 quanto a carta 4 não satisfazem ao número 4 em sua plenitude, o que seria desejável. Embora a numerologia entenda a formação 13/4, em momento algum poderá haver ligação com o tarô.

O conceito nuclear da numerologia dita que números são símbolos do pensamento e que, por isso, transmitem ideias e possibilidades; já o tarô observa como essas ideias tomam forma ou são construídas. Reflita profundamente: como é possível transpor os conceitos simbólicos da numerologia (9 modelos arquetípicos) para os arcanos do tarô (78 imagens arquetípicas)? De que forma poderíamos associar os planetas agregados aos números com as cartas? Mesmo que utilizássemos a numerologia hebraica, ela também é deficitária, pois encontraremos outros elementos simbólicos que, por sua vez, não fariam sentido algum no produto final. Por outro lado, como empregar a numerologia nas figuras da corte se elas não contêm numeração? Então, voltamos ao zero: *não há solução, nem simbiose*. Contudo, encontramos na numerologia uma aproximação maior que na astrologia; mas apenas como pano de fundo, no que concerne à teoria da *tetractis* de Pitágoras (sistema metafísico explicando a natureza divina dos números), é que poderemos aplicar na estrutura geral do tarô, jamais em determinado arcano.

TARÔ *VERSUS* MITOLOGIA

Chegamos a uma fonte verdadeiramente rica de alegorias, talvez a mais simbólica de todas. Quando se fala em mitologia, costuma-se pensar na civilização grega, embora a ideia romana se confunda com ela. No entanto, há mitologia em todas as culturas — egípcia, hindu, chinesa, nórdica, céltica, maia, indígena, entre tantas —, e cada uma elabora (de forma semelhante) um conceito cosmogônico e escatológico, bem como a formação do universo divino e do humano. Durante as narrativas míticas, ambos os mundos se mesclam em uma batalha contínua entre criação e destruição, vida e morte, amor e ódio; ora entre os deuses, ora entre os homens, às vezes entre os dois. Viajar pelas mitologias de qualquer cultura é um aprendizado fascinante.

Será que as fábulas e as parábolas dos últimos séculos não seriam evoluções simbólicas daquelas narrativas milenares sobre deuses e heróis? Afinal, todas as situações arquetípicas desses contos podem ser encontradas na mitologia. Da mesma forma que os antigos sacerdotes narravam uma epopeia para satisfazer a ansiedade de nobres, soldados e escravos, os sábios modernos tinham de desenvolver contos que atendessem à imaginação social. É claro que não havia mais semideuses ou titãs, mas existiam reis, princesas, cavaleiros, bruxas e dragões no imaginário popular, e todos evocavam a luta entre o bem e o mal.

Não posso deturpar uma narrativa para se igualar a outra; posso apenas comentar a singularidade, ampliar o conhecimento, apontar semelhanças, mas jamais elaborar uma aplicação direta. Por exemplo: *Ísis* (deusa egípcia do amor, família, magia), *Laksmi* (deusa indiana do amor, prosperidade, felicidade), *Oxum* (deusa africana do amor, família, riqueza), *Freia* (deusa germânica do amor, beleza, guerra), *Afrodite* (deusa grega do amor, beleza, luxúria). Todos esses mitos são representados por uma mulher bela, magnética, encantadora, em que a essência do *amor* sempre estará implícita em suas histórias míticas. Elas têm algo em comum (amor, paixão, relacionamento), mas não se traduzem igualmente; portanto, há uma complexidade e uma sutileza ao se observar os mitos e, principalmente, os limites. Façamos uma análise comparativa entre alguns tarôs transculturais que se reportam a essas deusas.

Figura 53a – Tarô Mitológico.
Editora Siciliano, Brasil.

Figura 53b – Tarot Egipcios.
Editora Kier, Argentina.

No arcano Imperatriz do tarô Mitológico Juliet Sharman-Burke e Liz Greene optaram por representá-la pela deusa grega Deméter (Figura 53a). Na imagem, observamos uma mulher grávida em um campo de centeio, o que indica a fertilidade, o ciclo ordenado da natureza. Esse não seria o princípio simbólico da carta: prosperidade, fecundação, crescimento, equilíbrio? Sim, mas e os outros atributos?

No mito de Deméter não encontramos associação simbólica de prazer, alegria e futilidade que também se manifestam na carta 3. No entanto, essas características são atributos da deusa Afrodite, cuja única associação, igualmente, será falha — não contém atributo de fecundação, crescimento, equilíbrio e prosperidade.

Algo similar ocorre no tarô egípcio, no qual é apresentada a deusa Ísis (Figura 53b), que consegue agregar uma pequena parte da Imperatriz (família, preservação, prosperidade), mas faltam a esse mito egípcio os atributos do prazer, da alegria e da luxúria, que, por sua vez, pertencem à outra deusa egípcia: Hathor. E ainda encontramos mais características desse arcano que não pertencem à deusa Ísis, mas à deusa Tauret: gravidez, abundância, fertilidade. E para completar a fragmentação simbólica entre *Ísis* e *Imperatriz*, observe que a deusa egípcia contém os segredos da magia universal, e o arcano 3 está longe de possuir tal qualidade! O que devemos fazer, então? Unir as alegorias na mesma carta, ilustrando deusas xifópagas? Creio que não seria esse o caminho mais indicado. E se você relacionar todas as cartas desses tarôs aos mitos correspondentes, pesquisando detalhadamente conceitos e atributos de ambos, observará que em nenhuma delas a associação será plena. Portanto, é desejável ao tarólogo/tarotista entender os limites simbólicos para não fragmentar o conteúdo do arcano.

Para fechar os exemplos recorro a dois tarôs que atribuíram o mesmo mito a arcanos diferentes. Clive Barrett ilustra a carta Imperatriz com a deusa nórdica Freia (Figura 54a), que reúne qualidades absolutas de uma valquíria (guerreira) e de um psicopompo (acompanhante dos mortos), e, mesmo contendo associação com o amor e a família, a visão desse mito feminino também está longe de ser o equivalente ao arcano 3. O gato figurado na carta, embora pertença a Freia, nas ciências ocultas (que sempre será o objeto de estudo do tarô) simboliza o prenúncio da morte, magia pessoal, poder mundano. A relação da deusa *viking* com essa carta é mais deformadora do que a visão do tarô Mitológico.

Figura 54a – Norse Tarot. The Aquarian Press, Inglaterra.

Figura 54b – The Goddess Tarot. U.S. Games Systems, EUA.

Por sua vez, o tarô de Kris Waldheer atribui essa mesma deidade (Figura 54b) como análoga ao arcano Imperador. Bem, somente o fato de haver dois arcanos sendo ilustrados pelo mesmo símbolo mitológico já suscita dúvida e insegurança ao mais leigo dos estudantes! Tudo bem, sabemos que o Imperador luta por seu desejo, mas não vamos exagerar com o sentido do amor e da família ou da morte (relacionado ao mito da deusa Freia) no simbolismo do arcano 4. Não, não há a mínima relação. Novamente, nos vemos órfãos de uma coesão que traduza a real dimensão da carta. Se fôssemos pesquisar cada detalhe desse tarô e tantos outros transculturais, talvez houvesse uma nova cartomancia chegando, não mais o tarô como temos estudado.

O interessante é que as instruções que acompanham as referidas cartas qualificam o arcano-deusa em um plano divinatório comum aos tarôs, e a maior parte desses conceitos sequer faz parte do mito associado. Para relatar a verdade, também não informam a real característica, a história ou a dimensão mitológica. Afinal, o que está ocorrendo? Uma deformação do mito, da linguagem oracular, da imagem do tarô? Somente o tempo irá responder se outro tipo de oráculo está surgindo ou se essas cartas terão força simbólica para continuar, tal como ocorreu com os tarôs clássicos. Eu poderia explicar a discrepância de inúmeras outras associações, mas seria redundante para a proposta deste capítulo; o importante é saber que devemos tomar muito cuidado ao ler obras e jogar tarôs baseados em outra estrutura simbólica.

Todavia, sou plenamente favorável a inclusões de símbolos análogos (como vimos no Capítulo 1). Creio que é saudável comparar, analisar, expressar; no entanto, devemos nos conscientizar e deixar de manipular a linguagem mística (isso vale para qualquer área). De qualquer forma, a relação entre *tarô* e *mitologia* é a única que mais se aproxima sem se desqualificar totalmente, como observado na astrologia e na numerologia. Insisto que os tarôs transculturais devem ser usados apenas por tarotistas com prévio conhecimento dos tarôs clássicos; pois o iniciante incorrerá em erros interpretativos, não dando espaço para a verdadeira dimensão simbólica do arcano, nem para a qualidade do mito. Ande com cuidado nesse terreno e não saia por aí lendo e discorrendo sobre o assunto; pare, pense e analise os prós e contras de cada associação, de cada deus, deusa, mito ou herói.

TARÔ *VERSUS* CABALA

Chegamos ao cerne do caos simbólico no tarô e tecerei um pouco do raciocínio cabalístico,[13] conceitos e comparações; no entanto, este tópico não tem por objetivo ensinar a cabala, mas ponderar sua interação com a tarologia ou a taromancia. Tenho consciência de que a proposta apresentada não deterá o avanço da associação mística entre as duas áreas, mas poderá mudar sensivelmente o rumo da forma como é aplicada pelos estudantes. Sempre observei (e ainda noto) certo fascínio em relação a essa filosofia hebraica, talvez por acharem que descobririam algo mágico ou uma chave oculta para a interpretação do tarô, da astrologia ou da numerologia. Eu mesmo, há muitos anos, segui por esse caminho — valeu-me mais pela espiritualização do que pelo oráculo, pois consegui ter uma visão bem mais profunda da obra divina e da minha própria vida.

A palavra *cabala* significa *recepção ou aquilo que sai da boca e entra nos ouvidos* (vocalização, verbalização); portanto, representa uma tradição oral e uma doutrina para o crescimento espiritual. O diagrama cabalístico é composto por 32 sendas espirituais, sendo 10 esferas (nomes divinos) interligadas por 22 caminhos (letras hebraicas), todos apresentando quatro manifestações distintas — todo esse arcabouço é chamado de Árvore da Vida (Figura 55). A cabala é, essencialmente, um formulário cosmogônico e escatológico que tanto na teoria quanto na prática tem apenas um objetivo: *o exercício filosófico rumo ao aperfeiçoamento material e espiritual*. E para essa finalidade somente há três vias: *estudo*, *meditação* e *magia*. Embora existam várias denominações, tais como cabala gnóstica, cabala cristã, cabala hermética, cabala egípcia, cabala esotérica ou cabala mística, todas são apenas variações de uma mesma estrutura: *cabala judaica*.

---

[13] Para maiores informações estruturais visite a seguinte página na internet: neinaiff.com/cabala.

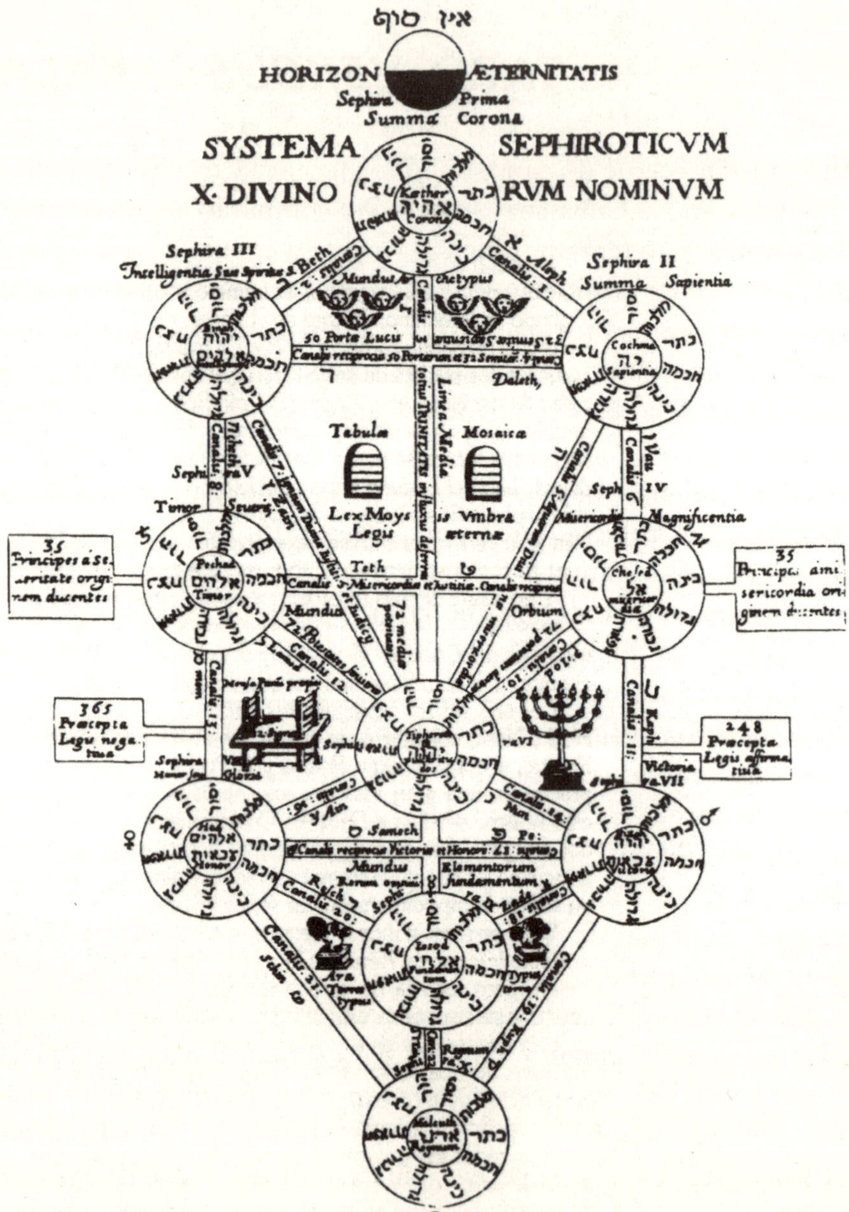

Figura 55 – Árvore da Vida (Oedipus Aegyptiacus, século XV)

Não irei desmerecer trabalho algum já publicado. Creio que, se não fosse por eles, ao tentar desvendar o misterioso universo do tarô não haveria evolução no estudo e na aplicação. O mesmo ocorre em qualquer área do conhecimento: temos de acompanhar a mudança social, o desenvolvimento tecnológico e científico. Até meados do século XX a psicologia e a física quântica eram desconhecidas do grande público, e muito se transformou desde então; isso porque uma série de conceitos foi introduzida, abrindo portas para novas formulações em várias áreas místicas ou não. O tarô não ficou à deriva. Houve uma produção extraordinária de livros e cartas: nova semântica, novos temas, novas ilustrações. O problema é que obras antigas e modernas coexistem lado a lado nas livrarias ou nos catálogos on-line, criando um campo fértil de dúvidas para o iniciante. Muitas delas abordam aspectos metafísicos concernentes ao pensamento dos séculos XVIII e XIX, tecendo mais comentários sobre mundos transcendentais do que de natureza prática sobre o tarô.

Tarô e cabala representam, sem sombra de dúvida, a corrente de pensamento mais conflitante agregada ao estudo das cartas. Surgiu precisamente em 1856, por intermédio do ocultista francês Éliphas Lévi, ao associar deliberadamente as letras hebraicas aos arcanos, sendo adotada por inúmeros conterrâneos, embora já tivessem sido citadas por Antoine Court de Gébelin algumas décadas antes (para maiores detalhes históricos leia o título "SÉCULO XIX", pág. 335). Contudo, a relação foi contestada e alterada por outros, criando-se, então, um novo princípio, liderado pelo magista inglês MacGregor Mathers, em 1888. Ideologias à parte, o simples fato de coexistirem duas correntes com fortes argumentações expõe a fragilidade da analogia. Se você verificar as obras do gênero, observará que ambos os segmentos fizeram escola — muitos autores têm se baseado nessas relações, não percebendo a proposta espiritual (e individual), o que acarreta uma profunda deformação na aplicação do tarô, da astrologia e da numerologia.

Agora imagine quando tudo isso é exposto nas cartas de tarô! E suponhamos que alguém tenha iniciado os estudos por uma dessas correntes, o que ocorreria no futuro? Como poderia obter uma fonte segura de estudos (e bons resultados)? Foi o que ocorreu comigo, na década de 1980, ao iniciar a pesquisa cabalística do tarô de Tavaglione (*Golden Star Tarot*, Figura 50b). Em seguida, deparei com o tarô de Crowley (*Thot Tarot*, Figura 56), revelando o oposto, e, finalmente, descobri que existia um tarô no qual a Justiça e a Força (Rider-Waite) haviam intercambiado (Figuras 57a 57b). Sinceramente, quase tive um surto psicótico — até me achei um jegue por não conseguir entender tudo aquilo!

Para elucidar melhor, faremos uma análise comparativa dos principais autores em uma tabela a seguir. Você não precisa saber o que é cabala para entender que não podemos seguir os estudos sem entender os propósitos, uma vez que cada ocultista a direciona de forma adversa. Em primeiro lugar, observe que as duas correntes principais (Lévi — MacGregor) se subdividiram e cada qual associa uma letra hebraica a um arcano diferente — consequentemente, se relacionará a esferas e caminhos distintos na Árvore da Vida. Essas subdivisões também se desdobraram, criando novas escolas; enfim, o objetivo não é explicar cada uma delas, mas mostrar o quão complexo é o assunto. A Tabela 10 informa as correntes cabalísticas e a Tabela 11 apenas os nomes dos símbolos usados na Tabela 10.

Tabela 10 – Escolas cabalistas

	Éliphas Lévi *Escola cabalista francesa*			
	Papus Oswald Wirth Manly Hall		Carl C. Zain	
Letra	**Arcano**	**Planeta**	**Arcano**	**Planeta**
א	1	Ar	1	☿
ב	2	☽	2	♍
ג	3	♀	3	♎
ד	4	♃	4	♏
ה	5	♈	5	♃
ו	6	♉	6	♀
ז	7	♊	7	♐
ח	8	♋	8	♑
ט	9	♌	9	♒
י	10	♍	10	♅
כ	11	♂	11	♆
ל	12	♎	12	♓
מ	13	Água	13	♈
נ	14	♏	14	♉
ס	15	♐	15	♄
ע	16	♑	16	♂
פ	17	☿	17	♊
צ	18	♒	18	♋
ק	19	♓	19	♌
ר	20	♄	20	☽
ש	s/n	Fogo	s/n	☉
ת	21	☉	21	⊕

Autores que seguiram uma das subdivisões de ***Lévi*** *ou relacionaram outros planetas na mesma sequência de letras:*
G. O. Mebes, Mouni Saddhu, Valentin Tomberg, Willian Stirling Tavaglione, Gus Knapps, J. Iglesias Janeiro, Emilio Salas, John Dequer, Rodolfo Benavides etc.

	MacGregor Mathers *Escola cabalista inglesa*			
	Arthur Waite Robert Wang Rachel Pollack		Aleister Crowley	
Letra	**Arcano**	**Planeta**	**Arcano**	**Planeta**
א	s/n	Ar	s/n	Ar
ב	1	☿	1	☿
ג	2	☽	2	☽
ד	3	♀	3	♀
ה	4	♈	17	♒
ו	5	♉	5	♉
ז	6	♊	6	♊
ח	7	♋	7	♋
ט	11	♌	11	♌
י	9	♍	9	♍
כ	10	♃	10	♃
ל	8	♎	8	♎
מ	12	Água	12	Água
נ	13	♏	13	♏
ס	14	♐	14	♐
ע	15	♑	15	♑
פ	16	♂	16	♂
צ	17	♒	4	♈
ק	18	♓	18	♓
ר	19	☉	19	☉
ש	20	♄	20	Fogo
ת	21	Fogo	21	♄

Autores que seguiram uma das subdivisões de ***MacGregor*** *ou relacionaram outros planetas na mesma sequência de letras:*
Eden Gray, Frater Achad, Paul Foster Case, Mary Cohen, Warren Keaton, Gareth Knight, Stephan Hoeler, Jana Riley Amber Jayanti, Chic Cicero etc.

Tabela 11 — Símbolos			
Nome dos símbolos da Tabela 10			
LETRA HEBRAICA	ARCANOS	SIGNOS	PLANETAS
א – Aleph	1 – Mago	♈ – Áries	☉ – Sol
ב – Beth	2 – Sacerdotisa	♉ – Touro	☽ – Lua
ג – Guimel	3 – Imperatriz	♊ – Gêmeos	☿ – Mercúrio
ד – Daleth	4 – Imperador	♋ – Câncer	♀ – Vênus
ה – He	5 – Sacerdote	♌ – Leão	♂ – Marte
ו – Vav	6 – Enamorado	♍ – Virgem	♃ – Júpiter
ז – Zain	7 – Carro	♎ – Libra	♄ – Saturno
ח – Heth	8 – Justiça	♏ – Escorpião	♅ – Urano
ט – Teth	9 – Eremita	♐ – Sagitário	♆ – Netuno
י – Yod	10 – Roda da Fortuna	♑ – Capricórnio	♇ – Plutão
כ – Kaph	11 – Força	♒ – Aquário	⊕ – Terra
ל – Lamed	12 – Pendurado	♓ – Peixes	
מ – Men	13 – Morte		
נ – Num	14 – Temperança		
ס – Sameck	15 – Diabo		
ע – Ayin	16 – Torre		
פ – Pe	17 – Estrela		
צ – Tzaddi	18 – Lua		
ק – Quoph	19 – Sol		
ר – Resh	20 – Julgamento		
ש – Shin	21 – Mundo		
ת – Tau	s/n – Louco		

Detalhe importante: cada letra também carrega consigo um significado tão complexo quanto um arcano — elas não são penduricalhos ou enfeites de Natal para ilustrar as cartas de tarô, são símbolos divinos, servem à magia, jamais à adivinhação. Por exemplo, *Aleph* (א) é uma das três letras-mães, corresponde ao elemento Ar[14] (nascimento), e se encontra relacionada ao atributo da esfera de *Kether* (o que há de mais puro e divino), estabelecendo a ligação com a esfera de *Chochmah* (a mais alta sabedoria espiritual). Tudo simboliza/sinaliza o princípio da vida. Assim, note que ao qualificar o Mago com a primeira letra hebraica א (*aleph*) haverá relações subsequentes em que a Sacerdotisa se pautaria na letra ב (*beth*); a Imperatriz, em ג (*guimel*); o Imperador, em ד (*daleth*) etc. No entanto, ao considerar o Louco como detentor de א (*aleph*), o Mago se associaria com ב (*beth*); a Sacerdotisa, com ג (*guimel*), e as analogias restantes também mudariam — compare as ilustrações entre a Figura 58a e Figura 58b na página 238. Observe que nem todas as escolas cabalísticas empregam a sequência literal do alfabeto hebraico com a ordem das cartas; também há casos em que o arcano 4 se encontra associado com a 17ª letra (צ — *tzadi*) e o arcano 8 com a 12ª letra (ל — *lamed*), para citar apenas uma. *Será que as cartas do tarô, imagens tão profanas, poderiam ser relacionadas a elementos tão nobres em consultas divinatórias?* Em todo caso, a cada associação seremos remetidos a campos de estudos absolutamente distintos para cada arcano (letra/planeta/signo/caminho/esfera), o que não nos leva a lugar algum para conhecer os símbolos do tarô.

Então, a confusão se inicia: Éliphas Lévi ou MacGregor — quem está com a verdade? Papus ou Crowley, o que eles desejavam? Waite ou Case, qual é a analogia correta? É difícil responder, talvez impossível. As escolas ocultistas não têm a intenção de ensinar o tarô ou a astrologia, mas, sim, uma via para a evolução pessoal ou, simplesmente, a magia. Em todo caso, quando apontamos as letras hebraicas nos caminhos e lemos as diversas obras de tarô sobre o assunto, percebemos que ninguém consegue fazer uma analogia satisfatória, coe-

---

14 O elemento *Ar* no âmbito cabalista é totalmente diferente do segmento esotérico, místico e astrológico; vale lembrar que na cabala somente há três elementos (Ar-Água-Fogo), que se relacionam com as três letras-mães (*aleph, men, shin*). Do elemento Ar surgiu o espírito, do elemento Água brotou a terra e do elemento Fogo criou-se o céu.

rente e filosoficamente aceita por todos. Devemos, sempre, levar em conta que as obras do gênero não têm por objetivo o ensino adivinhatório; elas se fixam apenas no universo cabalístico, totalmente longe do uso oracular. Retomemos o mesmo arcano aludido no item anterior para ficar bem claro o grande abismo existente entre os símbolos de acordo com a área estudada.

EXEMPLOS METAFÍSICOS

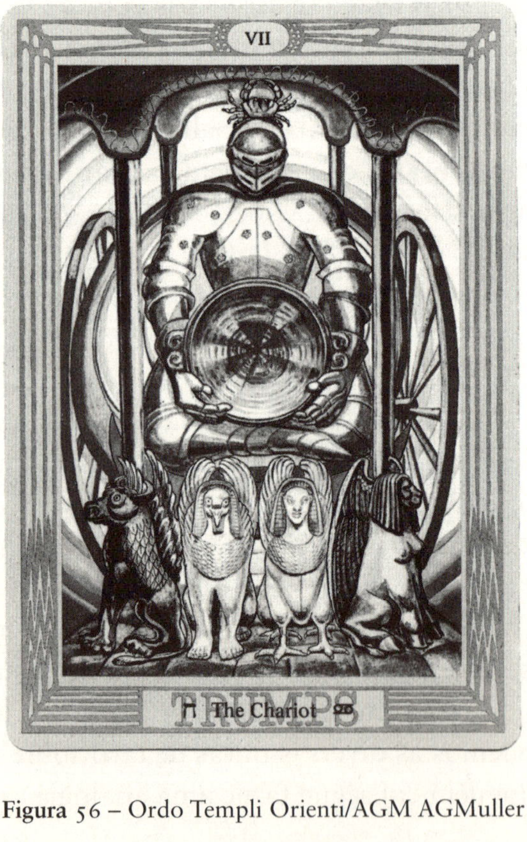

Figura 56 – Ordo Templi Orienti/AGM AGMuller

SOB A LUZ DA CABALA. Quando um ocultista sustenta que a letra hebraica *heth* (ח) está associada ao signo de Câncer e ao arcano Carro (Figura 56), elaborando a ligação entre a esfera de *Binah* e *Geburah*, encontra-se criando um *grau* na ordem esotérica (monografia para ser estudada e praticada magicamente) com o seguinte valor: *o aprendizado da palavra exata, ativa e direcionada a um objeto/desejo*. Se você utilizar no mesmo caminho o arcano Justiça, segue-se o seguinte valor: *a palavra exata, passiva e ponderada*. Embora as frases pareçam simples, sua prática é complexa por intermédio de meditações e rituais para que o adepto atinja os objetivos da fraternidade à qual pertença. Vejamos: a letra *heth* representa o cultivo e a elaboração da vida material. A cabala observa o signo de Câncer por uma ótica muito particular: rege somente a palavra fundamentada e o estômago, e desse contexto as análises possíveis. Tanto a verbalização quanto a nutrição são essenciais para a formação do caráter e do corpo; caso contrário, haverá um colapso na honra e no organismo. O 18° caminho é considerado um dos mais difíceis, em virtude de sua força corretiva, pois ele integra o *propósito* da vida (esfera *Binah*), com a energia que *conduz* a vida (esfera *Geburah*). Quanto ao arcano, ele representa a forma que moldará as palavras necessárias para a magia ou a meditação (podem-se criar diversos diagramas com inúmeros arcanos). O conjunto todo indica a forma como será estudado determinado grau místico de uma ordem esotérica, sendo de cunho pessoal, jamais taromântico.

SOB A LUZ DO TARÔ. O arcano Carro (taromancia: desenvolvimento, arrojo, intrepidez, coragem, liderança, independência) sugere, em um plano material, que estamos com a vida bem-planejada, anunciando progresso e oportunidade. *A dinâmica da situação é de ação, rapidez e magnetismo*. Essencialmente, essa carta (Figura 56) não determina nenhum posicionamento da palavra (como o signo de Câncer na cabala), mas, sim, intensidade e direção de vontade. Também com esse arcano não se cultiva nada, como simboliza a referida letra hebraica associada à mesma carta. Nesse contexto cabalístico, o arcano Papa estaria muito mais próximo da palavra proferida com exatidão, enquanto o arcano Temperança, da elaboração da vida. Se observar o Carro pela ótica da astrologia, também não satisfaz a relação (Tarô *versus* Astrologia). Onde se ajustaria a força canceriana, tão compreensiva, introspectiva, carinhosa, em um arcano tão dinâmico, próspero, impulsivo, sagaz? Creio que o signo de Câncer estaria muito mais próximo do arcano Sacerdotisa (introspecção, passividade) ou do arcano Temperança (reflexão, ponderação), mas parte do simbolismo, jamais o todo.

SOB A LUZ DA ASTROLOGIA. Um dos grandes equívocos é analisar a cabala sob a regência da astrologia (ocidental) ou da numerologia (pitagórica). Continuando o exemplo da ligação *Binah- Geburah*: existem fatores na astrologia ocidental que não são usuais na cabala e vice-versa. O planeta Marte é regente da esfera *Geburah* e simboliza a busca da honra, tem ação corretiva e não pode ser associado (como na astrologia) à energia sexual ou à vital, uma vez que na cabala esses atributos pertencem à 9ª esfera (*Yesod*), cuja regência é a Lua; todavia, no âmbito de um mapa astral, é a posição da Lua, além de seus aspectos com outros planetas, que representará as emoções. Complicado? Vai piorar. Quanto ao *signo cabalístico Câncer*, não se deve associá-lo (como na astrologia ocidental) à família, à tradição, aos seios, porque na cabala estes são atributos das letras-mães: א (*aleph*), מ (*men*), ש (*shin*) — as únicas que não têm correspondência planetária, mas com os elementos cosmogônicos do Talmude (Ar, Água, Fogo, respectivamente — observe que não há o quarto elemento, Terra). Todo valor materno está contido especificamente na letra *men* (מ), que significa o útero divino, a parte feminina da criação, a força das águas e das terras formando a glória terrestre e cósmica. De forma semelhante veremos que o afeto, o carinho, a proteção expressada pelo signo de Câncer (em um mapa astral) são atributos da esfera *Netzah*, regida pelo planeta Vênus. Percebeu a diferença? Observou a complexidade? São códigos distintos de cada área, são estudos que se tangenciam, mas não podem ser análogos. Há muitos livros e diversos artigos na internet totalmente adversos, nos quais se atribuem valores da astrologia (ocidental) aos planetas e signos espelhados na cabala, e tudo isso foi parar direto no estudo do tarô (temos um duplo equívoco). Atente às explicações contidas no primeiro capítulo ("INTRODUÇÃO À SIMBOLOGIA") nas quais expliquei que um mesmo símbolo pode possuir análises distintas, dependendo da cultura agregada, mas um anulará o outro. Igualmente, ao se adaptar/manipular o valor de um símbolo a outro perderá grande parte de seu significado, fragmentando-se, enfraquecendo o poder que possui.

PRESTE ATENÇÃO!

Muitos perguntam qual o motivo de Arthur Edward Waite (1857-1942) comutar a posição entre o arcano Justiça e o arcano Força, uma vez que ele mesmo havia escrito: *Por razões que satisfazem somente a mim, essa carta [Força] foi intercambiada pela Justiça. Como essa variação não traz nada de significativo para o tarotista, não há por que explicá-la* (*The Pictorial key to the tarot,* U.S. Games Edition pág. 100) — isso é absolutamente verdadeiro; em uma consulta, a mensagem divinatória da Força será a mesma com o número 8 ou o 11 estampados. Quando nos reportamos ao *Rider-Waite Tarot* (Waite) ou ao *Thot Tarot* (Crowley), não podemos esquecer que ambos ocuparam os mais altos postos hierárquicos na Ordem Hermética do Amanhecer Dourado — *Golden Dawn*, sorvendo a base do conhecimento oculto atribuído ao tarô pelos magistas Willian Westcott e MacGregor Mathers —, cada letra hebraica estava associada a uma carta do tarô, que, por sua vez, se encontrava entre as esferas da Árvore da Vida. Assim, não houve a tentativa de se modificar a estrutura clássica, como se pode presumir; pois a simples associação das letras hebraicas *lamed* (ל) e *teth* (ת) aos arcanos 8 e 11 (respectivamente,

Figuras 57a e 57b) é que propicia essa formação ao se colocarem as referidas letras em ordem alfabética (veja Tabela 12). No entanto, não devemos mudar os números da carta por capricho, pois aqui temos uma proposta (séria) de MacGregor que atendia aos estudos místicos dos adeptos da fraternidade *Golden Dawn*, depois da *Alpha et Omega* e, por fim, da *Ordo Stella Matutina*.

Figura 57a – Rider-Waite Tarot. U.S. Games Systems, EUA.

Figura 57b – Rider-Waite Tarot. U.S. Games Systems, EUA.

Tabela 12 – Inversão 8/11	
SEQUÊNCIA ALFABÉTICA DA LETRA HEBRAICA	RELAÇÃO PROPOSTA PELA GOLDEN DAWN AOS ARCANOS
א – Aleph	s/n – Louco
ב – Beth	1 – Mago
ג – Guimel	2 – Sacerdotisa
ד – Daleth	3 – Imperatriz

ה – He	4 – Imperador
ו – Vav	5 – Sacerdote
ז – Zain	6 – Enamorado
ח – Heth	7 – Carro
ט – Teth	**8 – Força**
י – Yod	9 – Eremita
כ – Kaph	10 – Roda da Fortuna
ל – Lamed	**11 – Justiça**

Note e anote para sempre: associar o tarô à cabala possui um único alvo: *magia*! Não pense que estou me reportando aos rituais encontrados em revistas ou na internet, que podem ser realizados sozinhos com os formulários de Piobb, Papus, Gardnerian, Wicca etc. Estou apontando fraternidades, fundamentos espirituais de um grupo, formação de egrégoras mágicas. Por exemplo, um dos objetivos da *Golden Dawn* era estimular a supremacia do arquétipo Anima (energia feminina), em detrimento do pensamento patriarcal; então, MacGregor e Westcott empregaram magia e meditação com os naipes das rainhas (em associação, claro, a rituais de magia enoquiana com traços maçônicos). Eles as aditaram à esfera *Binah*, em conjunto com os naipes de número 3 para gerar o poder feminino de criação e de fecundação nas mãos dos discípulos. Crowley, por sua vez, desejava maior poder sobre a magia sexual, então aloca o arcano Imperador sob a égide de Aquário e da letra hebraica *tzaddi* (צ), e o posiciona no 28° caminho (*Netzah-Yesod*), em associação com outros arcanos e letras; assim, com rituais específicos, o adepto atingia a força libidinal necessária aos objetivos tântricos.

Atualmente, podemos encontrar vários tarôs com as correntes entrelaçadas, mas eles não contêm a importância esotérica agregada a uma fraternidade, como elucidado anteriormente, tampouco têm alguma egrégora eficaz que os sustente. *As letras e os signos ilustrados na maioria absoluta de tarôs estão mais para enfeites natalinos bonitinhos e coloridos do que para fundamentos místicos reveladores*; por sua vez, quem dentre os tarotistas que utilizam o tarô de Crowley (Thot) seriam verdadeiros telemitas? Raros. Quem ainda pratica as monografias da falida *Golden Dawn* por intermédio do tarô Rider-Waite? Acredito que ninguém. Então, qual a razão de um tarólogo/tarotista se preocupar em entender algo que está longe de ser útil para quem não comunga tais doutrinas? Para falar a verdade, há pouquíssimas ordens ou fraternidades fazendo uso do tarô como monografia mística e, mesmo assim, atendem a um grupo tão restrito que nem chega ao contato das massas (nem eles desejam tal descoberta com o risco de a egrégora perder a força astral!). Outra questão bem latente na atualidade aborda que a maioria dos estudantes de tarô deseja aprender a jogar e a realizar previsões, por isso não está mais interessada em dogmas e doutrinas, gurus e mestres que a levem a lugar algum.

Quanto aos outros tarôs com ilustrações e referências à cabala, nenhum deles tem base original e absoluta. Por exemplo, o tarô *Golden Star* (Tavaglione) utiliza a correspondência elaborada por Lévi, mas com aplicação da diagramação de Crowley. O tarô de Barbara Walker resume as concepções clássicas do tarô nos arcanos maiores, mas utiliza parte do sistema de MacGregor nos arcanos menores — princesa e príncipe, em vez de pajem e cavaleiro. O escritor e tarólogo Robert Wang aproveita a estrutura cabalística de MacGregor, explica o tarô por intermédio de Crowley e posiciona as cartas exatamente como Waite. Por outro lado, Mebes emprega a divisão mágica de Lévi em todos os arcanos principais, introduz a estrutura mística de MacGregor aos arcanos auxiliares numerados e acrescenta a divisão de Papus aos da corte. Por sua vez, o tarô Cabalístico de Portela (e mais uma dezena de similares) mistura todas as escolas e conceitos, fazendo um bom resumo da confusão reinante, para desespero daqueles tarólogos/tarotistas que desejam compreender tais revelações cabalísticas (Figura 58).

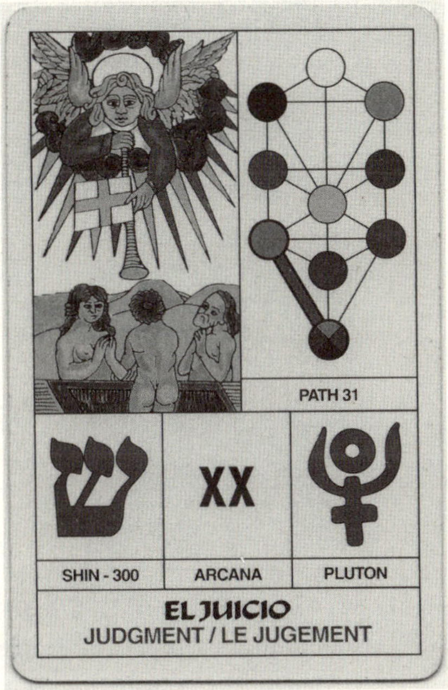

Figura 58 – Tarot Cabalístico. Naipes Fournier, Espanha.

Sabe o que mais me impressiona? Dezenas de autores e estudantes seguem sem questionar as correntes — leem e decoram, reescrevem e postam nos blogs ou publicam um livro; alguns acham até mesmo gracioso pintar uma letra hebraica na carta. Muitos estudantes de tarô estão debruçados em cima de livros e mais livros para entender o fio condutor oracular, uma coesão de princípios metafísicos ou revelação mágica para os jogos — sinceramente, *não há nada que sustente uma única corrente cabalística para fins divinatórios* (que é o objeto final do tarô, por mais que se afirme o contrário). A visão mística que conseguiram instituir sobre os arcanos foi a mais devastadora e prejudicial à evolução da estrutura geral do tarô — deformaram a linguagem, não permitindo que seguisse livremente para conceitos simbólicos que vinham se formando nos séculos anteriores (veja o capítulo "GÊNESE DO TARÔ"). Toda atenção é pouca ao estudar o tema: *tarô e cabala*. Cuidado para não se embrenhar por caminhos tão difusos que você correrá o risco de abandonar o estudo e a prática do tarô. Se desejar jogar o tarô adivinhatório com eficácia, esse não é o melhor caminho para se aprender inicialmente o uso/aplicação das cartas. Posso garantir que, se você estudar a cabala sem associá-la ao tarô, como duas áreas distintas e dignas de seu tempo, terá uma evolução espiritual muito além do que imagina. Cabala é cabala, tarô é tarô. Cuidado.

Figura 58a – Tarot Universal Dalí. Naipes Comas, Espanha. (1) **Mago** – letra **Aleph/** AR. (2) **Sarcedotisa** – letra **beth/**Lua. (Estrutura da escola cabalista francesa – LÉVI)

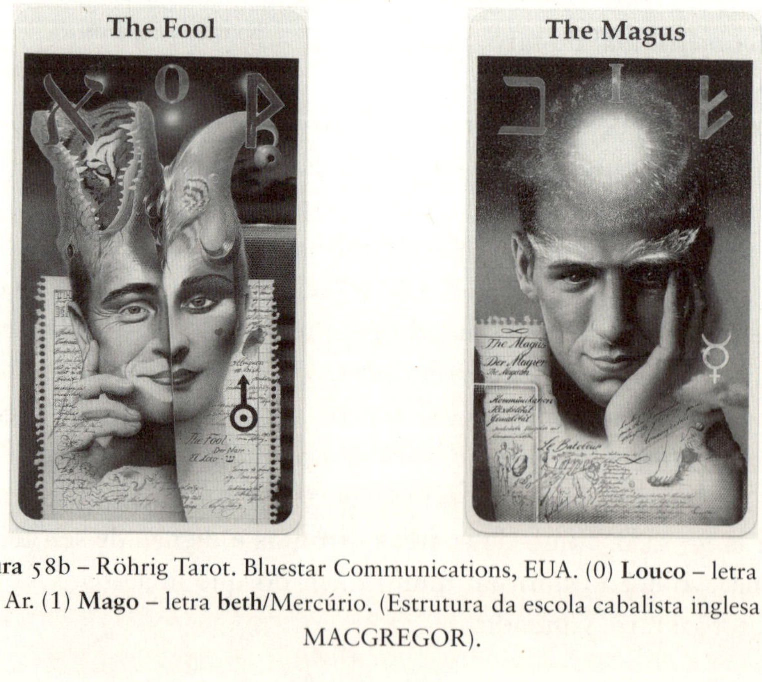

Figura 58b – Röhrig Tarot. Bluestar Communications, EUA. (0) **Louco** – letra **aleph/** Ar. (1) **Mago** – letra **beth/**Mercúrio. (Estrutura da escola cabalista inglesa – MACGREGOR).

CONCLUSÃO DO CAOS

Se formos realmente comparar as estruturas do tarô, da astrologia, da mitologia, da numerologia e da cabala, poderemos observar que há apenas filosofias perenes que as unem: hermetismo, gnose, alquimia, magia, mas nunca haverá uma conexão direta. O tênue véu que as separa é suficiente para torná-las únicas. Todas contêm um objetivo comum: *fornecer respostas no encontro do homem com o divino*, e em seus arcabouços encerram regências universais, tais como a lei da polaridade, dos elementos, da correspondência, entre tantas. Qualquer tarô que siga uma simbologia coerente com os tarôs tradicionais, mesmo que o símbolo enfraqueça o atributo original (por razões estilísticas), ainda estará apto a efetuar uma leitura e uma interpretação, independentemente de qualquer outra fonte arquetípica agregada: a cabala, a mitologia, a numerologia ou a astrologia. Encontramos dezenas de autores, eruditos, tarólogos e tarotistas, por todos os países, que estão seguindo essa linha de raciocínio há muito tempo, bem como todo o pensamento desta obra. Estamos tentando dar dignidade aos conceitos do tarô, uma linha razoável para o desenvolvimento pleno e unilateral, um possível caminho para glória e a estruturação definitiva que fique longe de *achismos*.

O estudioso de tarô Alberto Cousté relata que o princípio de toda simbologia (mesmo quando reduzida em alegorias) é seu caráter sugestivo, impossível de ser alcançado ou contido apenas pelo discurso verbal. Na análise desse poeta espanhol, o ocultista inglês Oswald Wirth se esforçou em relacionar o simbolismo do Zodíaco ao tarô, mesmo quando o número de signos não combina facilmente com as 22 cartas do tarô. Cousté enfatiza que, embora não se atinja o grande sonho esotérico do sistema único, cuja diversidade consiste no número de suas manifestações, é possível afirmar que neles há uma considerável intuição da harmonia, um sentido de ordem que não nega a mobilidade do caos, dotado de uma suntuosidade analógica bastante fértil para os aventureiros do imaginário.

Ainda em meio a tantas dúvidas de estudos para o tarô, termino por concordar plenamente com o conceito do melhor cabalista dos últimos tempos: Warren Kenton (Zêv ben Shimon Halevi). Ele relatou que esse exercício (aproximar tarô e cabala) deve ser deixado de lado até que tenhamos encontrado a chave para seguir com esse método — que, para os extremamente imaginativos e crédulos, somente leva a intrigantes e fascinantes becos sem saída. Kenton ainda acrescenta que existem vários sistemas por intermédio dos quais os 22 arcanos maiores do tarô podem ser colocados sobre os caminhos da Árvore da Vida, e que, embora seja possível obter certo ganho com o estudo desse tipo, o simples fato de que versões independentes e extremamente inteligentes tenham sido colocadas sobre eles, torna toda a operação muito (mas muito) suspeita. Além disso, nesse ínterim, devemos refletir se o tarólogo faz alusão à astrologia cabalística *ou* à astrologia ocidental, uma vez que são diferentes em finalidade: uma é utilizada para organizar a magia ritualística, enquanto a outra para analisar o destino por intermédio de um mapa astral. Ambas as relações (tarô e astrologia) ainda são pontos de vista, e cada qual opina lançando novas relações; nenhuma pode ser observada como plano de estudo efetivo. Tudo deve ser visto com moderação e cautela.

Após muitos anos de estudo e prática, posso afirmar que ainda *não* existe trabalho algum de tarô com relação à cabala, à astrologia ou à numerologia que preencha todas as exigências esotéricas para uma relação um por um ao arcano do tarô. Não há, atualmente, uma referência cabalística ao sistema estrutural do tarô ou da astrologia que não seja a compilação de alguma fraternidade, filosofia mística ou metafísica — mesmo as inativas, como a *Golden Dawn*, por exemplo. Afirmo veementemente não ser necessário o estudo da cabala nem da astrologia, tampouco da mitologia, para se aprender a *jogar* o tarô. Somente podemos usá-las para ampliar o conhecimento ou a própria espiritualidade, mas em nada ajudarão a definir melhor uma consulta. Para mim, desde a década de 1990, tudo faz sentido — para um *tarotista*, estudar essas correlações metafísicas é um caminho absolutamente inútil; para um *tarólogo*, pode acrescentar (talvez) algo de bom em sua nobre alma. Parem e revisem os conceitos.

- *Nunca*, em tempo algum, sou contra o estudo da cabala em relação ao tarô — isso deve ficar muito claro ao leitor —, pois é um dos caminhos possíveis para a meditação e a magia. No entanto, para os jogos divinatórios (ou o simples ato de abrir as cartas e solicitar um conselho), não é necessário estudar a cabala, a numerologia ou a astrologia; tampouco meditar, entrar em alguma ordem mística, nem ter mediunidade ou intuição.

- O que tenho propalado: se o estudante deseja realmente jogar o tarô em todos os níveis oraculares, deve aprender apenas os significados dos arcanos e dos métodos (segundo e terceiro volumes desta trilogia), aplicando as regras da leitura técnica.

- Insisto: *se o objetivo é jogar o tarô, esqueça a cabala! No entanto, estude-a, independentemente do tarô, para cingir a espiritualidade. Luz e amor a todos!*

PARTE 5

GÊNESE DO TARÔ

A VONTADE HUMANA EM TENTAR DESVENDAR O DESTINO OU O PROVÁvel futuro é comum em qualquer época ou etnia. Desde as mais lendárias civilizações até as mais conhecidas, encontramos um oráculo ou algo parecido: o santuário de Ísis (Egito), o oráculo de Delfos (Grécia), o Livro das Mutações (China), o Templo de Odin (Escandinávia), a Casa de Ifá (África). Com essa finalidade, o homem utilizou os mais diversos elementos: fogo, água, areia, osso, pedra, concha. Havia dezenas de sacerdotes, hierofantes, pitonisas, magos e bruxos sempre buscando uma forma de se comunicar com o mundo divino para descobrir a forma de nortear o caminho humano. Eles desenvolveram artes famosas como astrologia, numerologia, quiromancia, geomancia, runas e *I Ching*, em que, de certa forma, encontramos alguma referência a datas, locais ou grupos que os utilizavam. No entanto, para o tarô, não encontramos alusão alguma que o relacione a uma civilização, ao aspecto cultural ou ao religioso de forma histórica; aliás, não encontramos menção alguma anterior à Idade Média. Seria o tarô divinatório uma arte nova (se comparado aos oráculos milenares) ou preencheria uma lacuna espiritual? Bem, apesar do empenho dos estudiosos e da boa quantidade de literatura que já foi escrita sobre o tema, a origem do tarô (jogos oraculares ou lúdicos) insiste em permanecer na obscuridade. *Ninguém sabe ao certo de onde vieram ou como foram idealizados ou construídos*. Contudo, historiadores postulam que as cartas foram inventadas na Europa medieval unicamente para o divertimento e que, posteriormente, alguns observaram ser muito mais que uma obra de arte, talvez uma cosmovisão divina idealizada por mãos humanas. Fato indiscutível é que suas figuras agregam símbolos de diferentes civilizações em tempos diversos: lendas, tradições ou mitos, que podem ser transferidos para condições universais da conduta humana. Também é possível tecer analogias com a ciência hermética, gnóstica ou alquímica; igualmente, com os conceitos filosóficos neoplatônico, estoico e septuaginta.

Sabemos que muitos, atualmente, imputam a origem do tarô à civilização egípcia, mas creio ser esse um grande equívoco começado por Antoine Court de Gébelin, no século XVIII, inflado por Gérard Encausse (Papus) no período posterior e abraçado por outros até os dias atuais. Em relação a essa questão, sempre penso: *Se o princípio do esoterismo e das ciências ocultas é preservar o simbolismo (e isso é observado em todos os oráculos existentes), por que nos mais antigos tarôs de que se tem notícias, datados do século XIV até o século XIX, não há menção ao simbolismo egípcio ou a qualquer outra civilização específica?*

Na área do conhecimento simbólico, *ninguém*, em época alguma, muda a concepção, o valor ou a estrutura de qualquer alegoria, mito ou arquétipo. Pode-se contribuir para certa evolução, como ocorreu com a astrologia ao acrescentar planetas (Urano, Netuno, Plutão) em pleno século XX, mas em momento algum se observa mudança de símbolos astrológicos ao longo de milênios de existência. Com base nesse princípio simbólico imutável e na possibilidade de o tarô ter (realmente) surgido no Egito, analisem outras questões:

1. *Os egípcios valorizavam todos os símbolos, inclusive o próprio hieróglifo, registrando tudo em papiros e nas paredes das tumbas e dos templos (Figura 59). Podemos encontrar o que há de mais hermético e sagrado naquela cultura; no entanto, não encontramos absolutamente nada que lembre ou se associe ao tarô.*

2. *Todas as iniciações egípcias tiveram o objetivo de compreender a cosmogonia e a escatologia, o propósito da vida e da morte, a magia, a medicina, a construção de templos. Tinham também por hábito destinar o futuro dos faraós e o futuro político da nação por intermédio de diversos oráculos, mas não há nenhuma imagem ou pergaminho que sequer lembre as figuras do tarô.*

3. *Tudo pode ser encontrado com facilidade em algum museu, biblioteca, enciclopédia e até na internet; enfim, o que era considerado de mais sagrado (e oculto) para os abastados sacerdotes está, hoje, às claras, decifrado, descoberto, sem segredos de como eram executados ou ritualizados. A empáfia egípcia era demasiada para admitir que um dia eles perderiam o comando ou fossem esquecidos. Portanto, não haveria motivos para ocultarem segredos em jogos profanos, principalmente pela abominação à plebe.*

Figura 59 – Hórus e a vida. Templo de Dendur. Museu Metropolitano de Nova York, EUA. Foto do autor.

Questionamentos:

- *Onde estão os jogos populares de tarô no Egito antigo que a lenda nos conta?*
- *Onde se encontra o simbolismo do tarô nos templos egípcios?*
- *Não seria normal que os primeiros tarôs contivessem símbolos egípcios?*
- *Não deveria haver qualquer menção hieroglífica, por menor que fosse?*

É claro que sim, esses fatos são inexistentes! Outro aspecto inconsistente é a associação do tarô aos ciganos, a qual também surgiu pelas mãos do historiador e filólogo Gébelin. Mesmo que considerássemos os baralhos comuns que os ciganos utilizam para prever o futuro como uma maquiagem dos arcanos auxiliares, ainda assim estaríamos analisando errado, pois os arcanos menores coexistem com o baralho comum (são variações da mesma estrutura) desde que surgiram em solo europeu. *Não há absolutamente nenhum registro ou informação precisa de qual conjunto surgiu primeiro.* Além disso, quando os ciganos emigraram em massa para a Europa, o tarô e as cartas lúdicas já se encontravam nas mesas das melhores famílias das cortes italiana, francesa e espanhola.

- *Portanto, se os ciganos jogavam os arcanos menores (naipes), por que não utilizavam a principal estrutura do tarô, os arcanos maiores (trunfos)? Se eles levaram o tarô para a Europa, como insistiram Gébelin e Papus, qual a explicação para as cartas já existirem antes de chegarem? Por que os nobres europeus jogavam com todos os arcanos (maior e menor) e os ciganos somente usavam os menores? Se a tradição é a viga mestra para se preservar uma cultura, qual a razão de as cartas do tarô somente terem símbolos europeus e nenhum cigano ou egípcio?*

Vários autores tentam apor na estrutura simbólica valores de outros jogos oraculares ou de lazer, como a raiz ou a concepção primária do tarô — xadrez, dominó, dados, baralho de diversas origens, tais como indiana, chinesa, marroquina. Um aspecto muito importante na análise de símbolos que sempre devemos observar: *eles são preservados de geração a geração, podem ser assimilados por outros povos, evoluir em conceitos e explanações, mas jamais mudarão a concepção visual* (veja o capítulo "INTRODUÇÃO À SIMBOLOGIA"). Portanto, nunca poderia surgir um tipo de arte, cultura ou religião na Índia, por exemplo, e aparecer de forma desigual na Itália, sem uma concepção simbólica que o vinculasse à origem. Esse tipo de transformação não existe em cultura alguma, e sempre haverá algum traço da fonte primária.

Indagações preciosas para o tarô:

- *O que é?*
- *Para que serve?*
- *Qual é seu objetivo maior?*
- *Qual a estrutura válida?*
- *Qual a base histórica e filosófica?*
- *Qual grupo simbólico se pode considerar primevo?*
- *Quais os tipos que poderíamos considerar um tarô?*

AFINAL, QUEM INVENTOU O TARÔ?

Atualizado e ampliado da primeira edição desta obra, lançada em 2000, o relatório a seguir se baseia na *Encyclopedia of Tarot,* que relata a história e o conteúdo de mais de 2 mil tarôs do séculos XIV ao XX; na coleção *Naipes: juegos de cartas*, descrevendo o desenvolvimento das cartas em geral; no livro *A History of Occult Tarot 1870-1970*, traçando a vida de inúmeros ocultistas relacionados ao tarô; no livro *A History of Games Played With Tarot Pack* e na obra *História das Cartas de Jogar em Portugal e da Real Fábrica de Cartas de Lisboa*, contendo as mais recentes pesquisas e opiniões sobre as origens do tarô lúdico e do oracular. Tudo foi sistematicamente comparado com diversos sites e fóruns internacionais sobre o assunto, em visitas pessoais a museus e bibliotecas na Europa e nos Estados Unidos; igualmente, em toda obra disponível em língua portuguesa e inglesa (ver "Referências").

Tudo o que relato neste último capítulo fundamenta-se não apenas na história escrita sobre o tarô, mas também na cultura em que se inseriu na transição dos séculos. As diversas conclusões deste volume surgiram bem *antes* do fantástico advento da internet, cujo lançamento no último ano do século XX ocasionou o rompimento de conceitos arcaicos, abrindo novos caminhos para essa arte divinatória. Se você tiver a oportunidade de ler diversos livros e apostilas brasileiras anteriores à publicação primeira desta obra, verá que eram unânimes em ditar que o tarô fora guardado pelos sacerdotes egípcios e disseminado por intermédio dos ciganos e que não era necessário jogar com os arcanos menores. No âmbito dos livros editados sobre o tarô (inclusive os estrangeiros), a trilogia fornece elucidações e comentários precisos sobre assuntos amplamente conhecidos, mas que não estavam bem equacionados. Isso faz a diferença para o tarólogo e o tarotista.

Independentemente de minhas ideias e de outros excelentes artigos publicados on-line por meus amigos tarólogos, encontro antigas notas históricas que continuam a ser compiladas, criando uma infinidade de material impróprio na internet que desnorteia todos os iniciados (volto a insistir nesse ponto). A situação é tão absurda que já realizei dois eventos[15] com importantes profissionais discutindo o rumo confuso do estudo virtual do tarô e a problemática da consulta on-line. *Qual é o grande problema no estudo do tarô no âmbito virtual?* O caos! Não há uma única porta de entrada, tampouco uma saída, nem um manual de como navegar de forma didática e progressiva para se adquirir o adequado conhecimento. Sem contar que há diversos túmulos na internet: páginas abandonadas há muito tempo! Nem os links, atualmente, são mais confiáveis como outrora: todos adicionam qualquer um, basta estar na rede. Quantos perfis falsos nós observamos no Orkut, Twitter, Facebook, Google+? O novato demora muito tempo para descobrir que lera muitos textos ultrapassados, que seguira muitos blogs e internautas como um encantado, achando que (eles) sabiam (de) alguma coisa. No entanto, eram meros compiladores sem opinião, nada a oferecer a não ser mais entulho psíquico. Pena. Agora, preste atenção: *para quem a internet é excelente?* Para quem *conhece* o assunto que se deseja pesquisar ou ampliar o saber. Com prévia noção do tema, faz-se um filtro logo nos primeiros resultados de busca; como também nem se perde tempo naquele *site* místico que a amiga leiga achou fantástico. Aconselho a todos que enveredarem pelo caminho histórico do tarô a *pesquisarem*, primeiramente, as obras enciclopédico-históricas de Stuart Kaplan e as de Michael Dummett, por serem fontes fidedignas (esqueçam as consultas digitais, estão

---

[15] *1º Fórum de Tarô e Simbologia*. Tema: Dos livros à internet, o que estudar, em quem acreditar? — São Paulo, SP: 12/12/2009; *2º Encontro de Tarólogos*. Tema: Consultas de tarô on-line, quais os prós e contras? — Campina Grande, PB: 14/02/2010. Maiores detalhes, navegue: neinaiff.com/forum.

repletas de interpolações,[16] recheadas de vaidade — deixe-as para quando tiverem maior substrato sobre o assunto). Anseio que leia atentamente este último capítulo, pois será de grande valia para falar sobre o passado das cartas, ganhando autoconfiança.

REVIRANDO A HISTÓRIA

Egito

Nas páginas anteriores mencionei que nada no Antigo Egito faz conexão simbólica, oracular ou lúdica com o tarô. Não há texto, pintura, papiro, escultura, nenhum relato ou rito com qualquer símbolo análogo às cartas. O oráculo principal era a interpretação de sonhos executada apenas por sacerdotes; o cidadão comum não tinha esse privilégio. Os egípcios tinham por hábito deixar absolutamente tudo registrado, seja em tumba, sarcófago ou templo, nada escapava a algum registro. Sabe-se de todos os tipos de jogos que realizavam, mas não existem lâminas de argila, placas de ouro, tábuas de madeira ou qualquer coisa que se assemelhe aos jogos de cartas[17] ou ao tarô.

- Este é um ponto indiscutível que tarólogos deveriam arrazoar sem hesitação: *o tarô não surgiu no seio da cultura egípcia.*

Grécia

Para sustentar a posição de que o tarô *não* se originou no Egito, chamo a atenção para a Antiga Grécia. Sabe-se que os filósofos gre-

[16] *Interpolação*: inserção de uma palavra, frase ou assunto em outro já escrito; dados que não fi zeram parte do texto original; inclusão de ideias ou conclusões pessoais em textos ofi ciais ou consagrados; interrupção, cessação.

[17] Em 1775, o pastor protestante francês Antoine Court de Gébelin (1725-1784) postulou que o tarô seria a chave para decifrarem os hieróglifos e que fora criado pelos sacerdotes egípcios (maiores detalhes na página 323).

gos buscavam nas culturas próximas (Egito, Pérsia, Fenícia, Índia) conhecimentos, hábitos e filosofias para adaptar à própria sociedade. Primeiramente, cito o filósofo Pitágoras de Samos (582-455 a.C.), que viveu 20 anos nos templos egípcios com os sacerdotes de Amon e outros dez anos nos zigurates da Babilônia com os magos caldeus; ao retornar para a terra natal, reativou a glória do oráculo de Delfos (Grécia) e fundou a Escola das Musas (Itália). É considerado, tanto por historiadores quanto por esotéricos, uma das maiores conexões entre as civilizações egípcia, grega e romana. Levou do Egito e da Babilônia todos os conhecimentos e segredos mágicos: numerologia, astrologia, astronomia, geometria, matemática. Em todo trabalho, obra pessoal ou relato de milhares de discípulos, não há menção ao tarô, a cartas ou algo que se assemelhasse.

- Menciono também o poeta romano Plúbio Ovídio Nazão (43 a.C.-16 d.C.), conhecido como Ovídio, que foi o primeiro na Antiguidade a observar, pesquisar e registrar todos os tipos de jogos existentes na Grécia, Roma, Egito e Pérsia na obra intitulada *Ars Anataria*. Ele não fez menção aos jogos de cartas ou algo semelhante ao tarô.

Índia

Os antigos manuscritos sânscritos referem-se aos hábitos e costumes de seu povo, mencionam ou ilustram jogo de dados ou de xadrez (*chaturanga*, *chahar-taj*), mas não há nenhuma referência sobre cartas[18] ou qualquer símbolo que se assemelhe ao tarô até o final do século XV.

---

[18] Em 1842 o historiador francês Jean Michel Constant Leber (1780-1859) lançou a ideia de que os arcanos seriam derivados de um jogo de cartas redondas contendo imagens iconográficas dos deuses hindus, mas não se tem notícias de que esse jogo tenha surgido *antes* do século XVI e após a colonização portuguesa na região.

China

O *I Ching*, seguramente o oráculo mais antigo de que há registros, datado de 5000 a.C., foi e ainda permanece a principal fonte oracular do Extremo Oriente. Largamente usado por reis, sábios e filósofos, incluindo Confúcio (551 a.C.-478 a.C.), esse oráculo se baseia no conceito Yin-Yang e nos hexagramas (seis linhas para serem interpretadas, Figura 60). Nada se pode dizer dessa região sobre as cartas[19] ou qualquer forma de papel, bambu ou marfim que se assemelhe ao tarô antes do século XVI, com a chegada da exploração lusitana a Macau.

Figura 60 – Yin-Yang e os hexagramas.

Europa continental

Desde a sedimentação dos primeiros povoados (3000 a.C.) até o início do século XIV, em tudo o que se sabe daquele período (história, tratado, pintura e escultura sobre os hábitos e costumes dos povos, bem como literatura) não há nenhuma referência a jogos de cartas, tarô ou símbolos semelhantes em argila, madeira ou ouro. Nada.

[19] Em 1848, o historiador inglês William Andrew Chatto (1799-1864) publicou que o jogo de cartas (não menciona a palavra tarô) foi inventado na China no império de Seung-ho, em 1120; no entanto, o registro que assegura tal surgimento data de 1678, criando dúvidas quanto à veracidade do historiador. Também não há notícias de que os jogos de cartas tenham entrado em território asiático antes das rotas da navegação portuguesa.

DETALHES INTERESSANTES

1. Todos os tratados das ciências ocultas: a alquimia, a gnose, o hermetismo ou a cabala, até o final do século XIII, não fazem menção à figura, imagem, nome ou comentário sobre as cartas do tarô ou algo análogo. Os grandes sábios e formadores de opinião jamais comentaram sobre o tema, tais como o astrólogo egípcio Cláudio Ptolomeu de Alexandria (100-178); o alquimista espanhol Isidoro de Sevilha (560-633), considerado o maior enciclopedista da Idade Média; o magista árabe Abu Maachar (805-885); o sábio alquímico e astrólogo árabe Avicena (980-1037), entre tantos.

2. No início do século XII, o teólogo inglês John de Salisbury (1115-1180) escreveu um compêndio sobre todos os jogos de sua época — *De Nugis Curialium et Vestigiis Philosophum*; porém, não fez referência a nenhum jogo de cartas ou qualquer coisa que lembrasse o tarô. Em outras obras, também postulou sobre oráculos dizendo que as asserções proféticas da astrologia usurpavam a prerrogativa do próprio criador das estrelas; contudo, nada escreveu sobre cartas, tarô ou cartomancia.

3. Santo Alberto Magno (1193-1280), filósofo, alquimista e bispo de Ratisbona (Alemanha), escreveu mais de 30 obras, tendo particular interesse pelos oráculos existentes, mas sequer mencionou a palavra carta, tarô ou qualquer arte que fosse semelhante.

4. Roger Bacon (1214-1294), astrólogo, matemático, frade franciscano, um dos maiores sábios ingleses, deixando mais de 20 obras, adorava oráculos. Costumava fazer predições através de espelhos e era versado em astrologia judiciária;

dedicou boa parte da vida aos estudos da magia natural, mas nada escreveu sobre o tarô ou algo parecido.

5. Em 1240, o rígido código moral de Worcester (Inglaterra) proibiu a todo o clero disputar qualquer espécie de jogos lúdicos, por serem atividades profanas; mas não menciona cartas ou tarô.

6. Dante Alighieri (1265-1321), poeta italiano, deixou obras que reúnem toda a ciência, a arte e a filosofia de seu tempo; nada escapou a seu olhar mordaz e a sua mente analítica; em sua obra *Inferno* ridiculariza os oráculos e as profecias porque discordava das ideias de Guido Bonatti e Michael Scott sobre necromancia, magia e astrologia; porém, na *Divina Comédia*, que reúne toda a cultura medieval, coloca oráculos e profecias em posição de honra. Jamais escreveu sobre jogos de cartas,[20] cartomancia, tarô ou algo similar.

7. O rei espanhol Afonso X (1221-1284), grande incentivador cultural, fez a primeira reforma ortográfica do castelhano, mandou traduzir todas as obras clássicas e científicas da Antiguidade, além da Bíblia e do Alcorão. Encomendou um levantamento de todos os jogos existentes na Europa, elaborando inúmeras considerações. A grandiosa obra *Los Libros de Acedrex, Dados e Tablas*, finalizada em 1283, relata sobre o xadrez, dados, gamão; é considerado o livro mais antigo sobre xadrez escrito na Europa. Não há menção sobre cartas, tarô ou algo similar.

---

[20] Em 1788, Girolamo Tiraboschi (1731-1794), historiador italiano, escreveu sobre a existência do cronista Pipozzo di Sandro, que relatara a jogatina de cartas em Siena no ano de 1299, mas não se encontra a referida fonte de consulta — acredita-se ser um caso de interpolação.

8. O antigo Código de Nuremberg (1286-1299) proíbe todos os jogos de lazer, mas nada fala sobre cartas ou algo parecido com o tarô.

ESOTÉRICOS NÃO SÃO BRUXOS!

É importante notar que astrólogos, cabalistas e alquimistas nunca foram perseguidos ou queimados vivos durante a Inquisição (1231-1834). Não éramos considerados bruxos, em sentido pejorativo, como se apregoa, tampouco éramos estigmatizados pela sociedade europeia; ninguém foi torturado por praticar tais atos, e quem afirma isso desconhece a História. Devemos observar o seguinte: durante a Idade Média e a Renascença, essas artes faziam parte da sociedade a tal ponto que Santo Alberto Magno e Santo Tomás de Aquino, por volta de 1250, as colocaram como disciplinas acadêmicas em vários países, e assim permaneceram durante séculos. A medicina hermética e a hipocrática — hoje no jargão da medicina holística e vibracional — eram amplamente acolhidas desde o início da Era Cristã — afinal, só elas existiam. Todos os tratados herméticos revelam origens e conceitos estoicos, septuagintas e coptas, totalmente pagãos em relação ao cristianismo atual, sem transpor a própria linguagem alquímica visivelmente anticristã para os dogmas atuais, embora plenamente integrada à sua época. O Papa Silvestre III, o Papa Clemente V, Santo Tomás de Aquino, Roger Bacon, Nicolas Flamel, entre tantas outras figuras históricas desse período, desenvolveram estudos alquímicos e, mesmo assim, permaneceram livres da propalada fogueira. Um fato interessante é que esses conhecimentos — digamos, a verdade — foram devastados pelos cientistas em pleno Iluminismo (século XVIII), não pelo clero.

Durante a Inquisição, rebatizada de Congregação do Santo Ofício, foram consideradas hereges todas as pessoas que não aceitassem os dogmas da Igreja Católica Apostólica Romana, tais como: *Cristo é o salvador, Deus é onisciente, o Papa é o senhor absoluto, o homem foi criado do barro, a Terra é o centro do universo, o dízimo é uma indulgência.* Assim, todas as outras religiões e culturas eram satânicas: islamismo, judaísmo, hinduísmo, taoísmo. Raríssimas vezes pessoas importantes foram julgadas, e estas, em sua maioria absoluta, eram de estirpes não agregadas ao clero e à sociedade local. Podemos afirmar que os mais nobres foram queimados vivos por NÃO aceitarem os dogmas católicos, mas NUNCA por praticarem as artes ditas esotéricas, como os astrólogos Cecco d'Ascolli (1327) e Giordano Bruno (1600). O alquimista e astrólogo Galileu Galilei (1664) recebeu excomunhão por se retratar publicamente, evitando a fogueira. O que disseram para serem condenados? Postulavam que o sistema planetário era heliocêntrico, em uma afirmação contrária aos dogmas da Igreja, que o classificava como geocêntrico. Todas as vítimas defendiam um ponto que abalava os dogmas católicos ou o poder monárquico vigente. Quer mais? Inúmeros livros e tratados sobre astrologia, numerologia, alquimia, hermetismo e rituais de magia cabalística foram manuscritos por figuras altamente idôneas e respeitadas pela sociedade europeia (como o são até hoje por nós) e também foram altamente consumidos por todos à época (como acontece hoje). Nada mudou. Nas discussões sobre os pontos de vista teológicos, somente não se aceitavam análises necromânticas (adivinhação da data da morte, invocação de Satã ou culto aos mortos), o resto: *voilá!* São tantos os autores que seria impossível enumerá-los. Todas as igrejas construídas entre os séculos XI e XVI têm, em seus portais de entrada ou nos vitrais interiores, símbolos astrológicos, alquímicos, neoplatônicos, gnósticos e até maçônicos. O Zodíaco ou os quatro Elementos em volta de Cristo: representação artística comum em todas (Figura 61) as catedrais construídas durante a Idade Média e a Renascença.

Temos de entender que esoterismo não é religião e muito menos uma seita, mas, sim, a área que estuda os conceitos divinos, humanos e universais, colocando CONSCIÊNCIA E DIRETRIZ no mundo onto-

Figura 61 – Capela cristã do século XII, original da Itália. Museu de Belas Artes, Boston, EUA. Foto do autor.

lógico, metafísico e logosófico. O esoterismo serve ao autoconhecimento, e não a devoções e cultos; para tanto, existem religiões e fraternidades. Antigamente, essa premissa era mais bem-compreendida que hoje, talvez por isso fôssemos mais queridos nos seios social e religioso. Os esotéricos começaram a perder aceitação apenas na Era do Iluminismo (idade da razão absoluta), por volta de 1700, quando fomos relegados ao misticismo e à superstição pelos filósofos cartesianos. Finalmente, rompeu-se a relação RELIGIÃO-CIÊNCIA, com o surgimento de uma casta cada vez maior de pessoas que negavam a existência de Deus e buscavam a supremacia do homem. Afinal, isso era natural após séculos de dogmatismo e opressão político-religiosa! De qualquer forma, nós, esotéricos, sempre ficamos longe da lama negra da Inquisição e soubemos, mais uma vez, no curso da história, compreender com o amor universal a evolução planetária.

Atualmente, dizem que somos bruxos e que, se existisse a Inquisição, seríamos queimados vivos. Bem, hoje os tempos são outros: a Igreja não se coaduna com a astrologia, o tarô e com tudo que se refere ao esoterismo, porque ela não quer ocupar um lugar místico — de que outrora se fartou —, pretendendo ser unicamente uma religião.

Que assim seja, amém!

SÉCULO XIV (1301-1400)

As ideias do Renascimento surgem no norte da Itália com todo esplendor e glória. A sociedade se afastava de um sistema teocêntrico, dirigindo-se ao antropocêntrico. O que para nós, atualmente, é algo esotérico e místico, era inserido no seio social, não havia distinção. As construções góticas foram substituídas paulatinamente pelo classicismo, o retorno às concepções greco-romanas, incorporando ideias humanistas e naturalistas. Francesco Petrarca (1304-1374), o primeiro dos grandes humanistas italianos, investigador infatigável de manuscritos antigos e encarregado pelos papas de importantes missões diplomáticas, escreveu um tratado sobre vários tipos de jogos existentes na Europa; no entanto, não havia referência alguma aos jogos de cartas ou algo semelhante. Entre a vasta obra literária, escreveu um livro de poemas, *I Triomphi*,[21] dividido em seis partes: Amor, Castidade, Morte, Fama, Tempo e Eternidade, que, segundo ele, corresponderiam aos estágios da alma humana. Triunfo[22] era uma denominação medieval para um cortejo público muito importante, tais como comemorações festivas, honras, vitórias, bodas, funeral; durante a Renascença, dezenas de artistas e artesões retrataram esses mesmos poemas (Figura 62) por intermédio de quadros, esculturas e tapeçarias, criando uma arte única do gênero repleta de alegorias e temas sociais em várias partes da Europa.

---

[21] Leia sobre Gertrudes Moakley, página 267.

[22] No século XV, *trunfos* ou *triunfos* tornou-se denominação comum para os 22 arcanos maiores sem, contudo, estabelecer qualquer vínculo/relação direta com os poemas de Petrarca. Desconhecem-se os motivos pelos quais a palavra fora usada; particularmente, acredito ser pela similaridade com os trunfos pintados por diversos artistas, repletos de simbolismo.

Figura 62 – Triunfo da Fama, Scheggia (1406-1486), Museu Metropolitano de Nova York. EUA. Foto do autor.

Vejamos alguns importantes autores e personagens desse período. Giovanni Boccaccio (1313-1375), poeta e novelista italiano, tornou a obra *Decameron* o apogeu cultural de sua época, traçou espetacularmente tudo o que havia de comum e incomum na sociedade europeia, inclusive profecias e oráculos; contudo, não há menção aos jogos de cartas. Geoffrey Chaucer (1340-1400) escreveu *Os contos de Canterbury* e *Noites das Arábias*, aplicando fartamente a linguagem astrológica, alquímica, hermética e gnóstica; também ampliou a pesquisa de Petrarca sobre diversos tipos de jogos — igualmente, não se encontra nenhuma referência a cartas ou a algo parecido com o tarô. Um dos maiores alquimistas e ocultistas de que temos notícias, Nicolas Flamel (1330-1377), bibliotecário francês, buscava/investigava insistentemente todos os manuscritos mágicos e pergaminhos sagrados que pudesse encontrar. Flanel foi um dos primeiros a considerar o caminho de Santiago de Compostela algo necessário ao autoconhecimento. Em todos os seus tratados sobre ocultismo, magia e astrologia, não faz menção aos símbolos do tarô, jogos de cartas ou a qualquer coisa que se assemelhe.

NAIBIS, A ORIGEM

É importante ressaltar que desde os primórdios até o século XIII não houve registro cultural algum sobre cartas, em nenhum lugar do mundo. Além de se buscarem documentos históricos, igualmente é importante relativizar a cultura em que as cartas estão inseridas, pois a arte tem por base retratar o próprio tempo. Tanto a tradição simbólica quanto a cultural se faz por intermédio de alguma forma de transmissão, e não há como perpetuar conhecimento sem a produção contínua de informação de geração após geração. Somente nas últimas décadas desse período é possível encontrar alguns manuscritos fazendo menções aos jogos que estariam se disseminando por toda a Europa, ora com nome de *naibis*,[23] ora *ludus cartarum*.[24] Uns traçavam preocupação; outros, aprovação imediata. Observe dois momentos de um mesmo decreto entre dezenas semelhantes no mesmo período — em 1364, em Saint Gallen (Suíça), houve um decreto proibindo todos os jogos, mas não há alusão a cartas ou tarô; *contudo*, em 1379, os jogos de cartas ou *naibis* são incluídos no mesmo decreto. Algo idêntico ocorre na França: em 1369 o rei Charles V (1338-1380) proíbe todos os jogos, exceto nos feriados, mas não menciona as cartas ou o tarô; *contudo*, 28 anos mais tarde, em 22 de janeiro de 1397, o administrador de Paris acrescenta no mesmo decreto o *jogo de cartas, mas não a palavra tarô*. ***Note e anote***: há vários séculos todos os

---

[23] Leia mais sobre *naibis* na página 265.

[24] Leia mais sobre *ludus cartarum* na página 266.

tipos de jogos vêm sendo comentados, pintados, retratados ou proibidos, e agora se encontram as primeiras menções sobre cartas ou *naibis*. Todos os historiadores contemporâneos creditam a esse período, 1367 a 1397, o surgimento das cartas comuns (baralho, naipes, *naibis, ludus cartarum*); contudo, não estabelecerem um ano, um local ou uma cultura definida.

Segundo o Museu de Cartas Fournier (Vitoria-Gasteiz, Espanha), o mais antigo produtor de cartas (*naibis*, naipes, baralho) de que há notícias é Roger Borges (Perpinhãn, França), que em 1380 era distinguido com o duplo título de pintor e artesão de cartas; porém, não há obra conhecida desse autor. Em 1382, em Barcelona (Espanha), houve um decreto do governador local proibindo diversos jogos, inclusive dados e cartas (*naibis*); mas não se sabe a razão. Em 23 de junho de 1384, o cônsul-geral de Valência (Espanha) proibiu os jogos de cartas, que, segundo o documento, eram denominados *naibis* e recém-chegados à região. O único decreto real espanhol impedindo o jogo de cartas[25] foi estabelecido pelo rei de Castela e Leão, João I (1358-1390), o maior condado da antiga Espanha, em 1387. Também encontramos proibição aos jogos de cartas (*naibis*) em 1376 (Florença, Itália); em 1382 (Lille, França); em 1397 (Ülm, Alemanha). Temos de considerar que as diversas proibições tiveram um único motivo: risco às atividades laborais — por isso, os decretos determinavam que somente se podiam jogar as cartas (baralhos) em domingos e feriados. Não há registro de alguém que fora condenado ou castigado por tais infrações.

No final do século XIV pouco se escreveu a respeito, mas ninguém determinou um grupo específico de cartas, nem a origem ou um pro-

---

[25] Alguns livros mencionam que a proibição de jogos com as cartas fora decretada pelo rei espanhol Afonso XI, em 1342; porém, tal referência só existe na tradução francesa (1570) feita por dr. Guterrey do livro *Epístolas familiares de Anthony Guevarra*; no original espanhol (1539) e na tradução italiana (1558), não há essa afirmação; possivelmente, outro caso de interpolação.

vável autor, tampouco símbolos que remetam aos arcanos maiores. O fato é que havia vários modelos desses baralhos que eram pintados à mão (iluminura medieval), com alto custo financeiro e artístico. Chegavam a ter tanto valor que constavam em testamentos,[26] tais como, por exemplo, um inventário preparado em 26 de outubro de 1380, em Barcelona (Espanha), sobre mercadorias pertencentes a Nicolas Samona, que incluía um jogo de cartas compreendendo 44 peças.

REFLEXÃO SOBRE A HISTÓRIA (PARTE 1)

Naibi(s)

Há muita controvérsia quanto à palavra *naibi*. Alguns dizem ser de origem árabe, significando governante ou autoridade, enquanto outros atestam sua origem do latim: predição, bruxaria. *Contudo, não há uma raiz filológica para ambas*. Por outro lado, no Oriente Médio a palavra *naibi* não tem conexão alguma com cartas ou jogos semelhantes, como também o Alcorão proíbe todo tipo de jogo. Também há os que digam basear-se no hebraico ou no italiano antigo: *nabi*, *naibes, naba*, *nabaa* aludem ao conceito de profecia, sorte. Por sua vez, o dicionário da Academia Real Espanhola (1734) sustenta que *naipe* deriva da inicial N.P., do nome do espanhol Nicolas Pepin, sendo o inventor das cartas de jogar; contudo, nada sustenta essa afirmação. Fato contundente é que se assemelha muito com a palavra *naipe* (do baralho comum), mas de que forma se originou de *naibi*, isso ninguém sabe. ***Note e anote:*** *naibi* foi usado apenas na língua italiana e alemã; *naipe*, na língua espanhola e portuguesa.

---

[26] Preciosidades dos séculos XV e XVI chegaram aos nossos dias por causa de espólios, como os tarôs da família Visconti-Sforza, por exemplo.

Ludus cartarum

Em 1377, o monge alemão Johannes Von Reinfeldem escreveu ao clero suíço relatando que havia chegado à sua região um jogo de cartas parecido com o xadrez, chamado de *ludus cartarum* (cartas lúdicas, cartas para brincar), que continha séries de reis e rainhas, cada qual com um símbolo diferente em suas mãos. Também descreveu detalhadamente 52 cartas, contendo quantidades diferentes e desenhos semelhantes, comentando que as figuras serviam à educação e à instrução moral. *Contudo, há dúvida sobre esse documento, uma vez* que o *manuscrito é datado de 1472 como uma cópia do original de 1377* (que não foi encontrado), *deixando suspeitas sobre sua autenticidade.* Essa denominação foi usada por muitas décadas para se fazer alusão às cartas em geral.

Jacquemin Gringonneur

Uma das mais antigas referências à confecção de cartas se encontra arquivada na Biblioteca Nacional da França, em Paris — um livro de Charles Poupart, contador do rei da França, Carlos VI (1368-1422), datado de 1392, no qual consta: *Dê a Jacquemin Gringonneur, pintor, por três cartas de jogar, adornadas e coloridas, para o entretenimento do Rei, 56 sols de Paris*. Porém, no tarô que se atribui ao pintor, que também se encontra na mesma biblioteca (Figura 63), não há nenhuma evidência de que seja o mesmo que fora desenhado para o rei. *Primeiramente*, o *documento se refere a apenas três cartas e, na biblioteca, estão arquivadas* 17 *(deixando dúvidas sobre a autenticidade relativa às cartas do manuscrito)*. Além disso, não se conhecem trabalhos desse artista. A maioria dos pesquisadores acredita que essas cartas foram desenhadas na região de Veneza (devido aos traços estéticos e às cores empregadas) no meio do século XV por um autor desconhecido. Nenhuma carta contém nome ou número, mas a simbologia atesta se tratar dos arcanos maiores do tarô.

Figura 63 – Tarô de Jacquemin Girngonneur. Biblioteca Nacional da França, Paris.

Leopoldo Cicognara (1767-1834)

O conde e historiador escreveu que a invenção das cartas fora de Francesco Antelminelli Castracani Fibbia (1360-1419), príncipe de Pisa, Itália. A afirmação se baseou em uma inscrição em um afresco do palácio Pallavicini (o príncipe segurando as cartas) que o descrevia como inventor do *tarocchino de Bolonha*. Porém, em 1906, o artista Robert Steele concluiu que a pintura fora feita depois da morte do príncipe. Em 1976, Marco Santambrogio, professor da Universidade de Bologna, descobriu que o afresco fora realmente produzido no final do século XVII. Somente assim seria possível explicar por que as referidas cartas contêm símbolos que só foram introduzidos em Bologna a partir de 1513 (migrados), com a dominação papal — ou seja, muito tempo após a morte do nobre. Sem contar com o fato de que atualmente sabe-se que a palavra *tarocchino* não era usada antes do final do século XV.

Gertrudes Moakley (1905-1998)

Na década de 1960, a bibliotecária americana, após intensa pesquisa das imagens das cartas de Visconti-Sforza (Milão, século

XV), lançou uma tese bem original ao sugerir que as cartas do tarô seriam derivadas das inúmeras ilustrações dos poemas de Francesco Petrarca, uma vez que foram amplamente retratados por dezenas de artistas daquele período. Entre toda a história iconográfica do mundo, aquelas obras são as que mais se aproximam das alegorias do tarô, uma espécie de protótipo na criação dos arcanos. Inúmeros símbolos pintados nos trunfos estão presentes nas cartas em período imediatamente posterior, juntamente com outras alegorias de igual valor social à época renascentista. Ela publicou um estudo histórico sobre a iconografia do tarô que Bonifácio Bembo (1447-1477) pintou para a família Visconti-Sforza, por volta de 1450 (leia mais na página 279).

Sarracenos, xadrez

Em 1816, Samuel Weller Singer (1783-1858), historiador inglês, propõe que as cartas são uma adaptação ou evolução do jogo de xadrez indiano (*chaturanga*) e que fora propagada pelos sarracenos (povo nômade pré-islâmico) durante o domínio espanhol. No entanto, o período compreende aproximadamente os anos de 650 a 1270, em cuja época não há manifestação artística ou registro histórico sobre cartas e assemelhados em lugar algum do mundo.

Interpolação ou erro?

Vários livros e sites citam dados históricos sobre as cartas, mas não elucidam a origem documental, tampouco determinam ser um tarô. Olhando com maior atenção, podemos observar um conjunto de informações que, embora interessantes, são referências muito posteriores ao ocorrido.

- 1614: Cesar Nostradamus escreveu que as cartas surgiram em Provence, sul da França, no ano de 1361.

- 1640: na compilação de leis dos reis espanhóis há um decreto real de João I, rei de Castilha, de 1387, que proíbe o jogo de cartas.
- 1728: foi publicada em Florença uma crônica de Giovanni Morelli, datada de 1393, relatando um aviso contra o uso de dados e cartas pelas crianças, como também a descrição dos *naibis*.
- 1742: Feliciano Bussi relata que no ano de 1379 os sarracenos levaram os jogos de cartas para Viterbo; chamava-se *naibis*.
- 1757: Jehan de Saintre tenta precisar a data de origem das cartas por intermédio de uma crônica que cita o rei francês Charles V jogando cartas e dados. O rei subiu ao trono em 1364 e faleceu em 1380.
- 1776: C. G. von Murr escreveu que as cartas já eram conhecidas na cidade de Nuremberg pelos anos de 1380-1384.
- 1870: Alexandre Pinchart publicou uma pesquisa sobre os jogos de cartas em Bruxelas na qual descreve existir no livro de contabilidade de Venceslau I, duque de Luxemburgo, uma anotação de compra de um maço de baralhos na data de 14 de maio de 1379.
- 1930: Catherine P. Hargrave lançou o livro *A History of Playing Cards* relatando que *naiph* em hebraico quer dizer *feitiçaria*, dando origem à palavra *naipe* em português e espanhol. Não há etimologia nem respaldo linguístico para essa tradução.
- 1996: Emílio Salas apensou em sua obra *El grand libro del tarot* que em 1227 as crianças italianas eram instruídas com cartas (*carticellas*), mas não se encontram referências em livro algum sobre a nota.

SÉCULO XV (1401-1500)

Nesse período temos realmente fontes mais objetivas em relação às cartas, pois as atenções sociais se voltaram maciçamente para essas imagens. Ao que tudo indica, *naibis* ou *ludus cartarum* se referiam apenas ao baralho comum, e a estrutura possuía matriz idêntica ao que denominamos arcanos menores (4 naipes, 40 cartas numeradas, 16 cartas da corte). A quantidade variava de região para região (entre 32 e 56 cartas), e a diferença se encontrava no uso lúdico em si. Por exemplo, em alguns tipos de jogos não se brincavam com os naipes de número 8, 9, 10; portanto, os maços eram produzidos sem essas cartas, que seriam inúteis e, claro, essa retirada tornava o produto mais barato. São Bernardo de Siena (1388-1444) realizou um sermão na Igreja de São Petrônio, em Bolonha, Itália, em 1423, que repercutiu por toda a Europa. Discorreu sobre um conjunto de 56 cartas, enfatizando que seus emblemas não eram conhecidos até aquele momento, mas aceitava que as crianças as jogassem; contudo, pregou contra o vício dos jogos em geral, especialmente, com o carteado, que estava corrompendo os fiéis. De nada adiantou: todos desejavam brincar com as cartas! Os nobres puxavam a fila do quero-quero. ***Note e anote***: é importante salientar que as cartas não continham nome, tampouco número estampado, até o fim desse período; somente imagens. Praticamente como um rastilho de pólvora, a sociedade europeia estava embevecida pelos jogos, e as cartas se alastravam por todos os países do continente. Se há compradores, devem existir produtores, a famosa lei da oferta e demanda; o capitalismo não é uma praga da Revolução Industrial, tampouco do século XX; ele faz parte da alma humana.

ARTESÕES DE CARTAS

Embora Milão, Ferrara e Bolonha (Itália) fossem os grandes centros produtores de baralhos no início desse período, em 1427 já havia registros em Bruxelas (Bélgica) de artesãos oficiais autônomos: Michel Noël e Philippe du Bois, que aceitavam encomendas de qualquer parte do continente. Em dezembro de 1428, a rainha Maria de Castela (1401-1458), esposa do rei Alfonso V de Aragão, solicitou ao tesoureiro do palácio que pagasse ao famoso pintor espanhol Miguel de Alcanyís (1408-1447) a quantia de 265 soldos para desenhar, pintar e concluir um jogo de naipes. Em 1429, Juan Alvares e Diego Alfon foram considerados os melhores artesões de cartas da região de Sevilha. O conjunto de *naibis* mais antigo da Alemanha — e que ainda se tem preservado — data de 1430: são cartas de Stuttgart, em que os naipes são retratados com animais (cão, falcão, pato, veado), e não com os símbolos usuais (moeda, espada, copas, paus). O biógrafo oficial de Filippo Maria Visconti (1392-1447), duque de Milão, registra, em 1440, que o governador adora jogar cartas coloridas. Fato curioso é que, um ano depois, há um decreto proibindo a importação de todo tipo de carta,[27] determinando que os cidadãos as comprassem somente de artistas regionais, uma vez que estava havendo forte demanda de baralhos vindos da Alemanha; todavia, devemos entender esse processo político-social: o país germânico dominava a técnica da xilografia — uso de madeira entalhada como matriz de impressão (Figura 64) —, que era um trabalho rápido, eficiente e barato, em comparação com as cartas pintadas à mão.

---

[27] O governo da Inglaterra seguiu o mesmo caminho em 1463, mas não se sabe a razão. Em 1495, uma norma do rei Henrique VII proibia a utilização de cartas pelos serventes e aprendizes do palácio, mas essa polarização não se estendia aos nobres.

Figura 64 – Fabricação de cartas em xilogravura, século XV.
Museu Carnavalet, Paris, França.

Em todo caso, percebe-se, com o decreto milanês, que havia um grande comércio afetando sensivelmente os artesãos de uma das maiores cidades à época. Sim, as cartas se tornaram uma febre social. Pense: o que havia para se fazer além de jogar dados e xadrez, talvez ouvir algum piano à luz de velas ou caçar patos selvagens? Não havia eletricidade, nem internet, tampouco celular ou televisão. As cartas começaram a impregnar de tal forma a cultura europeia que surgiram os primeiros afrescos na Itália retratando a nobreza jogando cartas. Todos queriam, de alguma forma, ver e conhecer os jogos de cartas — os mais antigos de que se tem notícias se encontram na Casa Borromeo (Figura 65) e no Castelo Sforza, ambos em Milão, Itália.

O sucesso era tão promissor na região espanhola de Navarra que o rei João II (1397-1479) decretou, em 1455, a regularização da pro-

Figura 65 – Mulheres jogando cartas.
Casa Borromeo, Milão, Itália.

fissão de produtor de cartas, a abertura de lojas e oficinas para fabricação, venda e reparação; também em 1472, após adquirir o reinado de Aragão, fixou o tempo de aprendizagem do ofício e as regras de venda ambulante das cartas, proibindo o trabalho aos domingos. O título de artesão de cartas (somente os naipes) era outorgado após três anos de aprendizado junto a um mestre no ofício; no entanto, para obter o título de oficial, o artesão devia trabalhar de três a seis anos. Todos passavam por exames oficiais do governo espanhol.

TRUNFOS, UM COMPLEMENTO?

Em algum momento posterior ao surgimento dos 56 *naibis* (no final do século XIV e o início do século XV) floresceram 22 gravuras no norte da Itália (região de Lombardia, Piemonte e Vêneto), que eram denominadas *triunfo*[28] ou *trunfo*; contudo, não se tem conhecimento

[28] Tem sido largamente copiado pela internet, bem como em alguns textos e livros, que o primeiro registro dessa palavra (para denominar os arcanos maiores) ocorreu em 1422 — NÃO há documento que legitime tal data, é considerado um caso de interpolação. Nem os maiores pesquisadores de tarô de todos os tempos (Stuart Kaplan, Michael ⇨

de quem as ilustrou com essa quantidade, tampouco a razão de elegerem tal título. Fato importantíssimo para um tarólogo: *as cartas dos triunfos surgiram semelhantes a registros fotográficos* — nem mais, nem menos. Eram imagens da sociedade europeia com seus símbolos culturais, classes sociais, vestimentas e ornamentos. Em qualquer castelo/palácio de época ou em diversos museus, por intermédio de pinturas e esculturas, é possível observar isso com bastante clareza. Igualmente, as ilustrações míticas que pudessem compor a carta eram comuns à cultura renascentista,[29] ou seja, nada místico ou oculto para a sociedade europeia como pode parecer (para nós) nos dias atuais. Em suma: as imagens remetiam a um ambiente natural, social e normal.

Os primeiros registros sobre um jogo completo de cartas semelhante aos tarôs atuais, ou seja, *triunfos* e *naibis* juntos, nos levam precisamente a Milão (região de Lombardia), no governo de Filippo Maria Visconti (1392-1447), e a seu sucessor, Francesco Sforza (1401-1466), que se casara com Bianca Maria Visconti (1425-1468), originando o famoso ducado Visconti-Sforza. Chegaram aos nossos dias 11 versões de tarôs pertencentes a esses nobres, cujas cartas se encontram em diversos museus e bibliotecas ao redor do mundo; além do nome Visconti-Sforza, os conjuntos agregam nomes de acordo com o local em que se encontram preservados (Cary-Yale, Brera-Brambilla, Rosenthal, Van Bartsch, entre outras). A versão mais conhecida é a do tarô *Pierpont Morgan-Bergamo Visconti-Sforza*,[30] em que, das 78 cartas reproduzidas no século XX, 35 se encontram na Biblioteca Pierpont Morgan (Nova York); 26, na Academia Carrara (Bergamo); 13, com a família Colleone, também em Bergamo; quatro cartas nunca foram encontra-

---

Dummett, Jean McLeod, Thierry Depaulis e Heraclio Fournier) atestam este fato. O surgimento dos arcanos principais (*triunfos*) se encontra, provavelmente, entre 1426 a 1441, e, no mínimo, uns 50 anos após o aparecimento dos arcanos auxiliares (*naibis*), entre 1367 a 1397.

[29] Pesquise a diferença cultural entre a Idade Média e a Renascença, a mudança do conceito teocêntrico para o antropocêntrico, as artes e a literatura em geral.

[30] Saiba mais sobre esse tarô na página 279.

das, mas encomendadas para suprir a publicação comercial do conjunto, a saber: Diabo, Torre, 3 de Espadas e Cavaleiro de Ouros.

Fato histórico relevante: o 4º duque de Milão, Francesco Sforza, escreve para seu tesoureiro Antonio Treccbo em 11 de dezembro de 1450: *Assim que esta tiver sido recebida, queremos que envie, pelo mensageiro, dois conjuntos de trunfos, dos mais finos que possa encontrar; e se não os achar, por favor, mande dois outros tipos de cartas de jogar, das mais finas que houver.* Não há dúvidas para os historiadores de que os conjuntos (*triunfos* ou *trunfos* e *naibis*) eram observados distintamente e com finalidade diversa até aquela data. Para corroborar essa tese, veja: em 1457, Santo Antônio, Bispo de Florença, em seu *Tratado de teologia*, refere-se ao jogo de cartas e aos trunfos como sendo artes do povo, diferentes e separadas. Outro caso importante é um documento italiano, considerado o mais antigo a fazer referências completas sobre os *trunfos* — *Sermones de Ludo Cum Aliis*, de cerca de 1480, escrito em latim. O texto relata, entre outras coisas, que o trunfo Mago tem o menor valor no jogo e que o trunfo Mundo é a carta mais alta; também há o trunfo Louco, que não tem valor algum, revelando que seria melhor não tê-lo consigo durante a brincadeira. Igualmente, encontramos relatos históricos de que vários artesãos produziam separadamente os conjuntos — por volta de 1477, em Bolonha, Pietro Bonozzi era um dos artífices mais requisitados no fabrico tanto de cartas comuns (naipes, 56 cartas) quanto do tarô (trunfos e naipes, 78 cartas). ***Note e anote***: nesse período os trunfos somente eram conhecidos no norte da Itália.

PARA QUE SERVEM?

Em 1488, na cidade de Veneza, o filósofo e historiador Galcottus Martius, provavelmente, foi o mais antigo escritor de que temos notícias que especulou sobre o significado alegórico dos *naibis* e, imediatamente após, Matteo Maria Boiardo (1441-1494), conde de Scandiano, fez referência aos *trunfos* criando 22 sonetos e 78 versos. O primeiro escreveu sobre os *naibis* no livro *De Doctrina Promiscua*; o segundo, sobre os *trunfos* em *Tutte le Opere*. Também indagam sobre possíveis nomes e ordem das cartas — note que os tarôs de Gringonneur e os de Visconti-Sforza não continham nomes, tampouco números — e deixam claro que ninguém sabia de sua real utilidade à época. Eles consideraram que quem as inventou deveria ser um homem muito inteligente, sábio e espirituoso. O conde italiano, particularmente, percebia que os trunfos continham algo diferente em seu conjunto alegórico; mas, mesmo entendendo que havia significados emocionais ou que alguma experiência humana era retratada, acreditava serem somente jogos de divertimento. Veja a tradução do primeiro poema:

> Quatro paixões da alma [*naibis*], minha amada,
> e há quarenta cartas nesse jogo.
> A menor dá lugar à mais valiosa,
> e a imagem oferece o próprio valor.
>
> Cada naipe tem quatro figuras,
> em cada uma que colocar no devido lugar,
> ao lado dos vinte e um triunfos, pode estar
> o Louco, que adora enganar a todos.
>
> Amor, esperança, inveja e medo
> são as paixões [*naibis*],
> e as cartas contêm um terceto,
> assim, não deixarão o jogador se enganar.

Embora a Inquisição[31] estivesse se alastrando por todo o continente europeu desde o século XIII, sem jamais ter perseguido diretamente alquimistas, astrólogos, ocultistas ou magistas, estes preferiram arrefecer suas obras, temendo a histeria social que abundava em delações equivocadas. A alquimia se tornou mais alegórica e prolife-

---

[31] ***Note e anote***: nesse período, até o século XIX, a Igreja *jamais* proibiu os jogos de cartas para os devotos, somente para clérigos; contudo, advertia a todos sobre o perigoso vício da jogatina por intermédio de sermões durante as missas.

raram as magias angelicais; muitas obras desse período são de autores anônimos, e poucas revelam identificáveis. Contudo, mais uma vez, em nenhuma obra ocultista/mística se faz menção aos símbolos do tarô, ao jogo de cartas ou a algo semelhante. Não há registro algum sobre o uso divinatório do tarô (taromancia) ou das cartas em si (cartomancia) tanto nas obras ocultistas como em qualquer outro fato cultural. Temos quatro ocultistas que merecem atenção, como formadores de opinião, e têm erudição suficiente para atestar sobre tudo, mas nenhum deles comentou sobre o tarô:

- Johannes Von Hagen (1467-1537), monge austríaco e astrólogo, escreveu um tratado sobre quiromancia, *Introductiones Apostelesmaticae,* que influenciaria muitos ocultistas posteriores. É a obra mais antiga sobre o assunto publicada no Ocidente, datada de 1522, e se encontra na Biblioteca Universitária de Manheim, Alemanha.

- Basílio Valentim (1398-1450), alquimista e cabalista, escreveu o famoso formulário mágico e alquímico *Viridarium Chymicum.*

- Marsílio Ficino (1433-1499), filósofo, historiador, introdutor da magia natural, traduziu do grego para o latim a maior obra da filosofia hermética da era copta: *Corpus Hermeticum (*100 *d.C.).*

- Giovanni Picco della Mirandola (1463- 1494), discípulo de Marsílio Ficino, famoso alquimista, magista, teólogo, foi o introdutor da cabala cristã, uma síntese do judaísmo, cristianismo e neoplatonismo.

REFLEXÕES PARA A HISTÓRIA (PARTE 2)

Ciganos

Desde que foram expulsos da Índia pelo exército de Tamerlão,[32] entre os idos de 1389 a 1400, os ciganos, nômades por natureza, foram para o Ocidente. Atravessaram o Oriente Médio, dividiram-se em dois grupos e tomaram direções distintas: Mediterrâneo e Leste europeu. O percurso todo se estendeu por décadas até se estabelecerem de forma apropriada em outras terras. Há registros oficiais de que tenham entrado em massa pelo norte da Itália, sul da Alemanha e da Suíça, entre 1417 a 1420; pela região sul do Mediterrâneo (Itália, Espanha e França), entre 1422 a 1427; norte da Espanha e Portugal, 1442 a 1447; Inglaterra, em 1452; Suécia, em 1512; Brasil, em 1686. Os europeus os chamavam de *gypse* (corruptela de *egípcio*), devido aos ornamentos exóticos; contudo, essa percepção equivocada (de que emigraram do Egito) permanece no imaginário popular até os dias atuais. Não há registros de que utilizassem a cartomancia antes do século XVIII; contudo, sempre foram citados como excelentes quiromantes, típica cultura indiana até os dias atuais. Completo com a citação de Stuart R. Kaplan, que é comum aos pesquisadores: *Há, todavia, evidências claramente positivas de que a raça cigana só estendeu suas peregrinações para o interior da Europa depois que as cartas já eram conhecidas ali há algum tempo.*

Visconti-Sforza

Existem 239 cartas preservadas dessa família. Elas não contêm nome ou número, são pintadas à mão (ouro, prata e tinta esmalte)

---

[32] Timur-i-Lenk (1336-1405), último dos grandes conquistadores nômades da Ásia Central e fundador do Império Timúrida.

em papelão tratado para ser um pequeno quadro, medindo entre 173 x 87 x 3mm a 190 x 90 x 3mm. São realmente grandes, o que constitui uma característica dos tarôs em relação ao baralho. Também é notório que os diversos conjuntos não foram ilustrados pelo mesmo artista e sabe-se que muitos participaram de sua elaboração; afinal, cada grupo contém 78 iluminuras ricamente detalhadas e, em geral, (nesse tipo de trabalho) havia um mestre orientando discípulos. Bonifácio Bembo (1420-1497) é o mais apontado pelos pesquisadores, inclusive o próprio irmão, Benedetto, como auxiliar direto; contudo, eles não estiveram a serviço da família Visconti, mas tão somente para a linhagem Visconti-Sforza, no período de 1447 a 1477. Outros artistas foram apontados: Marziano da Torotna, Ambrogio Borgognone, Antonio di Cicognara, Gianpietro da Corte, Stefano de Fideli, Cristoforo Moretti, Francisco Zavaratti. Costumam ser chamados de *tarocchi* (plural de *tarocco*), em virtude de terem sido pintados vários conjuntos similares por décadas e por diversos artistas — o *tarocchi Visconteo-Sforzeschi* seria algo como *tarôs de Visconti-Sforza* —, no entanto, tem-se premiado a titulação *tarô* quando faz referência a um tipo específico. Historiadores afirmam que o tarô Cary-Yale foi um presente de casamento de Filippo Maria Visconti à esposa Maria de Savoy, em 1428; o tarô de Brera-Brambilla, uma prenda para o casamento da filha, Bianca Maria Visconti, em 1441. Já o tarô Pierpont Morgan-

Figura 66 – Visconti-Sforzi Tarocchi.
AGM-AGMüller, Suíça.

Bergamo (Figura 2) foi encomendado pelo próprio Francesco Sforza, esposo de Bianca, para comemorar seu 10º aniversário de casamento, em 1451. As declarações se baseiam nos ícones e brasões de cada evento que ilustram as cartas, juntamente com os traços artísticos das pinturas. Por exemplo, a águia negra no escudo da carta *Imperatriz* é um símbolo adotado por Francesco Sforza somente após ascender ao poder (Figura 66); também, ao analisar a ilustração das moedas (naipes de ouros), conclui-se que as cartas de Cary-Yale contêm alegorias do ducado de Visconti, e as de Pierpont Morgan-Bergamo, insígnias do governo de Sforza. Portanto, um é mais velho que outro. Sobre a falta dos arcanos Diabo e Torre em todos os conjuntos, muito se tem argumentado, mas nada é conclusivo. O que poderíamos *rejeitar* dos exotéricos mais afoitos? Devemos apagar a célebre conclusão de que a Igreja proibiu o uso da imagem do diabo nas cartas do tarô ou que isso pudesse ser um disfarce diante da Inquisição, uma vez que outros conjuntos da mesma época continham as referidas cartas (por exemplo, o tarô de Gringonneur) e dezenas chegaram aos nossos dias sem terem sido incineradas em alguma fogueira (da vaidade). Se tal imagem fosse proibida, não existiriam esculturas dentro das próprias igrejas do arcanjo Miguel pisando em Satanás, a imagem do diabo nos portais das igrejas góticas, diversas pinturas espalhadas em todos os castelos. Enfim, pode ser outra coisa, mas não uma proibição, tampouco algo místico e oculto (leia mais na página 331).

Mameluco

Leo Ary Mayer (1895-1959) relatou ao Instituto Francês de Arqueologia Oriental, em 1939, que descobrira no Museu Topkapi Sarayi, em Istambul (Turquia), um conjunto de 47 peças denominado *cartas mamelucas*[33] (*mamluk cards* — Figura 67), datado do

[33] Mameluco — originariamente, escravos-soldados que serviam ao califado muçulmano, ⇨

Figura 67 – 6 de Espadas.

século XV, similar ao baralho comum. No entanto, esse trabalho somente se tornou público em um livro editado em 1971: *Mamluk Playing Cards* (Editora R. Ettinghausen & O. Kurz). A corte se chama *malik* (rei), *na'ib* (governador), *na'ib thani* (segundo-governador) e *ahad al-arkan* (serviçal), e cada carta contém um provérbio e nenhuma relação com o tarô que conhecemos. Apesar de Mayer insistir em observar influências egípcias arcaicas e traços circassianos, nada sustenta que realmente tenha havido algum desenvolvimento de cartas naquela região. O filósofo Michael Dummett e o professor Kamal Abu-Deeb (Oxford, Inglaterra) criticaram a pressa para a publicação póstuma daquelas conclusões, pois há muita divergência entre o original exposto no museu e a descrição/ilustração no livro (interpolação). Os historiadores presumem que as cartas foram para o Oriente em virtude do contato natural com as rotas mercantis nos maiores portos da época, Veneza e Marselha, e, uma vez em solo árabe, teriam sido replicadas com iconografia local (como ocorreu com a Índia e o Japão). Alguns pontos reforçam essa tese — o Alcorão (desde o século V) proíbe qualquer tipo de jogo/vício, e também

mas se tornaram uma cultura tão poderosa, com características próprias, que ascenderam ao trono egípcio e indiano entre os idos de 1250 a 1517, fazendo parte do Império Otomano. Cuidado: essa denominação não faz referência alguma ao mameluco brasileiro (mestiço, filho de índio com europeu) ou ao mameluco latino (mestiço, filho de negro com europeu). As cartas receberam essa designação devido às ilustrações e aos traços tão peculiares àquela cultura.

não há relatos de artesão/produção/jogos de cartas no Oriente, Ásia e África antes das rotas de colonização portuguesa[34] e espanhola por *mares nunca dantes navegados*.

Interpolação ou erro?

- 1609: Laurenti Bochelli escreve em *Decreta ecclesiae* que, no Sínodo de Langres, em 1404, o bispo proibiu aos clérigos (não ao povo) a brincadeira com as cartas.
- 1874: G. Campori publicou que nos livros de entrada oficial da corte de Ferrara, Itália, há registros de um conjunto de *triunfos*, em 1442.
- 1911: P. Durrieu relata que Isabelle de Lorraine, esposa do rei de Nápoles, recebeu uma mensagem, em 1449, com detalhes sobre os jogos de cartas.
- 1917: Giulio Bertoni registra que o cardeal Ippolito d'Este recebeu de sua mãe, Leonora de Aragon, duquesa de Ferrara, um pacote de *tarocco* e outro de baralho (naipes), em 1492.

---

[34] O estudo do tarô sempre deve ser relativizado com a própria história do Homem; apesar da grande rota marítima no Mediterrâneo, foram os portugueses que abriram e dominaram as rotas marítimas para os espanhóis, ingleses e franceses descobrirem outros tesouros.

SÉCULO XVI (1501-1600)

Os naipes chegaram a Portugal bem no final do período anterior,[35] mas evidenciaram-se no início deste; parece-me um pouco tardio uma vez que já haviam alcançado, inclusive, a Inglaterra e eram largamente produzidos na Espanha há mais de um século, país vizinho e com parentesco monárquico. Contudo, não há notícias de que os trunfos estivessem incorporados ao jogo de naipes quando se instalaram em solo lusitano ou espanhol. Fato curioso é que medidas proibitivas aos jogos não se faziam mais necessárias na Itália, França, Suíça, Alemanha e, inclusive, na Espanha, mas o regente português dom Manuel I (1469-1521) publicou, em 17 de novembro de 1513, um decreto com severas instruções (Ordenações Manuelinas), impedindo os jogos de cartas e sua produção. O castigo variava entre o açoite em praça pública até a prisão na ilha de São Tomé; alguns anos mais tarde também foi incluído o degredo para o Brasil. Ainda, em Portugal, os arcebispos de Évora (1534), de Lisboa (1537), de Braga (1538) e do Porto (1541) proibiram o uso aos clérigos[36] sob a pena de excomunhão, em razão do caráter maléfico (jogatina, roubo, vício).

A razão de os baralhos começarem a atingir grandes distâncias do núcleo produtor (norte da Itália) é, sem dúvida alguma, o advento da imprensa; as cartas deixaram de ser pintadas exclusivamente à mão, com riqueza de matizes e detalhamentos (iluminuras), para também se-

[35] Há relatos de que dom João II, rei de Portugal, por volta de 1490, tentava coibir a venda de cartas vindas do reino vizinho, mas não lançou mão de nenhuma lei severa sobre o assunto, somente instruções de advertência publicadas em 12 de setembro de 1490.

[36] Observe que a Igreja nunca proibiu o uso das cartas aos devotos, apenas advertia com relação ao vício.

Figura 68 – Minchiate florentino. Meneghelo, Milão.

rem impressas com traços mais retilíneos e cores básicas (no processo de xilografia).[37] Tal fato — a redução do custo e a produção em massa — foi um dos motivos que proporcionaram o alastramento dos jogos e sua venda por mascates, pois os menos abastados também poderiam brincar com as cartas. A euforia contagiante, bem como a ansiedade de se tornar rico por intermédio de uma única jogada, ou a simples emoção de um passatempo divertido, tudo isso fez com que aparecessem cada vez mais modalidades de jogo, novos produtores e diferentes modelos de cartas, como já ocorria na Alemanha com os estilos livres nos naipes (eles não seguiram o usual padrão italiano). Por volta de 1530, surgiu em Florença um baralho composto por 97 cartas, denominado *minchiate* — ao conjunto conhecido (78 cartas) foram acrescidos outros 19 trunfos (imagens do zodíaco, virtudes, elementos), e não se tem notícia de produção em outros países, tampouco encontramos informações além da função lúdica (Figura 68); também possui outro nome: *gemini*. O tamanho das cartas dos naipes (56 cartas) era produzido em formato bem menor quando adquirido em separado das cartas de tarô (22 trunfos e 56 naipes) ou do *minchiate* (41 trunfos e 56 naipes); em geral, esses conjuntos eram sempre grandes, mal cabendo na mão. O *minchiate*, ou *gemini*, predominou inicialmente nas regiões de Florença e Bolonha, depois em Roma, Sicília e Gênova.

[37] Impressão a partir de moldes entalhados em madeira.

NENHUM OCULTISMO

Paralelamente à grande difusão lúdica com os jogos de cartas, observamos o florescimento das ciências ocultas. O receio da perseguição católica (Inquisição) se dissipara em virtude de inúmeras igrejas serem ornamentadas com símbolos astrológicos, alquímicos e cabalísticos; portanto, nada impedia que eles, os ocultistas, prosseguissem com suas pesquisas, que inspirariam todos os esotéricos do século posterior (XVII) até os nossos dias. Vejamos os notáveis:

- Heinrich Cornelius Agrippa (1486-1535), conhecido como Agrippa, o grande mago, juiz do Tribunal de Sucessões e conselheiro de Carlos V, imperador da Alemanha; introdutor da divisão dos ritos mágicos (natural, celestial e cerimonial), legou muitas obras, sendo a principal: *De Occulta Philosophia.*

- Philippus Aureolus Theophrastus Paracelsus Bombast von Hohenheim (1493-1541), chamado Paracelso, considerado o príncipe dos médicos e filósofo da vida, era alquimista, astrólogo, químico, médico, um dos maiores iluminados de toda a história, tanto científica quanto ocultista. Deixou vasta obra sobre magia, teologia e ocultismo; inclusive, um de seus livros ainda é largamente estudado: *Philosophae Occulta.*

- Michael de Notredame (1503-1566), conhecido como Nostradamus, francês descendente de sábios judeus, médico, alquímico, astrólogo e cabalista, considerado o maior profeta de todos os tempos, conselheiro de reis e rainhas de toda a Europa. Escreveu inúmeros livros sobre profecias, traduziu vários tratados mágicos antigos, sendo o hieróglifo de Horappolo (século II) o mais famoso.

- JOHN DEE (1527-1608), ocultista, astrólogo, diretor da Universidade de Manchester, Inglaterra, considerado o maior mago de todos os tempos, introdutor da magia enoquiana (formulários mágicos, ritos cabalísticos, ainda em uso por inúmeras fraternidades e ordens esotéricas). Possuía uma biblioteca de 4 mil livros sobre ocultismo e 700 manuscritos sagrados considerados raríssimos.

- GIORDANO BRUNO (1548-1600), astrólogo e alquimista, famoso por ter sido condenado durante a Inquisição, em razão de sua insistência em que o sistema planetário era heliocêntrico, contrariamente aos dogmas católicos, que o imputavam como geocêntrico. Postulou sobre o conceito da força do pensamento (*Ars memoria*) associado aos ritos mágicos instaurados por Marcilio Ficino e Cornelius Agrippa.

Desde as obras mais antigas de que temos notícias, seja do Antigo Egito ou da China, dos herméticos coptas dos séculos I e II, dos grandes enciclopedistas da Idade Média, dos renomados ocultistas deste e de outros períodos, ninguém sequer alude algo similar a cartas. Uma questão que sempre me intrigou durante as pesquisas históricas: *por que em um universo tão ávido por explorações mágicas, alquímicas, cabalísticas e astrológicas, os ocultistas jamais comentaram sobre os símbolos ou as cartas do tarô? Se a cabala está tão intimamente ligada ao tarô, se a astrologia é tão equivalente em divinação, por que nunca ditaram algo a respeito?* A resposta é simples e se encontra bem clara, mas será que os exotéricos contemporâneos a aceitariam? A verdade é que me parece que não havia interesse ou certa ligação esotérica como nós percebemos atualmente — *as imagens e alegorias eram por demais comuns, simples, e retratavam apenas a sociedade existente, nada mais.*[38] Por outro lado, o meio social urgia de interesse

[38] Imagine, por exemplo, que alguém tirasse uma série de fotografias da vida cotidiana contemporânea (um presidente, um padre, um tribunal, uma praia, um cemitério etc.), ⇨

sobre o assunto, tanto com os jogos lúdicos quanto na produção de poesia, crônica, pintura, música.

TAROCCO, O QUE É ISSO?

Devemos acrescentar ao aparecimento da imprensa e da xilografia outro importante agente para os baralhos terem chegado a diversas culturas em um curto espaço de tempo: as guerras, os conflitos territoriais. Do final do século anterior ao início desse período os franceses invadiram a Itália, que contou com a ajuda da Suíça, país que tinha negócios com a Áustria, mas uma liga do Sacro-império Romano-germânico, Espanha e Inglaterra, conseguiu deter a dominação. Todos observaram a tradição uns dos outros, ocorrendo certa migração e transculturação. No entanto, ainda nesse mesmo período, França, Itália e Espanha se adaptaram politicamente, trocando favores por algum tempo, e o comércio e o intercâmbio tecnológico foram um dos principais destaques. Fato irrefutável é que, a partir dessas guerras, as cartas proliferaram, definitivamente, em solo europeu. Na Itália, a palavra TRUNFO tornou-se mais usual que *triunfo* para indicar as cartas principais (22) e, definitivamente, *naibi* foi substituída por NAIPE para as secundárias (56); ao conjunto completo (78) referiam-se como TAROCCO OU TAROCCHI[39] (Itália), *naipes* (Espanha), *taraux*, *tarau* ou *tarot* (França, Suíça) ou apenas *trunfos* (nos outros países). O surgimento da palavra *tarocco* (apenas em solo italiano) ocorreu nas primeiras décadas do século XVI, sem etimologia deter-

---

imprimisse e inventasse um jogo, uma brincadeira. Bem, você iria observar algo místico nisso? Claro que não. Talvez observasse algo artístico, imagens que expressassem um determinado evento que tocasse o sentimento, mas dizer que era algo revelador do destino para se comparar à milenar astrologia ou à secular cabala, não. Pense nisso.

[39] Plural da palavra italiana *tarocco*, mas também usada para fazer referência a um conjunto/tipo de tarô. Nenhum filólogo ou historiador conseguiu definir a suposta origem do vernáculo.

minada; o mesmo ocorreu com o vocábulo francês *tarot* (veja páginas 85 e 296).

Qualquer conjunto reduzido de 78 cartas chamava-se *tarocchino* (diminutivo de *tarocco*). Houve muita produção desse tipo de baralho, uma vez que nem todos os jogos necessitavam usar todas as cartas; mas também foi um jogo específico da região de Bolonha (e lá permaneceu por muito tempo), com uma configuração de 62 cartas (22 trunfos acrescidos de 40 naipes — rei, rainha, cavaleiro, rei, Ás, 6, 7, 8, 9 e 10 dos quatro naipes). Podemos acrescentar o *trappola*, jogo com 36 cartas, e o *primeira*, jogo com 40 cartas.

Inúmeras pessoas na Itália escreveram sobre as cartas (lazer e jogatina), ora com fervor, ora com rancor, e todos tinham algo a informar sobre as melhores jogadas ou os perigos do vício. Outros, ainda, se arriscavam a especular sobre a função de tais símbolos, inclusive com interpretações simbólicas, ingênuas, mas plausíveis. Seguramente, o poeta italiano Francesco Berni (1497-1535) escreveu uma das crônicas mais antigas sobre cartas, questionando sua real utilidade, qual seria a origem, e revelando que *tarocchi*, *trunfo* ou *minchiate* eram a mesma coisa, sendo tolice terem nomes diferentes; no entanto, relatou ser o melhor jogo inventado nos últimos tempos, bem melhor que o dominó ou os dados (*Capitolo del gioco tarocchi*, 1526).

ARTE E LITERATURA

Quadros sobre os jogos de cartas floresceram por toda a Europa. Encontramos, nesse período, grandes pintores como Pieter Bruegel, Valentin de Boulogne e Lucas van Leyden (Figura 69) entre dezenas de cenas similares, mas todos retratando apenas os naipes — não tenho conhecimento de alguma pintura que retrate os trunfos. Gil Vicente (1465-1536), grande dramaturgo lusitano, empregou largamente o tema carteado/jogatina em suas obras teatrais, tais como o *Auto da Barca* (1518) e o *Auto da Feira* (1526), sempre com seu peculiar tom burlesco e satírico. Todos os registros literários em Portu-

Figura 69 – Os jogadores de cartas, 1550. Lucas van Leyden. Museu Nacional de Washington, EUA. Foto do autor.

gal e Espanha são exclusivamente sobre os naipes. Ninguém sequer comentava sobre os trunfos, que era o assunto do momento no norte da Itália. Na região de Lombardia, Piemonte e Emília-Romanha surgiram diferentes obras sobre os trunfos carregadas de emoção — vale lembrar: *independentemente do conhecimento, os símbolos agem na razão e proporção da percepção-estímulo-reação, transmitindo seus valores* (ESTÍMULO E REAÇÃO, página 53). Por exemplo, o poeta mantuano Theophile Folengo (1491-1544), codinome Merlini Cocai, utiliza uma sequência de trunfos (Justiça, Julgamento, Diabo, Torre, Enamorado) para relatar o sentimento de um jovem apaixonado por uma senhora comprometida (*Caos del Triperuno*,[40] 1527). Vejamos parte do texto:

---

[40] Essa obra contém a mais antiga citação de que temos notícias sobre cartomancia/taromancia.

> *Enquanto o fogo do amor sempre arder em mim, refletirei e pensarei: não é o anjo de Deus; porém, antes o inimigo do que a cruel verdade expelida do céu. Contudo, eu o adoro como um anjo, chamando suas intrigantes e doces chamas. Porém, nego este sentimento, para nunca existir um amigo da justiça que tenha ficado enamorado do diabo. O amor por uma mulher é o ardor do espírito maligno. Se, aos seus olhos, ela parecer um anjo, não deixe sua linda face traí-lo, porque isto é uma farsa, não a verdade. A virtude não existirá quando a malícia se revela a um rude guerreiro, se satã aparece como um anjo de luz.*

A grande questão: o oráculo com as cartas fora uma liberdade artística ou realmente já existia à época? Vale lembrar que não há referência alguma até então que confirme o uso divinatório das cartas.

Em 1550, o poeta ferrarense Flavio Alberti Lollio (1508-1568) expressa todo desespero e revolta por perder a própria fortuna em jogatina (*Invettiva di Flavio Alberti Lollio contra il giucco del tarocco*), e acredito que os credores queriam sua cabeça. É interessante observar como ludicidade e adivinhação eram contíguas:[41] *Eu tinha a opinião de que o mais prazeroso passatempo com que se podia brincar era o tarocco... Agora sei o quão profundamente estava errado porque ele é um jogo trapaceiro. Jogo do diabo, pérfido e falso, jogo que acaba com seu dinheiro. Um jogo que lhe promete fortuna, mas que lhe traz pobreza... O que mais significariam o Mago e o Louco senão trapaça e ilusão? Qual outro significado teriam a Papisa, o Carro, a Roda, a Força, a Estrela, o Sol, a Lua, a Morte e o Diabo e todo o resto deste monte de asneiras? E o bizarro nome tarocco sem nenhuma etimologia, de onde vem?*

Em 1572, Girolamo Bargagli publica um livro em Siena (*Dialogo de givochi che nelle vegghie sanesi si usando di fare*), no qual descreve

[41] ***Note e anote***: a sociedade europeia do século XVI não sabia a origem do nome, nem do significado místico das cartas; tudo foi surgindo naturalmente.

como funciona o *tarocchi — as pessoas faziam perguntas ao jogador e lhes era dado um nome da carta, mas que ele (o autor) não entendia a finalidade.*[42] O dramaturgo italiano Pietro Aretino (1492-1556) relatou que o jogo de cartas era muito perigoso, uma vez que tanto o dinheiro quanto o crédito poderiam ser perdidos para sempre! Também escreveu que o trunfo Papa representava a fidelidade do jogador; o trunfo Imperador sugeria a regra a ser adotada; o naipe de espadas simbolizava a morte daqueles que perdiam a esperança no jogo (*La terza et ultima parte de Ragionamenti del divino Pietro Aretino*, Londres, Inglaterra, 1589).

Os exemplos ora apresentados, dentre inúmeros textos semelhantes que podemos encontrar em bibliotecas e museus, servem para se perceber o quanto a sociedade discutia e se posicionava a respeito das cartas. Os jogos lúdicos e as possíveis elucubrações adivinhatórias eram algo latente: não eram proibidos, nem escondidos, todos escreviam e discutiam sobre o assunto. Nos textos encontrados fica clara a disposição (e posição) na busca de respostas palpáveis do que seria ou para que serviriam esses conjuntos simbólicos.

COLÔNIAS ALÉM-MAR

Em 1573, as cartas chegam ao Japão pelas mãos dos exploradores lusitanos, tornando-se rapidamente uma mania nacional. Apesar do severo decreto Manuelino, o próprio rei e seus súditos jogavam livremente, por diversão, razão pela qual o *baralho português* chegou ao Extremo Oriente e às colônias por intermédio das expedições e das rotas comerciais — África, Índia, Indonésia, China e Japão. ***Note e anote***: foram os portugueses quem levaram os naipes a outras culturas e continentes, ensinando igualmente a arte de produzir e jogar

[42] Pesquisadores salientam que os jogos divinatórios surgiram no norte da Itália, paralelamente à jogatina, no início do século XVII, e desse país se propagou para a França e a Alemanha; no século XVIII, a função oracular se juntou ao aspecto lúdico nos territórios vizinhos (Espanha, Suíça, Holanda, Áustria e Inglaterra).

Figura 70 – Ás de espadas, século XVI. Naipes Founier, Espanha.

cartas; não há notícias de que os trunfos tenham chegado a terras tão distantes até esse período.

Embora tenham estado pela primeira vez em 1543 no Império do Sol Nascente, somente no período Karuta (1573-1592) há notícias da produção de cartas, principalmente após a rota comercial entre Lisboa e Nagasaki — os primeiros baralhos japoneses se chamaram *Tensho Karuta*. O baralho português era um pouco diferente dos espanhóis e dos italianos, pois era composto por 48 cartas: quatro naipes numerados de 2 a 9, acrescidos de três cartas da corte (sota, conde, rei), sendo que a originalidade ocorria no Ás — a imagem mítica de um dragão marítimo ou uma serpente alada, que aludiam ao símbolo oficial das armas portuguesas (Figura 70). Os japoneses, por não terem influência católica, tampouco a ideia mítica do pecado/vício, sequer se importaram com a novidade, e o imperador não publicou qualquer decreto que proibisse os jogos. Vale ressaltar a incoerência: enquanto Portugal condenava várias pessoas pela jogatina, como, por exemplo, João de Ribeira, que, em 1573, foi exilado na África, e outros no Brasil, os lusitanos comercializavam livremente as cartas em Macau, Panaji e Nagasaki.

Logo após a publicidade dos baralhos lusitanos nas rotas comerciais exploradas pelos portugueses (África e Oriente), a monarquia espanhola decidiu criar, em 1576, a Real Fábrica de Cartas, cujo monopólio de distribuição para suas colônias (região da América Central) foi concedido primeiramente a Alonso Martínez de Orteguilla, em 1583. O governo francês, ao se dar conta do ritmo alucinante de brigas, duelos mortais e negligência religiosa que a jogatina causava, decidiu criar um imposto altíssimo para coibir a fabricação (mas sem sucesso) — o rei Henrique III (1551-1589) instituiu um imposto diferenciado entre os naipes e os trunfos em 22 de maio de 1583,[43] visto que eram jogos de diferente quantidade. Alguns anos mais tarde a Itália também iniciou tributação semelhante (1588). Em razão desses impostos e dificuldades na exportação, grandes produtores e artistas emigraram para a Espanha, que já dispunha de regulamentação protegendo os fabricantes de cartas, dando-lhes o título de mestre. Segundo Dummett, em 1588 o papa Sisto V (1521-1590) determinou que Achille Pinamonti arrecadasse os impostos em Bolonha provenientes do baralho (*5 soldi*) e do *Tarocchino* (10 *soldi*). ***Note e anote***: Assim como se considera que o tarô mais antigo pintado à mão seja o da família Visconti-Sforza, as 78 cartas impressas mais remotas de que temos notícias — tarô completo — pertencem ao produtor Catelin Geofroy (Lyon, França: 1557 — Figura 71). Suas imagens são extremamente semelhantes ao tarô clássico (padrão Marselha), surgido posteriormente. Também é tido como o primeiro com as cartas numeradas e o primeiro (trunfos e naipes) produzido fora da Itália. Nas últimas décadas desse período os artesões começaram a estampar numeração em algumas cartas e nome em outras; no entanto, ainda não havia um consenso entre os produtores/consumidores, razão pela qual encontramos diversos nomes ou numeração distinta para a mesma carta.

---

43 A referida lei foi revogada somente no governo Vichy (1940/1944), sendo substituída por outra tributação; raros foram os períodos em que não havia imposto real sobre as cartas. Igualmente: Áustria (1692-1939), Dinamarca (1752-1963), Suíça (1799-?), Portugal (1832-1966), Estados Unidos (1862-1965), Alemanha (1870-1981). Atualmente, na maioria dos países, encontramos impostos altíssimos na confecção de cartas, devido ao consumo em jogatinas.

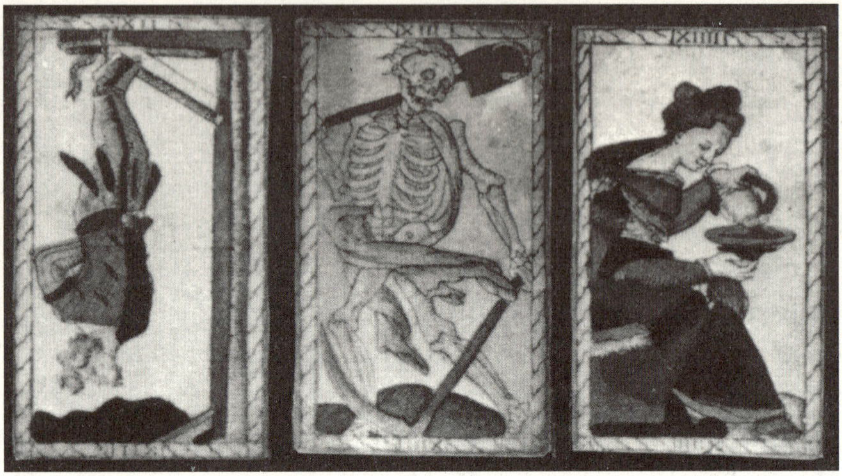

Figura 71 – Tarô de Catelin Geofroy, século XVI. Museu Kunsthandwerk, Frankfurt.

REFLEXÕES PARA A HISTÓRIA (PARTE 3)

Tarô

As referências etimológicas sobre o vocábulo nos levam, primeiramente, ao solo francês, em pleno século XVI. Em 1505 surge em Lyon a palavra *taraux*; por volta de 1534 aparece em Paris a palavra *tarau,* para denominar o jogo de cartas; alguns anos mais tarde, em 1564, registra-se a palavra *tarots*; mas somente em 1592, no estatuto da Associação do Fabricante de Cartas de Paris, aparece — pela primeira vez — a grafia *tarot* para denominar os *trunfos* e os *naibis*, e *taroteé*, para traços perpendiculares desenhados em seu dorso. *Observe*: a palavra *tarot* (o *t* final não é pronunciado no idioma francês) surge quase 200 anos após o aparecimento das cartas na Europa. O dicionário francês afirma que tem origem na palavra italiana *tarocco*, que, por sua vez, não se respalda em raiz ou estrangeirismo algum. Em inglês, espanhol e francês escreve-se *tarot*; no Leste europeu, *tapo*; em língua germânica e suíça, *tarok*, *tarot, taroco* ou *tarock*; em grego, *Ταρώ*; em japonês, タロット; em chinês, 塔羅牌. Nos Estados Unidos foi empregada a forma *tarot*, para não se confundir graficamente com a palavra *taro* (embora com pronúncias iguais, uma significa baralho e, a outra, uma leguminosa similar ao inhame brasileiro). No entanto, aqui há um fato curioso: as primeiras publicações americanas sobre esse oráculo foi com a palavra *taro* (sim, sem o *t* final), mas como sendo um anagrama latino do vocábulo *rota* que significava *roda* (no caso, o arco celeste) — isso ocorreu em várias publicações,[44] entre 1885 a 1910, aproximadamente, e as cartas se chamavam *chaves*, e não arcanos. A primeira publicação em língua portuguesa (Portugal e Brasil) sobre o assunto foi traduzida do francês (obras de Papus, ver tópico "SÉCULO XIX"). Observe que, por regra, toda palavra aportuguesada desse idioma terminada em *ot* deve ser grafada apenas com a última vogal, uma vez que, originariamente, não se pronuncia a consoante final. Por sua vez, a norma determina que as palavras oxítonas terminadas em -a, -e *ou* -o, seguidas ou não de -s, devem ser acentuadas graficamente. Assim, *tarot* tornou-se *tarô* — o mesmo caso de *tricot* = tricô; *camelot* = camelô, *pierrot* = pierrô; *bistrot* = bistrô. Portanto, não há tradição nem algo oculto na grafia *tarot* — essa premissa já fora crônica de diversos autores no século XV e XVI (leia mais na página 85). Escrevendo em português, grafe corretamente: TARÔ, TARÔS (sem medo de ser feliz!).

Tarô pedagógico

Um fato curioso ocorreu mais de 120 anos após o aparecimento das primeiras cartas. O frei franciscano alemão Thomas Murner (1475-1537) elaborou, entre 1502 a 1507, na Universidade de

---

44 Thomas More Johson (1851-1919), editor do periódico *The Platonist*, membro da sociedade oculta *Hermetic Brotherhood of Luxor* (Fraternidade Hermética de Luz), que também empregava o tarô como forma iniciática, seguindo a escola cabalística francesa.

Cracóvia (Polônia), baralhos com a finalidade de facilitar a memorização e o ensino da lógica (Figura 72a). O sucesso foi tamanho entre os estudantes que os pais, preocupados com a educação dos filhos, terminaram por exigir (em outras escolas) esse tipo de instrução, que ensinava brincando. Faço uma ressalva para incluir o *tarocchi* de Mantegna (Itália, 1470 — Figura 72b) e as cartas de Andrea Ghisi (1616), que contêm trunfos com imagens de musas gregas, das virtudes cardiais, do zodíaco, da sociedade renascentista — em nada se assemelham aos 22 trunfos tradicionais, mas se parecem com os trunfos adicionais do *minchiate*. Também são considerados baralhos instrutivos (embora alguns desejem observá-los como oraculares); isso porque ensinar a cultura classicista aos filhos era a educação vigente. Para os que almejam estudar as ciências herméticas ou a história, será um grande avanço compreen-

Figura 72a – Cartas de Murner. Museu Britânico.

Figura 72b – Tarô de Mantegna. National Galery of Art, Washington.

der os símbolos daqueles dois baralhos; no entanto, não espere extrair nada para uso oracular. Tente sempre observar os tarôs pedagógicos como análogos aos atuais jogos lúdicos e educativos: War, Cara a Cara, Jogo da Vida, Perfil, Soletrando, entre tantos outros que empregam o uso de cartas.

Oráculo

Na cidade de Veneza, Itália, foi publicado, em 1540, o livro mais antigo de que temos notícias sobre o uso oracular com as cartas: *Le sorti di Francesco Marcolino da Forli — intitulate Giardino dei Pensieri,* escrito e publicado por Francesco Marcolino da Forli (1500-1559), com ilustrações de Giuseppe Porta Salviati (1520-1575) e dedicado ao duque de Ferrara, Hércules II d'Este (1508-1559). A obra, que se autoproclamava ser um novo jogo, algo inédito, ensinava a adivinhação somente com o naipe de ouros — temos, talvez, os primeiros jogos de cartomancia. O método era simples: o leitor elegia uma pergunta de uma lista com 13 questões predefinidas para homens, 13 para mulheres e 24 para ambos os sexos, depois, embaralhava as cartas, escolhia duas e procurava no livro a interpretação daquela sequência retirada do baralho. Eis a grande questão: *por que nenhum renomado ocultista aceitou o tarô como uma arte esotérica?* Se o tarô era utilizado como adivinhação, por que não estava no mesmo plano de aplicação da astrologia, da geomancia e da fisiognomonia, tão comuns à época? Será que realmente o tarô foi desenvolvido apenas como uma arte lúdica e todos somente *brincavam* de ler a sorte?

Quatro elementos

Por que nenhum ocultista deu crédito à obra *Clavis absconditorium a constitutione Mundi*, publicada em 1546 pelo ocultista francês, alquímico, astrólogo, matemático e catedrático em língua oriental, Guillaume de Postel (1510-1581)? Em realidade, foi o único ocultista até o momento a comentar sobre o tarô esotérico; ele teceu a teoria de que os quatro naipes (arcanos auxiliares) representariam os quatro elementos (termo filosófico bastante usado por todos os ocultistas da época para descrever o mundo natural, humano e divino). Igualmente, postulou que os naipes de ouros, espadas, copas e paus teriam estreita ligação com as quatro palavras cabalísticas IHVH (outro termo fartamente utilizado e conhecido por todos, para descrever o mundo natural, humano e divino). *Qual teria sido a incongruência para os ocultistas não aceitarem essas postulações?* Por que o tarô ou o baralho italiano nunca foi estudado pelos mais renomados esotéricos, visto que as cartas eram amplamente difundidas na sociedade?

יהוה

IHVH

Figura 72c

SÉCULO XVII (1601-1700)

Se, nos períodos anteriores, havia grande interesse em se questionar e descrever as cartas e sua origem por intermédio de crônicas, contos e pinturas, nesse momento a produção editorial assumia grandes proporções. As especulações deixaram de existir, leis mais abrangentes para proteger a fabricação se tornaram mais rígidas e todos queriam ganhar muito dinheiro com a venda de cartas. Praticamente todos os países europeus estavam adaptados às brincadeiras com as cartas; no entanto, o sentido oracular sequer era comentado ou talvez nem existisse até aqui — fato que merece reflexão. *Vale salientar um dado histórico importantíssimo.* Comenta-se muito no meio esotérico contemporâneo que o baralho comum surgiu de uma variação do tarô; porém, os dados históricos nos revelam exatamente o oposto. Os primeiros registros indicam o aparecimento dos quatro naipes para jogos de lazer, havendo uma variação muito grande de estilos e quantidades de região para região. Encontramos farta documentação sobre o aparecimento dos naipes (56 cartas) a partir de 1377, na Alemanha; 1378, na Espanha; 1379, na Itália; 1381, na França; 1427, na Holanda; 1430, na Suíça; 1464, na Inglaterra; 1490, em Portugal. No entanto, a produção e o uso dos trunfos (22 símbolos adicionais) somente se evidenciaram por volta de 1440, no norte da Itália, e permaneceram isolados até meados de 1550. Portanto, observamos a média de 150 anos de propagação do baralho comum pelos principais países europeus contra 100 anos de produção regional dos trunfos. Sei que essa origem é uma questão polêmica; contudo, o surgimento tão distinto (naipes e trunfos) e sua coexistência nos fazem pensar na inviabilidade de se afirmar que um surgiu do outro — talvez um tenha nascido em função do outro.

PRODUÇÃO EM ALTA

Interessante como os interesses políticos afetam uma sociedade de forma irreversível, pois o comércio de cartas mudou drasticamente após o desaparecimento do rei de Portugal, dom Sebastião (1554-1578). As terras lusitanas ficaram, durante alguns anos, sendo disputada pelos herdeiros. Por parentesco, essas terras acabaram nas mãos da monarquia espanhola, dando início à poderosa dinastia Filipina (reis simultâneos da Espanha, Portugal, Sicília e Nápoles; igualmente, duques de Milão, Atenas e Borgonha). Dessa forma é possível imaginar uma boa amálgama cultural. Esse evento suspendeu todo e qualquer decreto Manuelino ou eclesiástico, sendo imputadas muitas leis espanholas aos portugueses e, claro, todas aquelas que se referiam à produção e à venda de cartas, à taxação e à distribuição — os jogos foram legalizados em solo lusitano, rendendo muito dinheiro à coroa luso-espanhola. Em 17 de março de 1605, o rei espanhol Filipe III (1578-1621)[45] decretou que a fabricação e o comércio de cartas em Lisboa, a exemplo do reino de Castela, seriam monopolizados e controlados pelo governo, tanto para o reino quanto para as colônias. Contudo, alguns anos antes, esse processo já tivera início por intermédio do primeiro contrato do Estanco[46] das Cartas de Jogar e Solimão[47] de que temos notícias. Em 14 de novembro de 1600, o rei já apresentava uma missiva de privilégios a Martin Ochoa de Bolívar; também em 1º de janeiro de 1602 contratou João de Olmedo del Campo por dez anos para controlar o comércio por terra e toda rota marítima, agora, com atenção especial ao comércio na Índia.

O aventureiro e historiador Francisco Pyrard de Laval (1575-1652) permaneceu por um longo tempo nas ilhas Maldivas e Molucas, também na Índia e no Brasil, escrevendo uma importante

[45] Também rei de Portugal, chamado Felipe II.

[46] Empresa estatal administrada por uma entidade privada.

[47] Produto para limpeza das cartas, branqueador.

obra com a descrição exata dos costumes, leis, usos, polícia e governo português (*Tradução e descrição dos animais, árvores e frutos das Índias Orientais*). Descreveu os jogos de cartas nessas localidades, com atenção especial à região de Goa (Índia), sobre as tavernas e a vida boêmia que as cartas estavam inseridas. Não há registros de trunfos ou de algo parecido; somente do baralho português. Em 1622, o cronista francês François Garasse escreveu que o carteado com o tarô se tornara mais popular que o xadrez e os dados, jogos centenários perdiam espaço para as jovens cartas. Observe que a crônica portuguesa aponta para o baralho, e a francesa, para o tarô.

Em 1633, o governo japonês, observando o largo consumo de cartas portuguesas (*tensho karuta*), proibiu a negociação com Portugal, decretando a produção nacional e com símbolos orientais — surgem as cartas *mekuri,* em que cada fabricante, apenas obedecendo ao quantitativo (48 cartas), criava diversas ilustrações orientais — assim como ocorreu em outros países, o lucro sobre as cartas esbugalhava o mais inocente dos olhos. Vale lembrar que, assim como os 22 trunfos não entraram em solo lusitano, também não chegaram ao Oriente até esse período — somente os naipes em sua forma reduzida. Paralelamente, a estatal Real Fábrica Espanhola ampliava cada vez mais o comércio em suas colônias na América Central e Norte, que recebia 30 mil maços a cada quatro meses. Todo mundo produzia, havia um consumo imenso e, claro, o governo não queria perder seus valiosos tributos. Dinheiro, muito dinheiro.

Em um decreto real de 22 de outubro de 1628 o governo inglês proibiu a importação de cartas, aprovando a criação da sociedade de artesões *Mistery of Makers of Playing Cards* que tinha por objetivo incentivar o aperfeiçoamento da profissão. Uma reviravolta política em Portugal voltou a afetar novamente o comércio de cartas, pois a monarquia foi restaurada, rompendo a coroa luso-espanhola — em 18 de outubro de 1644, dom João IV (1604-1656) retomou o decreto Manuelino, mas, em vez de punir quem jogasse, agora castigava quem falsificasse as cartas produzidas pelo monopólio português ou contrabandeasse cartas estrangeiras. Detalhe: seriam banidos para sempre de Portugal e advinha para onde? Se pensou Brasil, acertou.

Há registros de que o *minchiate*, ou *gemini*, fora introduzido na Sicília por volta de 1662-1663 pelo duque de Sermonte, Francesco Gaetani; contudo, como o nome florentino tinha conotação obscena nessa região (palavra chula para pênis, entre outras possibilidades de grosseria), ele foi nomeado *gallerini*. Dali seguiu para Gênova com o mesmo nome; também na Sicília o tarô era conhecido como o *pequeno gallerini*. Assim, temos três possíveis nomes para o mesmo baralho: *minchiate*, *gemini* ou *gallerini*.

TARÔ E *TAROCCO*

As cartas, de um modo geral, estavam totalmente integradas à sociedade e já não despertavam mais a apreensão de governantes, tampouco da Igreja. Apesar das inúmeras proibições existentes desde os séculos anteriores, não há registro de alguém que tenha sido penalizado pelas referidas leis. ***Note e anote***: as palavras *naibis* e *ludus cartarum* deixaram de ser empregadas na identificação das cartas em geral; nesse período, alguns países dizem: TRUNFOS DO TAROCCO (Itália, Suíça, Áustria, Alemanha); e, outros, TRUNFOS DO TAROT[48] (França, Espanha, Inglaterra). Também encontramos registros de que o vocábulo francês *tarot* se referia a apenas sete cartas: Mago, Mundo, Louco, Rei de Ouros, de Espadas, de Copas e de Paus; as demais seriam *trunfos* — mais uma vez, temos de repensar na tradição da palavra tarô.

Nas primeiras décadas desse período, sem precisão de data, aparecem no sul da França e no norte da Itália vários conjuntos de 78 cartas de forma similar àquela que hoje conhecemos. Historiadores e pesquisadores consideram o *tarô de Jacques Vieville* (Paris, 1634 — Figura 73) e

[48] Em língua portuguesa, *tarô*.

o *tarô de Jean Noblet* (Paris, 1650) os precursores, a matriz para o padrão Marselha, por serem os mais antigos preservados e absolutamente próximos da simbologia contemporânea (nome, numeração, sequência, alegoria, ornamento). Pode ser que produtores e artistas tenham chegado a um consenso sobre uma estrutura genérica ou tenha ocorrido um desenvolvimento natural. Fato incontestável é que, a partir do surgimento dessas cartas até os dias atuais, todos os tarôs se baseariam nessa estrutura simbólica, que atualmente é reconhecida/denominada como *tarô de Marselha*, também *cartas clássicas* ou tradicionais.

Figura 73 – Tarô Jacques Vieville. Biblioteca Nacional da França, Paris.

Note e anote: alguns tarôs do século XV até o início do século XVI representaram o trunfo Força por uma mulher quebrando uma coluna; o trunfo Estrela, por astrólogos ou unicamente por uma estrela; o trunfo Lua, por uma imensa lua ou uma donzela segurando a própria lua; o trunfo Sol, por um radiante sol, uma jovem segurando o astro-rei ou uma criança montada em um cavalo. Em Bolonha e Florença, o trunfo Julgamento era a numeração mais alta (21), precedido do trunfo Mundo (20) e do Sol (19); em Ferrara, o trunfo Mundo registrava o número 21, o trunfo Justiça apontava o numeral 20 e o trunfo Julgamento, o algarismo 19. Em Milão, o trunfo Mundo era o último número (21), precedido do Julgamento (20) e do Sol (19). *Somente entre 1550 e 1630, aproximadamente, o tarô assumiu a forma simbólica clássica (Marselha),* que ainda se encontra em uso — contudo, não há notícias de que os trunfos tenham ido para Portugal, Espanha e Inglaterra ou suas colônias até meados desse período.

CARTAS INSTRUTIVAS

Paralelamente ao crescimento das cartas na Itália, França e Suíça, o tarô pedagógico, também chamado de *cartas instrutivas*, continuava a se desenvolver — a maioria sem símbolo algum que lembrasse o tarô. Eram como minienciclopédias ou pequeninos quadros que revelavam certos aspectos culturais. Por exemplo, em 1643 o cardeal Mazarino (1602-1661), supervisor educacional do jovem rei da França, Luís XIV (1638-1715), encomendou ao conselheiro real e um dos fundadores da Academia Francesa de Letras, Jean Desmarets de Saint-Sorlin (1595-1676), a elaboração de quatro baralhos instrutivos para a educação do rei — *Reis da França*, *Rainhas famosas*, *Geografia* e *Fábulas* — que foram confeccionados pelo artista e gravador italiano Stefano della Bella (1610-1664). Após a conclusão desse trabalho, o conselheiro real obteve o monopólio na venda dessas cartas, que se tornaram uma coqueluche em todas as classes sociais francesas. Nas décadas e séculos seguintes — tendo o apogeu no século XVIII —, as cartas instrutivas tornaram-se outra mania e, por intermédio

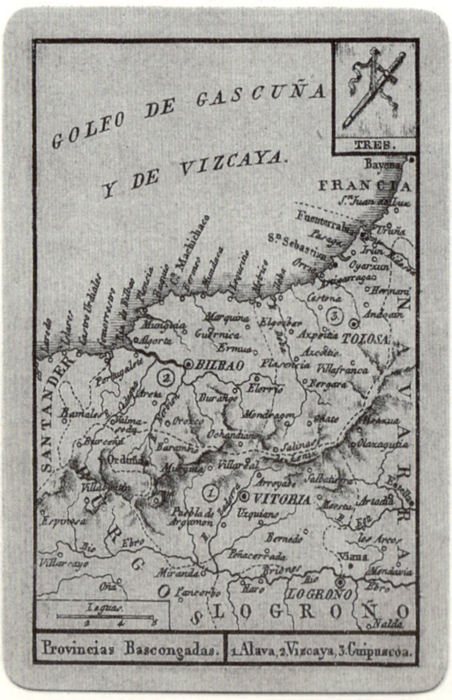

Figura 74 – Tarô geográfico. Museu Naipes-Fournier, Espanha.

delas, era possível aprender geografia (Figura 74), história, ciência, religião, política, entre tantas possibilidades. Uma afirmação comum entre os exotéricos, no sentido de que o tarô (clássico, marselhês) era usado para instrução, deve ser descartada e substituída por: *o tarô nunca foi usado para instrução*. As cartas do tarô como nós conhecemos para jogos nunca foram empregadas para ensinar absolutamente nada que não fosse diversão. Os baralhos educativos têm outras imagens; não há estrutura definida, nem numeração, tampouco nomes estabelecidos.

- Surge, assim, outra questão tão polêmica quanto a origem estrutural: *a finalidade primeira*. Não foi determinado (por nenhum pesquisador) se o tarô teve início como um jogo de diversão, um exercício filosófico ou um tipo de oráculo. Não há referências históricas até o final do século XV (1401-1500) sobre o uso do tarô como um oráculo ou filosofia, mas, unicamente, como diversão.[49] Não é estranho haver milhares de livros sem restrição alguma sobre cabala, magia e adivinhação com a astrologia (e observe que esse período se encontra em plena Inquisição!) e não existir absolutamente nada sobre taromancia? *Afinal o tarô era ou não, tradicionalmente, um oráculo? Os trunfos do tarô seriam ou não um registro do saber universal?*

Antes de apregoarmos que o tarô é um legado de antigos sacerdotes, devemos levar em consideração sua história perante as outras ciências consideradas ocultas. As obras escritas da Antiguidade à Renascença (alquimia, hermetismo, cabala, magia, astrologia) estavam totalmente relacionadas entre si. Por sua vez, todo e qualquer assunto relativo à filosofia oculta era exaustivamente discutido entre os eru-

[49] O documento francês mais antigo que se tem preservado sobre o carteado com o tarô data de 1637. *Règle du Jeu des Tarots*, escrito pelo abade Michel de Marolles (1600-1681), sob encomenda da princesa Louise-Marie de Gonzague-Nerves.

ditos; no entanto, o tarô, a exemplo do baralho comum (cartomancia), *nunca* fez parte desses estudos até esse momento.

- ROBERT FLUDD (1574-1637), magista, alquimista, astrólogo, um dos primeiros adeptos da AMORC. Estudou e ampliou vários tratados mágicos e alquímicos de tal forma que nos séculos seguintes todos os eruditos se basearíam nele. Deixou mais de 25 valiosas obras, como: *Philosophia Sacra*, *Philosophia Mosayca*, *Utriusque cosmi methaphysica*, *Tractatus theologico- philosophicos*, entre tantas. Pesquisou todos os oráculos existentes à época, interligando-os filosoficamente e fazendo uma sinopse dos estudos da adivinhação e da profecia sob a fundamentação hermética na relação macrocosmo e microcosmo, incluindo: astrologia, quiromancia, numerologia, fisiognomonia, geomancia, lacomancia, hidromancia, profecia, entre tantas; contudo, o tarô, as cartas ou algo semelhante não foi incluído, tampouco citado.

Mais uma vez, ao observarmos os trabalhos de renomados pensadores dessa época não encontraremos nada que aluda ao tarô, às cartas ou a algo semelhante — somente poetas, escritores, pintores, nobres e plebeus comuns buscavam incessantemente saber, conhecer e brincar com essas instigantes cartas. Pensando bem, o baralho/tarô parecia estar tão distante de relações ocultas ou de segredos mágicos que em 8 de junho de 1685, o governador do Canadá (colônia francesa), Jacques Meulles, diante de dificuldades financeiras para o soldo militar e a manutenção da província, recolheu todas as cartas que possuíam e as converteu em papel-moeda, usando o dorso da carta para registrar os valores. As cartas se tornaram dinheiro[50] canadense

[50] Em 1790, essa modalidade baralho-dinheiro também se evidenciou na França, denominado *billet de confiance*, estava numerado à mão, contendo assinatura no dorso. O mesmo ocorreu na Alemanha e na Áustria logo após a Primeira Guerra Mundial, em pleno século XX.

por quase um século! *Conjecture calmamente a esse respeito para entender o que era o baralho e o tarô até o século XVII* — nada além do lúdico.

REFLEXÕES PARA A HISTÓRIA (PARTE 4)

Egito

Athanasius Kircher (1602-1680), jesuíta, cabalista, teólogo, considerado o fundador da egiptologia e o maior enciclopedista desde Isidoro de Sevilha (560-663), pesquisou vários sistemas religiosos orientais e asiáticos, tanto na forma mística e ontológica quanto na histórica. Foi nessa época que o Antigo Egito começou a ser explorado, migrando para a Europa todo o exoticismo de sua arte e cultura. Encontraremos outros historiadores, ocultistas e cabalistas com a mesma linha de pesquisa arqueológica: Pietro della Valle (1586-1625), John Greeves (1602-1652), Jean de Tevenot (1633-1667), Claude Sicard (1677-1726) — todos buscavam as origens e o segredo do universo a partir de textos coptas herméticos e gnósticos (séculos II e III). Absolutamente nada escreveram sobre o tarô ou algo semelhante, menos ainda estabeleceram qualquer relação entre a grafia e as cartas.

Tarô de Marselha

Desde o surgimento das cartas (século XIV), em razão de serem semelhantes e muitas vezes iguais, era comum identificá-las com o nome do editor ou do ilustrador. Raramente elas possuíam outra designação. A cidade de Marselha, ao sul da França, foi um dos maiores centros comerciais e portuários do século XV ao XVIII. Em sua região (Toulon, Nice) e na rota para Paris (Avignon, Lyon,

Dijon) concentravam-se os melhores artesãos, que enviavam mercadorias para negociação, razão pela qual desejavam um *tarô de Marselha*. Por exemplo: tarô de François Chosson (Marselha, 1680), tarô de Jean Dodal (Lyon, 1712), tarô de Jean Payen (Avignon, 1743), entre dezenas. No entanto, com estrutura idêntica ou similar, as cartas existiam em outros locais: tarô de Johannes Pelagius Meyer (Alemanha, 1680), tarô de Giuseppe Lando (Itália, 1760), tarô de Martin Dupont (Bruxelas, 1766), tarô de Charles Madigne (Suíça, 1777), entre centenas. *Devemos ainda pontuar que esse padrão é, na verdade, derivado das 78 cartas fabricadas em Milão (Lombardia)*, de cuja região datam os mais antigos exemplares, crônicas e artes sobre o tarô completo desde o século XV. Assim, devemos entender que não há *um* único baralho no contexto histórico que possamos denominar *tarô de Marselha*, mas, sim, um *grupo* de baralhos que contém características simbólicas semelhantes — mesmo os que não eram fabricados naquela cidade francesa. Atualmente também se produzem tarôs com estruturas *similares*, como, por exemplo, Solesio (1948), Arista (1975), Cardinal (1982), Old English (1997), Nei Naiff (2002), Dame Fortune's Wheel (2009), entre tantos. ***Note e anote***: MARSELHA é sinonímia de estrutura simbólica (modelo), não de um tarô específico. Para dirimir eventuais dúvidas é preferível identificar as cartas de padrão Marselha (Figura 75) como *tarô clássico* ou *tradicional*.

Figura 75 – Jean Noblet Tarot (1650), restaurado por Jean-Claude Flornoy (2007). Edicions letarot.com, França.

SÉCULO XVIII (1701-1800)

Enfim, chegamos ao que poderíamos denominar de (re)nascimento do tarô: além do aspecto lúdico, surgiu o uso oracular, e os baralhos mudaram a estrutura. Todos desejavam saber ardentemente o que eram aqueles símbolos mágicos que poderiam revelar o futuro, e uma febre enlouquecedora tomou conta da Europa, principalmente em Paris, ao buscarem a sorte com as cartas. Sabemos, com certeza, que nesse período a cartomancia se evidenciou e o tarô divinatório se desenvolveu, embora ainda continuassem a jogá- lo como lazer e apostas. Os termos *trunfos do tarô* e *trunfos do tarocco* continuaram em uso, mas houve certo distanciamento simbólico (à época) entre eles. Enquanto as cartas denominadas *tarô* se baseavam em uma estrutura simbólica (nome, numeração e quantitativo), com uma média de 40 tipos similares ao tarô clássico (padrão Marselha), o *tarocco* permaneceu livre em sua concepção artística (política, social, histórica). Uma questão que se propõe: qual estrutura deu início à cartomancia: o baralho (naipes) ou o tarô (trunfos e naipes)? Se levarmos em conta os registros históricos, sem sombra de dúvida foram os naipes.

1740: O PADRÃO FRANCÊS

É comum se classificar os modelos antigos de tarôs de acordo com o padrão típico que era produzido em algumas regiões. Muitas vezes, um símbolo ou uma numeração pode revelar muito mais do que se pode pensar. Por exemplo, os artesãos milaneses posicionavam o trunfo Temperança entre o trunfo Morte e o trunfo Diabo; já os ferrarenses o colocavam na sexta posição (entre o trunfo Papa e o trunfo Carro), e ainda encontramos na produção de artífices bolonheses a sequência: Temperança (6), Justiça (7) e Força (8), e na dos sicilianos,

Pendurado (11), Eremita (12) e Morte (13). Alguns tarôs predominaram mais, enquanto outros se fundiram até chegar ao padrão marselhês que conhecemos, e, deste, surgiram outros modelos (leia o tópico "Papa e Papisa", na página 332). De certa forma, os 22 trunfos dos diversos baralhos se assemelham em imagens e, pelo contexto histórico, seguramente podemos dizer que surgiram no norte da Itália em pleno século XV, nem mais, nem menos. Vale pontuar que o vocábulo tarô (*tarocco*, *taraux*, *tarau*, *tarot*, *tarok*, *tapo*) nem sempre aludia ao contexto de 78 cartas (trunfos e naipes); muitas vezes era apenas a forma de se jogarem os naipes. Por isso, nem todos os tarôs continham os trunfos; eram somente constituídos de naipes, e isso torna possível classificar as origens e influências que um tarô permeou no outro. Até o início do século XVIII havia três protótipos para os naipes, e deles se ocupavam todos os artesões da Europa: o sistema italiano, o espanhol e o português — que se diferenciavam essencialmente por intermédio do *naipe de espadas* e dos *reis*. Havia mais dois subsistemas: o germânico e o francês — não entendo a razão de os pesquisadores não os incluírem, mas é fato que influenciavam várias regiões e foram produzidos por alguns séculos.

- O modelo *italiano*, o mais antigo de todos, apresenta no *naipe de espadas* ilustrações de espadas curvadas e entrelaçadas ocupando todo o espaço da carta (Figura 76c); o naipe de paus está ornamentado por bastões retos em diagonal (Figura 75), também desenhados em todo o espaço possível. O naipe de ouros e o de copas é ilustrado, respectivamente, pelo quantitativo de moedas e taças (Figura 18a e 18b). Há quatro cartas da corte: o rei (entronado), a rainha, o cavaleiro e o pajem (Figura 30). Ao todo: 56 cartas. *Observação*: esse sistema encontra-se registrado nos genuínos tarôs de Marselha, por isso se diz que sua origem é italiana, além das imagens dos trunfos originadas em Milão, é claro. Encontram-se duas exceções: no *minchiate* florentino as ilustrações das espadas eram retas, enquanto nos *tarôs* ferrarenses eram curvas, mas não se entrelaçavam.

- O modelo *espanhol* traz no *naipe de espadas* desenhos de espadas retas, separadas e simetricamente esboçadas (Figura 76b); o mesmo ocorre com os bastões do naipe de paus; essas imagens não ocupam o espaço visível. Os demais naipes numerados seguem o modelo do italiano (moeda e taça). Não existe a carta de número 10 e há somente três cartas da corte: o rei (de pé), o cavaleiro e o pajem (somente personagens masculinos — Figura 95a). Ao todo: 48 cartas.

- O modelo *português* revela imagens de espadas retas e cruzadas em diagonal para o *naipe de espadas*, o mesmo ocorrendo com os bastões no naipe de paus; todas as ilustrações são simétricas. Os Ases são ilustrados por dragões alados (Figura 70). Os demais naipes numerados restantes seguem o sistema do italiano (moeda e taça). Não há carta de número 10, existindo somente três cartas da corte: o rei (de pé), o cavaleiro (antigo conde) e a sota (não existe a rainha, mas a dama de companhia). Ao todo: 48 cartas.[51]

- O submodelo *germânico* contém traços peculiares em que os símbolos naipes são retratados por figuras humanas, animais ou plantas. Por exemplo, nas cartas de Virgil Solis (1530) encontramos os naipes ilustrados por papagaio, pavão, leão e macaco, todos mantendo o quantitativo de animais de acordo com a numeração do naipe; já nas cartas de Peter Flotner (1545) encontramos: folha, sino, coração e bolota (fruto do carvalho). Detalhe importante: o rei está a cavalo; também

[51] O exemplar completo e mais antigo de que temos notícias data de 1520, foi produzido por Giovanni Antonio Testone e se encontra na Biblioteca Beinecke, Universidade de Yale, New Haven, EUA.

encontramos o cavaleiro, o pajem e a sota (não há a rainha). O conjunto variava de 52 (sem o número 10) ou 56 cartas (similar à estrutura italiana).

- O submodelo *francês* contém símbolos distintos nos naipes: ladrilho (♦ = ouros), lança (♠ = espadas), coração (♥ = copas) e trevo (♣ = paus), usado essencialmente na França, na Inglaterra, na Holanda e em parte da Suíça; por sua vez, a corte seguia o padrão italiano, mas sem a figura do cavaleiro (Figura 95b). Portanto: o *rei* entronado seguido da rainha e do pajem. Historiadores supõem que esses símbolos foram adaptações do modelo germânico por volta de 1480/1500; por outro lado, também é o período em que os franceses tiveram contato com o tarô durante a invasão no norte da Itália. Ao todo: 52 cartas.

Até o início desse período, a França, a Inglaterra e a Bélgica produziam os baralhos em diversos sistemas e os tarôs segundo o padrão italiano — trunfos e naipes; o governo francês também distribuía para sua colônia: Canadá. A Suíça e a Áustria fabricavam, em parte, o sistema italiano e, em parte, o germânico, que era o preferido da Bavária e região. A Espanha fabricava o padrão espanhol, igualmente distribuindo para suas colônias (México, Nicarágua, Guatemala). Portugal empregava o modelo português e o comercializava diretamente com o Japão, a Indonésia e a Índia, e o distribuía para sua principal colônia: Brasil. Por sua vez, a Itália usava os três sistemas: o italiano na região norte, o espanhol na costa oeste e o português ao sul — essa diversidade se devia a fatores políticos, quando Portugal ou Espanha governaram parte daquele país.[52] A nomenclatura era indistinta para os naipes

[52] Michael Dummett relata a possibilidade de ter existido mais três subsistemas para os naipes, todos originados do padrão espanhol e do português: o modelo romano, o napolitano e o maltense; tal perspectiva é fornecida de acordo com alguns exemplares em museus (museu Pitré, Sicília; Museu USPCC, Cincinnati) e outras pesquisas (Joseph Schiró; Thierry Depaulis).

(quer estivessem juntos ou separados dos trunfos) e cada região traduzia literalmente, de acordo com o idioma. ***Note e anote***: não encontramos notícias de que os 22 trunfos tenham sido usados em Portugal, na Espanha, na Inglaterra e na Alemanha e em suas respectivas colônias até o final desse período; somente os jogos com os naipes. Itália, França e Suíça são as únicas regiões que registram simultaneamente o uso do tarô, do *minchiate* e do baralho em todas as variações existentes.

Tabela 13 – Nome dos naipes (1)

Nomenclatura até o início do século XVIII				
Português	Ouros	Espadas	Copas	Paus
Italiano	Dinero	Spade	Coppas	Bastoni
Espanhol	Oro	Espadas	Copas	Bastos
França	Deniers	Espées	Coupes	Bastons
Inglaterra	?	Spades	?	Clubs
Alemanha	Dependia do nome da ilustração			

Enquanto por toda a Europa os jogos de cartas se expandiam, encontraram certo declínio na França — há registros de que, em 1725, os jogos de tarô estavam praticamente esquecidos por quase todo o norte e oeste, principalmente em Paris. Então, sem ninguém conhecer o idealizador ou o real motivo, algum produtor francês alterou a simbologia dos naipes para a glória das cartas em todo o mundo (novamente). Surge, por volta de 1740-1745, o novo padrão *francês*, que fará uma dicotomia entre os jogos que usam somente os naipes (32 a 56 cartas) e aqueles que adicionam os trunfos aos naipes (78 a 97 cartas). No primeiro grupo a maioria passou a empregar o novo padrão francês (mais fácil de se decorar), enquanto outros preferiram manter o modelo espanhol; o segundo grupo (trunfos e naipes) continuou a empregar exclusivamente o modelo italiano. O protótipo português e o germânico foram relegados a segundo plano e praticamente deixaram de ser comercializados. Fato curioso é que a monarquia francesa, a princípio, não autorizou a fabricação dos novos modelos, pois detinha o controle rígido na produção de cartas, mas algumas regiões da Itália, Espanha e Portugal adotaram o novo sistema. Devido a esse impasse comercial elas foram patenteadas na Inglaterra por Edmund Ludlow e Ann Wilcox em 1799; por isso, diz-se baralho inglês (na verdade, novo sistema francês).

- O novo modelo francês fixa o conjunto em 52 cartas e substitui para sempre a denominação: ouros, espadas, copas e paus *para* ladrilhos, lanças, corações e trevos, respectivamente. Contudo, a mais *importante* mudança ocorre na introdução de imagens reversas das figuras da corte e números duplicados, como um reflexo — facilitava o uso, visto que nos outros sistemas somente havia uma direção tanto para o símbolo quanto para a numeração/nominação. Vejamos a comparação entre os principais protótipos ainda em uso (Figuras 76a, 76b e 76c).

Figura 76a – 7 de espadas (sistema francês novo).

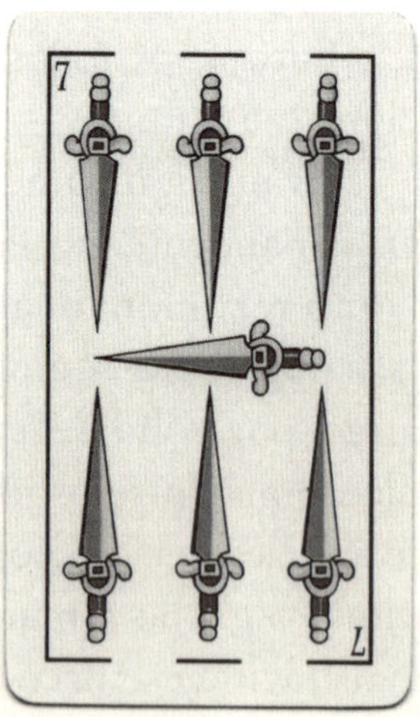

Figura 76b – 7 de espadas (sistema espanhol).

Figura 76c – 7 de espadas (sistema italiano).

Tabela 14 — Nome dos naipes (2)

Nomenclatura após 1740 (somente para o carteado)				
SIMBOLOGIA	♦ (vermelho)	♠ (preto)	♥ (vermelho)	♣ (preto)
Portugal	Ouros	Espadas	Copas	Paus
França	Carreaux	Piques	Coeurs	Trefles
Itália	Quadri	Picche	Caori	Fiori
Espanha	Ladrillos	Picas	Corazones	Palos
Inglaterra	Diamonds	Spades	Hearts	Clubs
Alemanha	Rauten	Später	Herzen	Kreuzen
Suíça	Bells	Leaves	Hearts	Glands

Note e anote: a partir da metade do século XVIII os diversos tipos de jogos se distanciam definitivamente uns dos outros, principalmente na raiz cultural. Eles se definem entre si e se relacionam com o próprio país. O modelo italiano, usado com os trunfos, fica isolado no norte da Itália, no sul da França e parte da Suíça; praticamente o que denominamos tarô (78 cartas) passa a ser regional e um tipo especial de jogo (não mais o modelo principal). Um dado interessante é que, posteriormente, a Itália e a França adotaram o novo sistema francês somente para o carteado; assim, encontramos ilustrações e nomenclaturas distintas entre os naipes do baralho comum e os naipes do tarô. O novo protótipo francês, simples e diferente, substitui os outros modelos em praticamente todos os países que jogavam cartas com o padrão italiano. Os sistemas espanhol e português continuaram a ser usados pelos países que os empregavam, incluindo parte da Itália (Roma, Nápoles, Sicília); porém, o sistema germânico foi influenciado pelo francês e adotou os novos símbolos, mas manteve certa liberdade na ilustração. Para um tarólogo, é importantíssimo entender os sistemas existentes, pois isso lhe permitirá conhecer melhor os baralhos históricos, suas influências e a cisão entre o baralho comum e o tarô a partir desse período. *Agora posso retomar uma* *questão anterior e afirmar que o baralho que conhecemos atualmente (sistema inglês ou francês) teve origem nos naipes italianos que compõem o tarô.*

TARÔ E *TAROK*

O tarô e o *minchiate* se encontravam cada vez mais em uso em toda a Itália, no sul da França, em parte da Suíça e da Alemanha; jamais chegaram a ser populares em outros países, mas outro tipo de concepção simbólica surgia na Áustria, na Alemanha e na Holanda para se tornar uma febre social: *tarock* ou *tarok* (Figura 77), *uma síntese dos trunfos italianos com os naipes no novo padrão francês.* Esse conjunto se encontra absolutamente livre tanto dos símbolos tradicionais dos trunfos quanto do *tarocco* em si, sendo ilustrado por um assunto em particular; às vezes, lembra as cartas pedagógicas criadas por Murner ou as cartas instrutivas. O tema para as imagens do *tarok* é infinito:[53] ópera, dança, mitologia, folclore, cidades, pessoas, fatos históricos etc. Um dos mais antigos que se tem notícias data de 1752, *tarok dos animais* (Jean Friedrich Mayer. Odense, Dinamarca), e de 1780, *tarok das carruagens* (Andreas Benedictus. Munique, Alemanha). Após essas mudanças estruturais também foram introduzidos novos nomes às cartas de tarô: *petit atous* (2-5), *atous* (6-16), *grand atous* (17 a 20) e *atous-tarot* (1, 21, s/n), revelando novas formas de se jogar carteado. Assim, *trunfo* e *atout* tornaram-se sinônimos. O vocábulo francês *atout* significa ponto a favor, vantagem.

Note e anote: a preservação dos quatro naipes com a corte e os numerados em todos os tipos de baralhos é um fato, no mínimo, interessante. Pareciam ser primordiais, mas, para alguns jogos, os trunfos eram mais importantes. Outra questão para refletirmos sobre o surgimento do tarô se deve ao fato de que os naipes surgiram completos com 56 cartas (16 cartas da corte e 40 numeradas divididas em quatro

[53] Ainda em produção e uso lúdico em alguns países europeus.

Figura 77 – Petit atous 5, naipe 8 de paus e rei de copas.
Tarock. Piatnik & Söhne. Viena, Áustria.

naipes), o mesmo ocorrendo posteriormente com os trunfos (22 cartas). Observe as principais diferenças entre as várias denominações:

TARÔ, TAROT OU TAROCCO — 78 cartas, sendo 22 com alegorias similares aos trunfos tradicionais, 56 com símbolos dos quatro naipes, padrão italiano. *Uso lúdico e oracular.*

TAROCCHI — 50 a 78 cartas, que variavam de alegorias, às vezes continham somente trunfos, em outros, eram adicionados os naipes. *Uso lúdico.*

TAROCCHINO — 62 cartas, constituído de 22 alegorias similares aos trunfos tradicionais e 40 cartas com os quatro naipes, mas suprimidos os números: 2, 3, 4 e 5. *Uso lúdico.*

TRAPPOLA — 36 cartas; somente eram usadas as cartas rei, cavaleiro, pajem, 10, 9, 8, 7, 2 e Ás de cada naipe.[54] *Uso lúdico.*

NAIPES — 56 cartas no sistema italiano, 52 no padrão inglês e francês (não contém o cavaleiro), 48 no molde espanhol (não contém a rainha nem a carta 10) e português (não contém o cavaleiro nem a carta 10). *Uso lúdico ou oracular.*

MINCHIATE — 97 cartas, organizadas com 22 alegorias similares aos trunfos tradicionais, 19 com trunfos adicionais (signos zodiacais, quatro elementos, três virtudes) e 56 com símbolos dos quatro naipes: sistema italiano. *Uso lúdico.*

BARALHO INSTRUTIVO — variava de 25 a 160, figuras únicas de acordo com proposta ilustrativa; diferente dos trunfos tradicionais, não havia naipes. *Uso pedagógico ou cultural.*

TAROK — 78 cartas, compostas de 22 figuras exclusivas, de acordo com a proposta ilustrativa, e 56 cartas no modelo italiano. Há uma versão menor com 54 cartas, sendo 22 figuras únicas e os demais são naipes no padrão francês, a saber: 16 cartas da corte; Ás, 2, 3 e 4 de ouros e copas; 7, 8, 9 e 10 de espadas e paus. *Uso lúdico.*

Com a produção do tarô ainda em alta, o rei da França, Luís XV (1710-1774), ordenou que todas as taxas provenientes das cartas fossem diretamente aplicadas na manutenção da Real Academia Militar, e para evitar o dolo obrigou os produtores a usarem somente papel timbrado distribuído pelo próprio governo — isso evitava a falsificação e a sonegação de impostos o que, aliás, se tornou um

[54] Vale ressaltar que *trappola* e *tarocchino* eram denominações para o mesmo tipo de carta. A variação ocorria somente no quantitativo utilizado para o jogo. Apenas se comprava o necessário, e a matriz era sempre a mesma: 56 cartas formadas por 14 cartas de cada naipe (ouros, espadas, copas, paus).

grande problema fazendário praticamente em todos os países. Por sua vez, a monarquia portuguesa, tentando evitar a corrupção, dissolveu o sistema de estanco no fabrico de cartas e instalou em Lisboa, em 31 de julho de 1769, a Real Fábrica de Cartas; a nova empresa estatal visava dominar o mercado interno e melhorar a distribuição para as colônias (Brasil, Índia, África, China); também proibiu as importações nesses locais, protegendo a produção das cartas portuguesas que já atingia a média de 240 mil baralhos por mês. Em 1º de janeiro de 1770 o rei dom José I (1714-1777) decretou para todos os súditos que qualquer tipo de falsificação ou comércio de cartas não produzidas pelo governo lusitano seria punida com o exílio no Brasil.

BASTAM 15 MINUTOS

Em meio à produção em massa de todo tipo de cartas a *primeira* pesquisa que tenta ou ousa explicar a natureza divinatória do tarô — digo *ousa* em razão de ser uma voz dissonante em meio aos ocultistas que nunca discutiram o assunto — encontra-se no penúltimo tomo de uma extensa obra denominada *Monde Primitiv*, *Analysé et Comparé avec le Monde Moderne.*[55] Publicada em nove volumes, em Paris, no período de 1775-1784, escrita pelo historiador francês e pastor protestante Antoine Court de Gébelin[56] (1725-1784),[57] cujo objetivo era

55 Mundo primitivo, analisado e comparado com o mundo moderno.

56 O nome de batismo era somente Antoine Court, igual ao do pai (1695-1760) e fundador da Igreja Reformada; após a morte do progenitor, tornou-se maçom na loja parisiense *Les Neuf Soeurs,* e, ao lado de Voltaire e Benjamim Franklin, apoiou a Revolução Americana (1775-1783). Vale ressaltar que a maçonaria continha mais ecos políticos do que estudos místicos; assim, por toda formação acadêmica e religiosa que possui, não podemos considerar Gébelin um ocultista, mas sim um grande e respeitável historiador.

57 Há divergências em relação à data de nascimento que, mesmo em fontes fidedignas, encontramos o ano de 1719, 1725 e 1728. O autor optou pelo ano de 1725 por constar tanto nas enciclopédias britânicas e francesas quanto nas obras dos principais pesquisadores sobre o assunto — Stuart Kaplan e Michael Dummett.

avaliar a etimologia e a gramática das línguas europeias, trançando a evolução da escrita e perseguindo a ideia de uma língua primeva. Não era uma obra de cunho esotérico — isso precisa estar bem claro —, mas o oitavo volume (capítulos "*Du jeus des tarots*" e "*Recherches sur les tarots*") tangenciou o assunto de forma tão instigante à época que foi validado pelo rei Luís XVI (1754-1793), mas por nenhum ocultista de seu tempo. Ao tarólogo/tarotista é importante saber que nessa obra repousa uma série de equívocos que (infelizmente) perduram até os dias atuais. Encontram-se tão incorporados ao imaginário popular que talvez seja impossível corrigi-los ou extingui-los em curto espaço de tempo, haja vista a quantidade de obras ainda publicadas e largamente compiladas (inclusive por artigos on-line ou autores contemporâneos renomados). O assunto é polêmico e tem gerado inúmeras e acalentadas discussões, quer em palestra quer na internet, mas a questão é factual e deve ser analisada sob o aspecto histórico, não por suposição ou pura presunção. Leia atentamente estes trechos:

> Imagine a surpresa que a descoberta de um **livro egípcio** causaria se ouvíssemos dizer que uma dessas obras ainda existe... E se acrescentasse que ainda é muito usado em grande parte da Europa e, há muitos séculos, se encontra ao alcance de todos... Esse livro egípcio existe... Ele é tudo o que resta, na nossa época, das magníficas bibliotecas do Egito... E ele é tão comum que **nenhum cientista se dignou a estudá-lo**, uma vez que ninguém antes de nós suspeitou de sua ilustre origem... Esse livro é formado por 78 páginas ou quadros... Numa palavra, **esse livro é o jogo de tarô**, um jogo desconhecido em Paris, é verdade, mas muito conhecido na Itália, na Alemanha e, mesmo, em Provença (*Monde Primitiv...*, vol. 8, p. 365).
>
> Convidado a visitar a condessa de H., uma amiga de meus amigos... Nós a encontramos entretida jogando esse baralho [tarô] com outras pessoas... Olhei para a carta [Mundo] e tão logo a vi, reconheci a alegoria... e, **num espaço de 15 minutos**, examinei o baralho intei-

> ro, explicando-o e [eu] declarando sua **origem egípcia**... Um livro egípcio que escapou do barbarismo, da devastação do tempo, dos incêndios acidentais... (*idem*, p. 367).

> O nome desse baralho é egípcio puro, é composto do vocábulo TAR, que significa via, caminho, e pela particula RO, ROS ou ROG, que se traduz como rei, real; no conjunto, traduzimos como **estrada real da vida** (*idem*, p. 380).

A arte egípcia era uma epidemia cultural que influenciava todos os traços artísticos da época (da arquitetura à decoração e joias). Era inebriador falar do Egito (e acredito que, em pleno século XXI, ainda persiste esse fascínio, não é verdade?); por sua vez, os historiadores esperavam que, desvendando os hieróglifos, obtivessem conhecimentos científicos e transcendentais até então indecifráveis nos rolos de papiros — afinal, como haviam sido construídas as pirâmides? E as múmias, quais segredos existiriam no embalsamamento? E a medicina? Assim, com tal situação permeando o imaginário europeu, não foi difícil para a sociedade aceitar as teorias de Gébelin. Foi uma das obras gramaticais mais profundas escritas até então e, como mérito, lhe foi concedido o título de conselheiro real, obtendo respeito e admiração na França.

ESTRADA IRREAL

Gébelin estava disposto a entrar para a história francesa, pois, com relação ao conteúdo etimológico, é impecável, tendo inclusive ajudado Benjamim Franklin no entendimento da estrutura gramatical indígena dos Estados Unidos; mas não se sabe a verdadeira razão de ter incluído o tarô em seu estudo final, tentando relacioná-lo à escrita egípcia. Como suas próprias palavras dizem: *ninguém antes dele havia estudado a respeito*. Então, em que se baseara? Nunca foram encontrados indícios no Egito sobre cartas ou símbolos que se assemelhassem ao tarô para que fosse possível asseverar tal fundamento. Outra questão que salta aos olhos é que em apenas *"15 minutos"* consegue decifrar a relação tarô-Egito. E como isso seria possível sem elemento/pesquisa anterior? Igualmente, não se sabe em que se baseou para relatar que *estrada real da vida* era o significado egípcio para a palavra tarô, visto que somente muitos anos após sua morte viria a se descobrir a decodificação dos hieróglifos, bem como a sintaxe egípcia e copta — não há tal tradução. *No entanto, podemos aceitar esse significado pelo conteúdo semântico, jamais etimológico ou sintático.*

Outra analogia que devemos examinar com muita atenção e cautela diz respeito à relação das letras hebraicas como egípcias e relacionadas ao tarô, bem como toda explicação divinatória contida naquela mesma obra.[58] Não fora Gébelin quem associara algumas letras hebraicas ao tarô — isso, ele mesmo deixa bem claro ao anexar um ensaio chamado *Recherches sur les Tarots, et sur la Divination par les Cartes des Tarots*[59] (Figura 78), relatando que fora escrito por Louis Raphaël Lucrèce de Fayolle, comte de Mellet (1727-1804). Em todo caso, nem Gébelin nem Mellet elaboraram uma relação completa das letras, apenas alguns exemplos com as cartas. Vejamos alguns trechos do referido ensaio:

> **Thot** ou Mercúrio é considerado o inventor da escrita que a princípio não eram sinais, mas as imagens que estão nas cartas... Esse livro **Ta-Rosh**, com leves alterações, chegou até nós, com as cartas que permanecem com o mesmo nome [tarot]... Os **árabes** transmitiram esse livro ou baralho aos espanhóis, e os soldados do rei Carlos V levaram-no para a Alemanha. (*Monde Primitiv...*, vol. 8, p. 395)
>
> O Sol ou o ***Guimel*** significa recompensa, felicidade. A Roda da Fortuna ou o ***Lamed*** figura a ciência, a regra. O Louco expressa nada por si mesmo e corresponde à letra ***Tau***, sendo uma simples marca. O Diabo ou o ***Zain*** anuncia erros, violação da fé, do crime. A Morte

[58] *Monde primitiv, analysé et comparé avec le monde moderne*, vol. 8, pp. 395-410.

[59] Tradução: Pesquisa sobre o tarô e sobre a adivinhação com as cartas de tarô.

395

RECHERCHES SUR LES TAROTS,

ET SUR LA DIVINATION PAR LES CARTES DES TAROTS;

PAR M. LE C. DE M.***

I.

LIVRE DE THOT.

LE deſir d'apprendre ſe développe dans le cœur de l'homme à meſure que ſon eſprit acquiert de nouvelles connoiſſances : le beſoin de les conſerver, & l'envie de les tranſmettre, fit imaginer des caractères dont THOT ou Mercure fut regardé comme l'inventeur. Ces caractères ne furent point, dans le principe, des ſignes de convention, qui n'exprimaſſent, comme nos lettres actuelles, que le ſon des mots ; ils étoient autant d'images véritables avec leſquelles on formoit des Tableaux, qui peignoient aux yeux les choſes dont on vouloit parler.

Il eſt naturel que l'Inventeur de ces Images ait été le premier Hiſtorien : en effet, THOT eſt conſidéré comme ayant peint les Dieux (1), c'eſt-à-dire, les actes de la Toute-puiſſance, ou la Création, à laquelle il joignit des Préceptes de Morale. Ce Livre paroît avoir été nommé A-ROSH ; d'A, Doctrine, Science ; & de ROSCH (2), Mercure, qui, joint à l'article T, ſignifie Tableaux de la Doctrine de Mercure ; mais comme Rosh veut auſſi dire *Commencement*, ce mot TA-ROSH fut particulierement conſacré à ſa Coſmogonie ; de même que l'ETHOTIA, *Hiſtoire du Tems*, fut le titre de ſon Aſtronomie ; & peut-être qu'ATHOTHES, qu'on a pris pour un Roi, fils de Thot, n'eſt que l'enfant de ſon génie, & l'Hiſtoire des Rois d'Egypte.

(1) Les Dieux, dans l'Ecriture & dans l'expreſſion Hiéroglyphique, ſont l'Eternel & les Vertus, repréſentés avec un corps.

(2) Rosh eſt le nom Egyptien de Mercure & de ſa Fête qui ſe célébroit le premier jour de l'an.

Ddd ij

Figura 78 – Fac-símile da página 395 do livro original Monde Primitiv, Analyseé et Comparé avec le Monde Moderne. Século XVIII.

ou *Teth* indica a ação de colher, aliás, a Morte é uma grande ceifadora (*idem*, p. 407).

Pesquisadores acreditam que Gébelin estava de posse desse ensaio, foi muito influenciado por aquelas ideias e o inseriu no capítulo "Du Jeus des Tarots"; aqui não se trata de saber quem foi quem na história, mas de colocar o tarólogo/tarotista bem ciente do campo minado em relação às chamadas *tradições*, ao passado egípcio e às letras hebraicas. Em todo caso, é inegável a contribuição que ambos deram ao surgimento do tarô sob um ângulo esotérico que até então, ao que tudo indica, não existia.

TAROTISTA PROFISSIONAL

As ideias de Gébelin não foram de imediato ao encontro dos filósofos ocultistas, mas abriram as portas para muitos místicos serem aceitos no contexto social. Houve vários seguidores, mas um, em especial, superou o próprio mentor: Etteilla, codinome do francês Jean-Baptiste Alliette (1738-1791). Se devemos ter restrições com a obra de Gébelin — não foi escrita para o campo esotérico, mas para o científico e, no máximo, podemos observá-la como precursora do tarô esotérico —, com Etteilla, cujo trabalho é ridicularizado em muitos livros,[60] necessitamos *urgentemente* lançar um novo olhar sobre esse importante personagem da história do tarô.

Na primeira edição deste livro (Editora Elevação, 2000) teci considerações sarcásticas porque me referia aos argumentos egípcios[61] que

---

[60] Lévi, Papus e Waite caçoam de sua qualidade de cartomante, ora o descrevem como um peruqueiro, ora como um embusteiro; dezenas de outros escritores do século XX apenas compilaram tais pontos de vista. Em pesquisas mais recentes elaboradas por Dummett não se confirma que tenha sido peruqueiro real, tampouco charlatão. Antes de se dedicar exclusivamente ao tarô, Etteilla era comerciante de sementes; posteriormente, de livros raros. Não se encontra nada que o desabone socialmente, nem espiritualmente.

[61] Etteilla publicou que o tarô foi criado por 17 magos, 171 anos após o dilúvio, incluindo o descendente de Mercúrio, Hermes Trimegisto, neto de Caim e bisneto de ⇨

Etteilla também agarrou fervorosamente, mas não evidenciei a parte mais nobre de sua vida: foi o *primeiro* tarotista e tarólogo profissional de que temos notícias, como também escreveu o *primeiro* livro totalmente dedicado ao oráculo com o tarô (*Manière de se Récréer avec le Jeu de Cartes Nommées Tarots*. Paris, França: 1783) e deixou um legado de 11 livros sobre o assunto, inclusive um tarô (Figura 79). Fez do jogo divinatório um meio honesto de vida, foi uma das pessoas mais requisitadas de Paris, tanto para consultas quanto para o ensino — igualmente, é o primeiro professor de tarô de que temos notícias —, em uma época muito conturbada (pré-revolução) e repleta de descrédito (era do Iluminismo), chegou a ter 500 alunos em Paris! Ele treinou uma nova geração de tarotistas cujas ideias iniciais ainda ecoam: métodos de leitura, regras de combinação, cartas invertidas, aspectos negativos e positivos; inclusão da astrologia em consultas; atendimento em consultório, orientação psicológica e espiritual; instrução, palestra e artigos.

Figura 79 – Grand Jeu de Oracle des Dames. Èditions Dusserre, Paris, França. Reprodução do tarô de Etteilla..

Outro mérito histórico foi publicar, em 1788, um tarô exclusivamente com fins esotéricos, ao associar a astrologia e os quatro elementos às cartas — fato inédito. No mesmo ano do lançamento desse baralho fundou a primeira organização dedicada exclusivamente ao estudo do tarô (*Société des Interprètes du Livre de Thot* — Sociedade de Intérpretes do Livro de Thoth), que funcionou mesmo após sua morte. Seja como for, as obras

Noé, que ordenou o Livro de Thoth para a sabedoria de seus ancestrais.

de Jean-Baptiste Alliette — Etteilla — representam o alicerce do tarô divinatório (taromancia); mesmo aqueles que o desdenharam (e muitos ainda o fazem), sorveram os conhecimentos desses princípios, ainda que indiretamente — se os símbolos tradicionais do tarô se encontram estruturados em imagens similares ao tarô de Marselha, as interpretações dos jogos oraculares (orientação ou adivinhação) estão fundamentadas, sem sombra de dúvidas, nas obras de Etteilla — isso é um fato, não uma opinião! Vale ressaltar que até o final desse período nenhum ocultista havia se manifestado a favor ou contra o uso do tarô como fonte oracular, nem sobre o passado egípcio ou hebraico, tampouco em relação aos ciganos.

REFLEXÕES PARA A HISTÓRIA (PARTE 5)

Sociedades secretas

O pensamento científico postulado pelo filósofo René Descartes (1596-1650), pelo filósofo Francis Bacon (1561-1626), pelo astrônomo Johannes Kepler (1571-1630) e pelo físico Isaac Newton (1642-1727) tomou proporções gigantescas nesse período. A era do Iluminismo (ou Século das Luzes) aterrissou como uma bomba atômica nas artes filosóficas e religiosas, incinerando toda a ciência oculta: alquimia, cabala, astrologia e toda sorte de fraternidades. Surgem, então, a física, a química, a astronomia, a matemática, a botânica, a psiquiatria — a filosofia da razão é a Senhora do universo! Em toda a Europa havia duas palavras simples e perigosas: *por quê*? Certezas ancestrais desmoronaram, a autoridade monárquica sucumbiu, a estrutura do universo e até mesmo a existência de Deus foram colocadas em dúvida. Todos os continentes do mundo estavam em absoluto conflito; todos os tipos de revoluções surgiram, tudo mudou, todos gritavam por independência! Para o ocultismo, temos um verdadeiro sistema comatoso: as fraternidades se tornaram realmente *secretas*, não por receio da Inquisição

— porque esta (na verdade) nunca as feriu —, mas por receio do escárnio e do descrédito popular! Todas as artes ocultas, antes no vernáculo de qualquer filósofo e cientista renascentista ou barroco, foram relegadas a um caráter supersticioso, e a maioria das fraternidades praticamente fechou as portas aos novos iniciados. Novamente, no meio ocultista, não temos nenhum relato sobre o tarô entre os remanescentes. *Não é interessante e muito estranho que o esoterismo se encontre em total decadência, enquanto o tarô esteja sendo livremente aceito pela comunidade europeia, inclusive em um aspecto divinatório?* Mesmo com as obras de Gébelin e Etteilla, qual a razão de renomados ocultistas sequer escreverem sobre o tarô?

O Diabo

O século XVIII é um período muito peculiar para o mundo cristão: a Inquisição é abolida em quase todos os países do mundo, os dogmas são questionados pelos senhores do Iluminismo e o poder do clero

Figura 80a – Primeira publicação: 1634. Tarô de Jacques Vieville. Bib. Nac. da França, Paris.

Figura 80b – Primeira publicação: 1785. Tarô de Etteilla. Éditions Dusserre, Paris.

Figura 80c – Primeira publicação: 1810. Tarô de F. Gumppenberg. Lo Scarabeo, Itália.

desmorona mediante a nova sociedade que se aproxima (com a emergência do Estado laico). O tarô nunca foi perseguido pelo Santo Ofício, em tempo algum — o trunfo Diabo sempre esteve lá, impávido (Figuras 80a, 80b, 80c); o trunfo Louco sempre esteve lá, brincando com seu cãozinho; o trunfo Mago sempre esteve lá, ritualizando. Opinar que o tarô era algo secreto ou que as imagens mudaram por causa da Igreja é um grande equívoco: era um produto estatal, havia centenas de artesãos, rendia altos tributos ao governo. *Se as pessoas eram condenadas à fogueira por algum pacto demoníaco, como a carta com a figura do diabo ou o próprio baralho podia encontrar-se nas mesas de nobres católicos?* Uma situação é ter a imagem em mãos e com ela brincar ou temê-la, e outra bem diferente é a idolatria. Para fechar de vez essa questão: em 3 de março de 1609, o bispo e inquisidor-geral do reino lusitano, dom Pedro de Castilho, enviou um ofício aos inquisidores de Goa (Índia) proibindo[62] a interferência dos ministros da Inquisição e de familiares na venda e uso das cartas de jogar. *Será que o tarô e as cartas em geral teriam muito mais respeito social do que imaginamos?*

O Papa e a Papisa

A Era do Iluminismo mudou a mentalidade humana, já sabemos. Nada mais seria igual: ciência, política e religião. Particularmente nos territórios franceses, tudo o que lembrava o clero estava sendo eliminado, a começar pela queda da monarquia e de algumas imagens do tarô. Mais livres, os artesãos decidiram mudar a imagem do trunfo Papa e do trunfo Papisa, substituindo-os, respectivamente, pelas alegorias dos deuses romanos Júpiter e Juno. O modelo mais conhecido é o tarô de Besançon (início do século XVIII) e o de 1JJ Swiss (1860) — veja Figura 81a.

---

[62] Biblioteca Nacional do Rio de Janeiro, documento 25,1,002 nº 055.

Figura 81a – 1JJ Swiss Card Tarot. U.S. Games Systems, EUA.

Bem, mas não ficaram aí. Outros trocaram a imagem do Papa pela alegoria do deus grego Baco (pura ousadia contra os dogmas católicos) e da Papisa pela imagem de um personagem clássico da comédia, o burlesco capitão espanhol (outra brincadeira). Sátiro e satírico, entende a chacota à Igreja? O modelo mais conhecido é o tarô de Vandenborre — veja a Figura 81b.

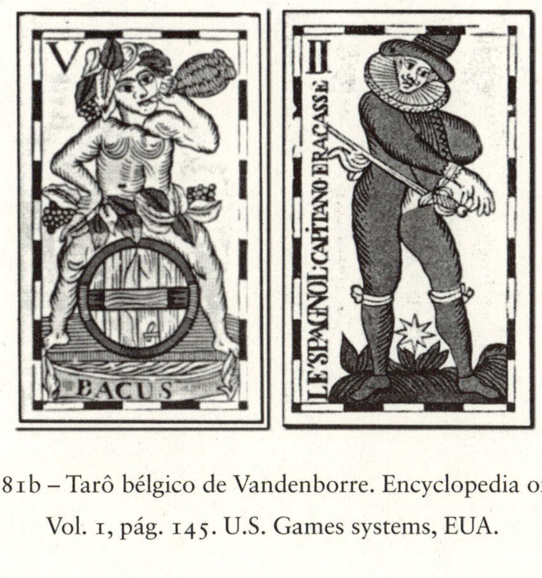

Figura 81b – Tarô bélgico de Vandenborre. Encyclopedia of Tarot, Vol. 1, pág. 145. U.S. Games systems, EUA.

Um dado histórico muito curioso: por quase dois séculos as famílias católicas preferiram jogar ludicamente o padrão Marselha (Nicolas Conver, Claude Burdel, Jean Payen etc.) e as famílias protestantes, por motivos óbvios, começaram a usar o modelo Bensaçon (François-Henri, Johannes Mayer, Bernard Schaer etc.) ou o de Vandenborre (Jean Galler, Martin Dupont, Antoine Jar etc.). Esse movimento surgiu por volta de 1720, na França, Suíça e Alemanha, durando até o final do século XIX, mas alguns tarôs são reimpressos até hoje. Note que, com o molde Besançon, é possível jogar de forma oracular; contudo, o modelo Vandenborre tornase apenas lúdico.

SÉCULO XIX (1801-1900)

A Era do Iluminismo fez uma cisão na cultura humana. A ciência se dissociou da filosofia e da religião, deixando-as isoladas e sem o poder social de outrora; contudo, ambas procuravam novas bases para se reestruturar, enquanto o pensamento cartesiano desejava ser o padrasto do mundo. Por sua vez, a Revolução Industrial atingiu todos os países, mudando por completo hábitos seculares. Paralelamente, fervilhava no eixo Paris-Londres (o novo centro cultural europeu) todo tipo de especulação sobre o tarô divinatório. Nunca se pensou ou se comentou tanto sobre os enigmáticos 78 símbolos e, por incrível que pareça, mesmo após os livros de Gébelin e Etteilla, não encontramos grandes obras eruditas sobre o assunto. Se, por um lado, as referidas ideias não adentraram no seleto circuito de ocultistas, impregnaram a mente de muitos místicos. Na sequência imediata ao rico trabalho de Etteilla, encontramos Mlle. Lenormand (1772-1843), Mlle. Clément e Mlle. Lemarchand como as cartomantes mais representativas dessa época. De forma semelhante ao primeiro tarotista, elas também publicaram livros e ensinaram a arte de ler todos os tipos de cartas, inclusive o tarô — mas tudo baseado nos frutos profissionais de Etteilla, seja compilando ou se fundamentando em símbolos ou métodos. Julia Orsini é frequentemente citada como famosa cartomante e autora do livro *Le Grand Etteilla ou l'Art de Tirer les Cartes* (Paris, 1838); embora essa obra tenha sido muito importante, Dummett revela fortes indícios de que seja o pseudônimo do editor Simon-François Blocquel (1780-1863). A burguesia e o proletariado se fartavam nas mesas de cartomantes; nos grandes centros urbanos, não havia uma única pessoa que não desejasse ler a sorte. Surgiram diversos quadros e gravuras sobre cartomantes (Figura 82) após os livros de Gébelin e Etteilla, e não há notícias de obras de arte com tal temática que anteceda os referidos autores ou período. Igualmente, é dessa época qualquer gravura com os ciganos jogando cartas — essencialmente, a arte é um reflexo de seu tempo, nem mais, nem menos.

Figura 82 – A cartomante. Gravura de 1800.

As ciências ocultas retornavam ao campo social e, meticulosamente, teve início uma nova campanha para manter viva a chama do saber divino ou da transcendência do universo. No período anterior, ninguém se arriscara a contrariar as ideias iluministas, e não encontramos nenhum nome significativo ou alguma obra que tenha influenciado o conhecimento místico. Praticamente, o século XVII ficou apagado do saber esotérico; as luzes eram da razão, e não da espiritualidade. Em 1801, o cabalista e mago Francis Barret (1765-1825) lançou em Londres um livro que ressuscitaria, em pouco tempo, todo *glamour* místico-renascentista — *The Magus*, conjunto de manuscritos que retomava conceitos de valiosos ocultistas, entre eles o grande mago do século XV, Cornelius Agrippa. Seguiu-se uma onda de novos (excelentes) pensadores sobre o futuro das ciências ocultas, replantando em todos os corações a paixão pelo assunto, entre eles: Antoine Fabre d'Olivet (1767-1825), Eusêbe Salverte (1771-1839) e Lazare Lenain (1793-1877), que, juntos, deixaram mais de 50 livros sobre filosofia oculta, cabala e magia, mas nada escreveram sobre o tarô ou algo que se assemelhasse — mesmo estando todos diante de livros sobre taromancia e com a popularidade que haviam alcançado os jogos divinatórios de um modo geral. A pergunta que sempre me faço: *por quê?* Qual a razão de eruditos desprezarem tanto a cartomancia, mas aceitarem a astrologia e a profecia como artes oraculares? Não estamos falando de quatro anos, mas de 400 anos de registro histórico até esse momento!

A VERDADE INCOMODA?

Samuel Weller Singer (1753-1858) lança, em 1816, o primeiro levantamento (confiável) sobre a história do tarô e das cartas: *Researches Into the History of Playing Cards*. Em sua obra, nas páginas 13 a 16, Singer argumenta as falhas de Gébelin sobre a origem egípcia das cartas além de considerar uma insensatez a origem na Antiguidade (uma vez que todas as informações existentes levam ao século XIV); enfim, resume que não há respaldo para nada e fecha o assunto dizendo que tudo é muito vago. Assim, temos um impasse nas ideias de Gébelin: *os ocultistas sequer deram atenção, os historiadores detestaram e os exotéricos adoraram*.

Em meio a esse quadro, a busca pela decodificação dos hieróglifos ainda inquietava a sociedade europeia — será que Gébelin tinha razão na tradução da palavra *tarot* (tarô)? Bem, não demorou muito para que esse último bastião caísse: Jean-François Champollion (1790-1832) finalizou em 1820 a decodificação[63] da escrita do Egito Antigo.

[63] Por intermédio da Pedra de Rosetta; atualmente no Museu Britânico, em Londres.

Descobriu-se que papiros, templos e tumbas não continham nada além de biografia, documentos comerciais e relatos de guerras; também decifraram inúmeros cerimoniais mágicos em que nada se relacionava com aquilo em que se pensava e não houve resposta aos rituais cabalísticos, tampouco ao tarô — revelavam a cultura de um povo exótico, nada mais. Descobriram que a letra hebraica não tinha relação alguma com a egípcia, nem esta com a magia praticada há séculos na Europa. "Como não?", argumentam os tradicionalistas. Deve haver algo secreto, insistiam (e persistem). Bem, ainda ouvimos e lemos os argumentos de Gébelin, mesmo tudo se tratando de um grande equívoco. Qual o motivo de não aceitarem outra possibilidade histórica? Creio que o desejo coletivo para o tarô divinatório (cartomancia) representar algo tão inexplicável quanto a civilização egípcia fez da imaginação terreno fértil em busca de argumentos cada vez mais insólitos nesse período.

HAVIA UM TARÔ OCULTO?

Nesse turbilhão de pensamentos em busca da verdade surge o ocultista e abade Alphonse Louis Constant (1810-1875), cujo nome espiritual é Éliphas Lévi Zahed ou Éliphas Lévi. Profundo conhecedor das obras dos grandes mestres de todos os séculos e praticante da magia enoquiana,[64] detinha conhecimento e opinião ímpar para sua época. Seguramente, podemos dizer que foi o *primeiro* erudito a se reportar ao tarô como uma arte tão importante quanto a cabala, a magia, a astrologia ou a qualquer outro assunto estudado pela filosofia oculta. Em 1856 lança a primeira obra — *Dogme et Rituel de la Haute Magie*[65] —, opinando sobre todos os trabalhos místicos publicados, e elabora (aquilo que julga ser) uma relação oculta entre as 22

[64] Formulários mágicos desenvolvidos pelo inglês John Dee (1527-1608), mago, astrólogo, matemático e conselheiro da rainha Elizabeth I.

[65] *Dogma e ritual de alta magia*, título já publicado no Brasil pela editora Pensamento — trata-se de um livro histórico, embora não mais de uso prático para o tarô, somente para os estudos cabalísticos.

cartas do tarô e os 22 caminhos que ligam as dez esferas da Árvore da Vida (fundamento da cabala mística); também pauta uma correspondência entre os quatro naipes e as quatro letras divinas do *tetragramaton* (יהוה)[66]; por fim, denomina a carta do tarô como um *arcano*[67] — raramente escreveu a palavra *trunfo*, que era usual, e talvez desejasse elaborar uma cisão entre o profano (jogatina) e o sagrado (adivinhação). Seja como for, a partir de então, toda obra que se reporta ao tarô como uma arte oculta tende a expressar O ARCANO DO TARÔ, não mais o *trunfo do tarô*. Importante salientar que, dessa obra, nascem *todos* os diversos estudos sobre o tarô e a cabala.[68]

Em 1895, após diversos livros sobre magia e cabala, Lévi publica *Cléfs Mejeures et Clavicules de Salomon*, completando suas teorias sobre os arcanos maiores. Nesse livro ele amalgama os selos mágicos, os hebraicos e as imagens do tarô, fechando um círculo de pensamento transcendental sobre o assunto. Embora tenha surgido na Inglaterra outra corrente cabalística a partir de suas próprias ideias, o grande ocultista continuou divulgando os mesmos argumentos, em que o arcano Mago corresponderia à primeira letra — א (*aleph*), veja Figura 83; o arcano Sacerdotisa, à segunda letra — ב (*beth*), seguindo até o arcano Mundo, com a última letra — ת, (*tau*); mas relacionou o arcano Louco à penúltima letra — ש (*shin*). É inegável a original contribuição para as possíveis análises do tarô, mas há uma carga de pensamento ritualístico, obscurecendo a função principal: a adivinhação, a orientação, o autoconhecimento; porém, sob o ângulo filosófico e mágico, nunca estudei algo tão bem-elaborado e fiel ao mundo espiritual.

---

[66] Lévi abre uma tese afirmando que o tarô era um alfabeto sagrado e oculto, atribuído pelos hebreus a Enoque, filho mais velho de Caim, revelação, ou que foi escrita por Moisés no Sinai, buscando na cabala a chave para os símbolos do tarô.

[67] Palavra muito utilizada pelos alquimistas até o século XVII; o termo latino (*arcanum*) significa arca ou baú onde se guardam tesouros e documentos; por derivação, mistério, segredo, algo que precisa ser desvelado.

[68] Sua obra influenciou pesquisadores e várias correntes oraculares ainda em uso (estude o capítulo "Ordem no caos simbólico").

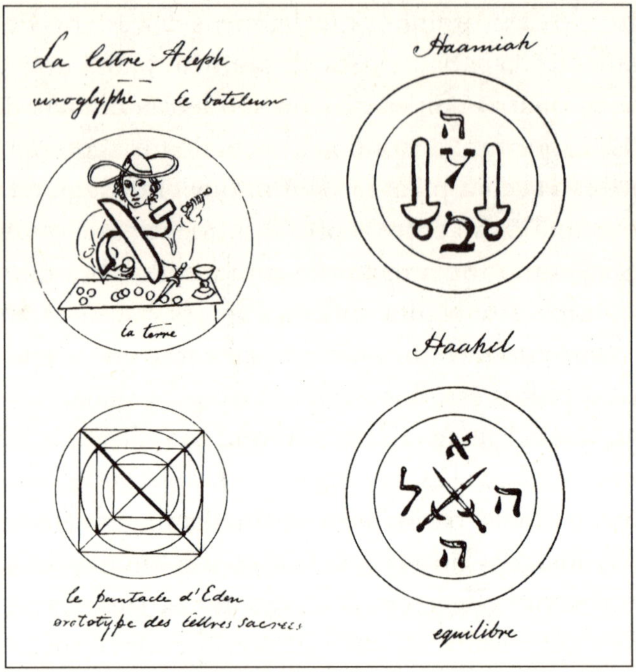

Figura 83 – Arcano Mago. Manuscrito de Éliphas Lévi.

Ninguém sabe o que levou Éliphas Lévi a postular sobre os trunfos-arcanos, nem ele próprio escreveu a esse respeito, mas (felizmente) o fez, e conseguiu introduzir as cartas do tarô na mente dos místicos e esotéricos desde então. *Por tal proeza histórica devemos considerá-lo, ao lado de Gébelin e Etteilla, um dos patronos do tarô.* Escreveu:

> *O tarô, esse livro milagroso, fonte de inspiração de todos os livros sagrados dos povos da Antiguidade, é o mais perfeito instrumento de* ***adivinhação*** *que possa ser empregado com inteira confiança, em razão da precisão simbólica de suas imagens e números* (Le Dogme et Rituel de La Haute Magie, p. 357, 12ª edição publicada em Paris: 1861).

O EMBRIÃO DIVINATÓRIO

Em vida, Éliphas Lévi não conheceu fama ou fortuna, como ocorrera com Gébelin e Etteilla, mas suas ideias floresceram, em razão do emprego de uma linguagem erudita e rebuscada de conceitos enigmáticos para o tarô. O trio Gébelin-Etteilla-Lévi servirá de alicerce para dois grandes expoentes no final desse período: o místico inglês Samuel Lidell Mathers (1854-1918) e o médico francês Gérard Anaclet Vicent Encousse (1865-1917) — o núcleo oracular se encontra definitivamente formado nas mãos desses personagens! Enquanto o primeiro (denominado *MacGregor Mathers*) fundou uma fraternidade esotérica, Encousse (conhecido como *Papus*) lançou inúmeros livros de magia — e ambos influenciaram o pensamento místico de forma irreversível, mesmo para quem jamais ouviu falar de suas obras. ***Note e anote***: nesses cinco homens repousam as raízes do tarô oculto, esotérico e adivinhatório — eles influenciaram gerações de tarólogos e tarotistas, que, por sua vez, ampliaram o conhecimento e entusiasmaram outros tantos. Sim, o passado do tarô é recente, mas não menos nobre que a cabala ou a astrologia, e é melhor o vermos como o oráculo mais jovem das ciências ocultas, ávido por ser explorado.

Londres, Inglaterra: 1888 — MacGregor Mathers e outros místicos instituíram a Ordem Hermética do Amanhecer Dourado (a famosa *Golden Dawn*) que seria responsável por grandes revoluções do conhecimento mágico, alterando a forma ritualística e secular de John Dee (magia enoquiana). Nesse mesmo ano, Mathers lançou um livro sobre o tarô divinatório: *The Tarot, its Occult Signification, Use in Fortune-telling, and Method of Play* — vale salientar que a explicação histórica-metafísica se baseia na proposta de Éliphas Lévi e na adivinhação contida nas obras de Etteilla. Ninguém sabe ao certo qual a razão de a teoria de Lévi[69] ser aceita imediatamente pelos fun-

---

69 Segundo as pesquisas de Dummet, há três versões, mas nenhuma é comprovada. Uma, diz que Éliphas Lévi foi procurado por Kenneth Mackenzie (1833-1886), em 1861, levando ⇨

dadores da *Golden Dawn*, tampouco o pretexto para se incorporar o tarô à fraternidade (fato inédito) — cada carta era uma espécie de dissertação mágica, um verdadeiro arcano espiritual; isso porque um dos métodos mais eficientes de treinamento mágico é o uso de imagens simbólicas para capacitar a imaginação e o poder de projeção astral. ***Note e anote***: pela *primeira* vez o tarô se relaciona diretamente com uma ordem esotérica, com uma fraternidade oculta, para habilitar seus adeptos na magia e não ao oráculo.

Paris, França: 1889 — Papus[70] sedimentou de vez a ideia do tarô como adivinhação; embora criticasse duramente a cartomancia de Etteilla, Julia Orsini e Mlle. Lenormand (tal como fizera Éliphas Lévi, algumas décadas antes), ele mesmo terminou como o grande responsável pela propagação da cartomancia no mundo, ao lançar o livro *Tarot des Bohémiens* — uma compilação das obras de Etteilla, Orsini, Lenormand, MacGregor, Vaillant[71] e Christian,[72]

---

a tese para os círculos místicos londrinos e, anos mais tarde, apresentada diretamente a MacGregor Mathers; outra, diz que em 1887 o maçom A. F. A. Woodford apresentou a Willian Wynn Westcott (1848-1925) um livro antigo (*Cypher MS*), adquirido em um sebo; a última, que o mesmo Woodford encontrou a referida obra arquivada em uma estante de Mackenzie. Aquela obra antiga continha instruções ritualísticas de uma fraternidade com traços maçônicos, agregando as ideias de Lévi — *Tarô e os caminhos cabalísticos na Árvore da Vida*. Por sua vez, Westcott congrega Willian Robert Woodman (1828-1891) e MacGgregor para que fundamentem a *Golden Dawn*. Em 1888, foi fundado o templo Ísis-Urania em Londres, que entre os 51 membros iniciais, contava com: Arthur Edgard Waite (ocultista), Willian Butler Yeats (poeta) e Alan Bennett (escritor); alguns anos mais tarde se tornaram adeptos Bram Stoker (escritor), Dion Fortune (psicanalista), Pamela Smith (artista) e Aleister Crowley (magista).

[70] Em 1891, viria a instaurar a Ordem Martinista Moderna por intermédio de manuscritos de Louis Claude de Saint-Martin (1743-1803), ao mesmo tempo que era cofundador da Ordem Cabalística Rosacruz.

[71] Embora Antoine Court de Gébelin tenha apenas relatado que o tarô fora trazido do Egito pelos ciganos, foi Jean Alexandre Valliant (1804-1886) quem introduziu, em 1853, o conceito da origem cigana para o tarô em seu livro *Les Romes*: *histoire vraie des vrais Bohémiens*.

[72] Seguidor fiel das ideias de Lévi, o bibliotecário Paul Christian — codinome de Jean-Baptiste Pitois (1811-1877) — publicou em 1863 o livro *L'homme Rouge des Tuileries*, ⇨

mas também apontou relações interessantes por intermédio de Saint-Yves d'Alveydre e François-Charles Barlet[73] sob o ângulo da teosofia. Cada carta que ilustra o livro tende a traços egípcios (Figura 84), como se ele fizesse uma correção simbólica para autenticar a própria tese. ***Note e anote***: é a primeira obra em que se registra o termo *arcano maior* para denominar os 22 trunfos e *arcano menor* para relacionar os 56 naipes — Lévi apontara apenas que a carta do tarô era um *arcano*; igualmente, Barlet e Christian adotaram a ideia para diferenciar do conceito lúdico. Apesar da enorme contribuição ao tarô, essa obra quase nos converte em rabinos com tantas explicações cabalísticas, seguindo a ideia místico-judaica de Éliphas Lévi: das 320 páginas, somente 34 são dedicadas ao oráculo. Para ser franco, nada de novo foi escrito para a taromancia existente há mais de um século (nem em Papus nem em MacGregor); a única diferença estava na forma de explicá-lo. Na introdução do Capítulo XX, *"O tarô adivinhatório em sete lições"*, Papus nos revela

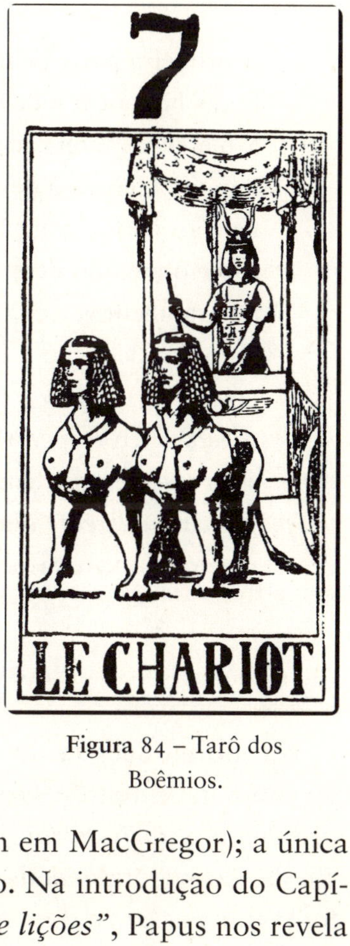

Figura 84 – Tarô dos Boêmios.

revelando que nos templos egípcios havia 78 lâminas de ouro do tarô incrustadas nas paredes; também descreveu cada uma delas como uma espécie de iniciação sacerdotal.

[73] Pseudônimo de Albert Faucheau (1838-1921), foi sucessor de Stanilas de Gaita na Ordem Cabalística Rosacruz; sua ideia sobre o tarô como processo universal de evolução influencia a Sociedade Teosófica, em que cada arcano deve ser estudado em paralelo com uma ciência oculta. Por exemplo, o objeto de estudo do arcano Pendurado será a alquimia, e a função do arcano Estrela, a astrologia etc. Quem melhor condensou esse trabalho do tarô iniciático foi G. O. Mebes e Mouni Sadhu.

um comportamento social peculiar: como ele próprio e os ocultistas de sua época observavam as mulheres que jogavam cartas. Observe o texto:

> A primeira parte de nosso estudo sobre o tarô, cheia de números, de letras hebraicas e de deduções abstratas, certamente não é de molde a merecer a atenção de nossas leitoras. Ocorre que, se a natureza feminina (curiosa de mistério e ideal) aprecia e sabe desculpar todos os voos da imaginação, os homens procuram, antes de tudo, a precisão e o método desse tipo de estudo. Para *eles*, elaborei esse arsenal de argumentos técnicos, aprisionando a imaginação nos laços apertados da dedução... É de tradição, entretanto, que o tarô sirva para conhecer o futuro, e todas as leitoras muito me reprovariam por não prestar meu respeito à tradição [adivinhação]... Procuramos simplificar os métodos empregados, de tal forma que uma mulher, por *pouco inteligente* que seja, possa, muito rapidamente e sem grande memória, exercitar-se nessa arte.

NASCEM OS ARCANOS

Na última década do século XIX começam a ser usados termos até então inexistentes: *tarô iniciático*, *tarô esotérico*, *tarô cabalístico*, *tarô egípcio*, *tarô astrológico*, *tarô numerológico* e *tarô adivinhatório*, dando-se referenciais ao que se está estudando nos trunfos que doravante passam a denominaram-se 78 *arcanos* — 22 *arcanos maiores*, 56 *arcanos menores*. Presume-se que entre as obras de Lévi e as de Papus essas designações tenham surgido no meio ocultista, talvez para se distinguir do uso lúdico ou enobrecer uma arte recém-descoberta. Fato indiscutível, a partir de então: os esotéricos tratam as cartas do tarô como *arcano*; e aqueles que ainda as utilizam de forma lúdica nomeiam-nas de *trunfos* ou *atouts*. Portanto, não há nenhuma tradição oculta no vocábulo arcano; *trata-se apenas de uma conven-*

ção. Com relação a seus símbolos, devemos arrazoá-los como tradicionais, uma vez que inúmeros livros são publicados para explicar um conjunto específico de imagens, independentemente da nominação. De certa forma, o tarô manteve praticamente a mesma estrutura simbólica, ocorrendo apenas pequenas modificações, mas nada que comprometesse o conteúdo. Dentre os personagens que mudaram a face do tarô, ainda podemos citar mais dois:

Em 1889 o ocultista suíço *Oswald Wirth* (1860-1943) publicou em Paris um tarô com simbologia clássica, mas com letras hebraicas gravadas ao lado do nome da carta (empregou a relação descrita por Éliphas Lévi); foi assistente e colaborador do mestre Stanislas de Guaita[74] e também ilustrador da primeira edição do livro de Papus (*Les Tarots des Bohémiens*), considerado um irmão fraterno. ***Note e anote***: deparamos, então, com o *primeiro* tarô impresso com letras hebraicas (Figura 85). Não se tem notícias de cartas com simbologia hebraica antes da obra de Wirth. A partir de então, as cartas do tarô em si tomaram uma significação absolutamente ocultista.

Em 1896, o ator e místico *R. Falconnier* lançou em Paris um tarô com imagens egípcias desenhadas por Maurice Otto Wegener (encontram-se poucos dados biográficos de ambos) e, possivelmente, baseadas na obra de Paul Christian (codinome de Jean-Baptiste Pitois). No livreto (*Les XXII Lames Hermétiques du Tarot Divinatoire*) que acompanha as cartas para serem recortadas e pinta-

---

74 Stanislas de Guaita (1861-1897), considerado o renovador do ocultismo no século XIX, e Joséphin Péladan (1858-1917) convidaram Papus para restaurar a antiga Ordem Cabalística Rosacruz (século XVII) — a consolidação ocorreu em Paris, em 1888. Um ano antes da reinstituição (1887) Guaita travou inúmeras correspondências com Wirth, conhecedor do simbolismo maçônico. Juntos, eles traçaram novos rumos à OCR e aos estudos do tarô. As ideias cabalísticas, egípcias e maçônicas contidas nas obras desses ocultistas influenciaram imensamente o tarô de Falconnier e inúmeros místicos que viriam depois.

das Falconnier cita as seguintes referências: Etteilla, Lévi, Papus, Wirth, Guaita e o tarô de Nicolas Conver (1760) como inspiradores da obra. ***Note e anote***: surge o *primeiro* tarô com iconografia totalmente egípcia (Figura 86), cujos traços irão influenciar ou ser compilados por inúmeras obras do gênero no século XX (talvez a mais conhecida seja a do argentino Julio Iglesias Janeiro com a publicação em 1947 da *La Cabala de Prediccion*, que originou o afamado tarô egípcio da editora Kier na década de 1970).

Figura 85 – Tarô Oswald Wirth.

Figura 86 – Tarô Falconnier.

FIM DO MONOPÓLIO

O final desse período representa o fim de artesãos e de artistas autônomos envolvidos na confecção de cartas, uma profissão que, por séculos, foi uma das mais importantes e requisitadas por nobres e plebeus. A concepção de fábricas mecanizadas movidas a vapor extinguiu as oficinas de artesãos de cartas — todas manuais. O uso da litografia (molde em pedra) substituiu a frágil xilografia (molde em madeira) usada desde o século XIV, melhorando a qualidade dos desenhos impressos — houve uma ampliação de quatro para 16 cores com traçados e contornos mais precisos, além de tons de cinza com boa retícula. O monopólio na fabricação de cartas organizado por Espanha e Portugal[75] e o controle dos reis da França e do governo italiano sobre a produção de baralhos igualmente se fizeram: o capitalismo chegava a todos os lugares, e qualquer pessoa era livre para produzir, mas a cobrança de impostos continuava em alta, pois a produção de cartas ainda era um bom negócio. A Europa continental deixou de ser o centro exportador de baralhos; cada país, inclusive os mais distantes, como Brasil, Chile, Argentina, Índia, Rússia, China ou Japão, iniciou a produção privada de suas próprias cartas com traços regionais característicos; no entanto, por incrível que pareça, *ninguém* — fora do continente europeu — conhece a natureza adivinhatória dos 78 trunfos (arcanos) do tarô, nem sua forma lúdica, mas tão somente o baralho comum (48 ou 52 cartas).

O mundo mudou. Novas descobertas históricas e científicas tornaram o pensamento místico cada vez mais distante da sociedade: muitas crenças deram lugar à superstição, classes emergentes desejavam se libertar dos dogmas religiosos e novas fontes de diversão chegavam: fotografia (1839), telefone (1856),[76] fonógrafo (1857), cinema (1895). Claramente, encontram-se dois ramos para as cartas: lúdico e divina-

---

[75] Atenção: além de Lisboa, igualmente foi instalada no Rio de Janeiro, com a vinda de dom João VI, a Real Fábrica de Cartas, em 28 de maio de 1808 — essa estatal brasileira visava o comércio exclusivo com a Índia, África e Oriente, enquanto Portugal fabricava somente para o consumo europeu; no entanto, ambas foram fechadas, em 10 de outubro de 1832, com a abertura do mercado e a liberação das importações.

[76] Atenção: em 15 de junho de 2002 o governo dos Estados Unidos reconhece que a patente da *invenção do telefone* pertence ao italiano Antonio Meucci (1808-1889), não mais ao escocês Alexander Graham Bell (1847-1922), como consta em livros e enciclopédias.

tório. No lúdico, deparamos com as cartas comemorativas, o *tarok*, o baralho satírico e o baralho comum, produzidos em dois sistemas: o francês (alguns dizem modelo inglês) e o espanhol — o padrão português deixou de ser produzido. Áustria, Holanda, Bélgica e Inglaterra adquiriram excelente reputação na confecção de cartas de jogar ilustradas com temas pedagógicos (história, geografia, astronomia, política, entre tantas). No divinatório, o tarô se agregou à cabala como fonte de estudo, mas guardou o vocabulário da cartomancia (independentemente de ser estudado com as letras hebraicas). Mesmo assim, creio não terem chegado a um denominador comum, ou pelo menos a uma diretriz geral, mas é inquestionável o valor com que impregnaram o tarô com as possíveis aplicações espirituais. Os maiores produtores de tarô se encontravam na França, Itália e Bélgica, mas essencialmente para o consumo interno; no entanto, timidamente, as cartas para a adivinhação avançaram para além desses limites.

REFLEXÕES PARA A HISTÓRIA (PARTE 6)

Egito *versus* ciganos

Com estes seis personagens: *Gébelin*, *Etteilla*, *Lévi*, *Vaillant*, *Christian* e *Papus*, encontraremos várias histórias sobre a origem do tarô fundidas pela imaginação mística, mas pelo menos uma delas todos nós já ouvimos em um belo dia de sol primaveril — talvez alguns já tenham lido na internet, em uma madrugada de intensa epifania: *de que os sacerdotes egípcios, com receio de perderem o poder espiritual e de o saber divino se dissipar, resolveram perpetuar os símbolos mágicos gravados em pequenas tábuas de argila, ensinando as jogadas ao povo, para que futuras gerações pudessem retomar o conhecimento do livro do deus Thot*. Bem, essa é uma das versões mais populares que (ainda) resiste ao tempo; há, contudo, outras, bem mais complexas, que eles próprios postularam: os magos de Atlântida, o dilúvio, quadros no interior das pirâmides, o pai Abraão e até mesmo o próprio Moisés já teria tido as sagradas lâminas de tarô nas mãos. E o simples fato de haver origens tão diversas, sem fonte fidedigna, as coloca por terra. Contudo, todos convergem para um denominador comum — foram os ciganos quem propagaram o tarô pelo mundo, em especial na Europa. Retomo uma questão levantada anteriormente: se os ciganos introduziram o jogo de cartas como adivinhação em solo europeu, por que durante a entrada maciça no começo do século XV nunca se comentou nada a seu respeito no tocante ao jogo de cartas? Afinal, era um povo de costumes estranhíssimos para a época, e seria natural um comentário efusivo a respeito, não seria? Por que todos os tarôs dos séculos XIV ao XVIII têm essencialmente símbolos da cultura europeia e nenhuma da cultura cigana ou até mesmo egípcia? A máxima de qualquer cultura não é a sua preservação simbólica? Por que os ciganos ensinariam sua cultura aos europeus, que desprezavam sua arte e tinham receio de sua estranha aparência? Vejamos: é óbvio que não trouxeram o tarô, porque somente a partir do século XVIII há notícias de ciganas lendo cartas (adivinhação, cartomancia), tanto em crônicas quanto em livros, pinturas e músicas (a ópera *Carmen de Bizet* é um bom exemplo). Justapondo: a chegada dos ciganos acontece no mínimo 50 anos *após* o surgimento dos primeiros registros sobre as cartas em solo europeu (leia detalhes históricos sobre os ciganos na página 279). Em suma: *o tarô não contém relação direta e histórica com o Egito, tampouco com os ciganos ou sua cultura.*

Ocultistas

Observe que desde o surgimento das primeiras cartas, no século XIV até o século XVIII, os artesãos, escritores, jogadores, artistas ou qualquer um envolvido com o tarô (jogatina, pintura, poema, ópera, romance) não eram místicos ou qualquer coisa que se assemelhe. Somente a partir dos ocultistas *Antoine Court de Gébelin*, *Etteilla*, *Éliphas Lévi* e *Papus* é que o tarô entrou definitivamente no universo esotérico. Eles promulgaram uma verdadeira revolução ao introduzir o tarô no seio ocultista e, reconhecidamente, instauraram uma arte esotérica repleta de possibilidades. Se para tal instauração tiveram de supor duvidosas e imaginárias origens — isso aos nossos olhos —, eles o fizeram pela necessidade urgente em estruturá-lo e acreditaram piamente no que propagaram. Afinal, se a cabala, a alquimia e a astrologia possuíam registros de longínquo passado, por que as cartas do tarô não os teriam? É preciso pensar nisso. Uma questão muito interessante é o fato de os dicionários europeus, até o século XVIII, classificarem o tarô *apenas* como um jogo lúdico, não registrando o vocábulo *cartomancia*; no entanto, descrevem todas as ciências ocultas com toda a pompa necessária. Em contrapartida, todos os léxicos publicados a partir do início do século XIX já incluem o tarô como uma arte divinatória, inclusive a palavra cartomancia. Tudo nasce no período de 100 anos. Portanto, ao colocarmos uma linha *divisória* entre o passado e o futuro do tarô, tudo o que notamos no contexto histórico sobre a taromancia, tudo aquilo que sabemos sobre essa arte mágica advém do final desse período, nem mais, nem menos. Verdade seja dita: excetuando a origem egípcio-hebraica, um fato é real: o conceito adivinhatório, a utilidade espiritual, o saber simbólico, os dados de leitura, os métodos, tudo é absolutamente verdadeiro! *Nesses ocultistas repousa a verdadeira origem do tarô divinatório, nem mais, nem menos.*

SÉCULO XX (1901-2000)

Nos últimos 200 anos diversos países sofreram transformações radicais no contexto político-social e, agora, a ciência acena com um mundo antes inimaginável: de viagens ao fundo do mar à exploração planetária.[77] No início desse período o telefone é o objeto mais raro e cobiçado do planeta, assim como a geladeira — adeus às luzes de velas, pois a luz elétrica chegou à maior parte do mundo. Carroças e cavalos estavam com os dias contados nos grandes centros urbanos, pois os carros já circulavam livremente e as locomotivas a vapor já ligavam centenas de cidades. A Europa se dividia entre o tradicional e o moderno. A ciência tornara-se não o padrasto, mas a mãe do mundo — se não houver logicidade, nada é válido. Em todo caso, a democracia tenta pairar sobre todos os povos, e isso faz com que os quatro pilares da mente humana — ciência, filosofia, religião e arte — permaneçam de certa forma equilibrados. Cada qual se desenvolveu de acordo com seu tempo, e o esoterismo, em particular, continuou a trilhar sem obstáculos. O tarô (agora também observado como uma genuína arte divinatória) apresentou menos problemas ainda — no entanto, o uso oracular refere-se apenas ao padrão Marselha e similares. Definitivamente, após séculos do aparecimento das cartas de tarô, podemos encontrar obras, pesquisas, referências e opiniões bem precisas sobre o uso oracular. *O tarô caminha como o arcano Louco, à procura de si mesmo.* Estejamos atentos, pois foi em pleno século XX que todos os conceitos espirituais floresceram: o estudo seguirá por caminhos inimagináveis, rico de informações e descobertas.

[77] O primeiro filme sobre uma viagem à Lua data de 1902 e foi um sucesso em Paris — *Voyage Dans la Lune*, roteiro de Jules Verne, direção de Georges Méliès.

PAPUS *VERSUS* WAITE

Estranhamente, desde o período anterior o tarô vem tomando caminhos quase independentes no que se refere às explicações históricas e estruturais dos arcanos, mas não de sua utilização oracular. Surgem correntes de pensamento, mas este fato não foi percebido em sua origem, tampouco nos dias atuais; eu somente consegui tal feito pesquisando sistematicamente o tarô em diversos idiomas, a partir de então anseio que o tarólogo possa entender definitivamente as ideias que permeiam as centenas de livros existentes. Assim, poderá classificar melhor o que interessa, evitando estudos desnecessários a seu propósito; acredito que essa seja uma de minhas maiores contribuições para os estudantes de tarô. No início desse período podemos citar duas obras importantes que alavancaram definitivamente o tarô no âmbito das ciências ocultas, para o interesse editorial e para a sociedade de modo geral. Tais livros, admiráveis à sua época, devem ser vistos com restrições na atualidade, pois muito já se desenvolveu a partir daqueles conceitos iniciais; o mesmíssimo para os livros de Éliphas Lévi, MacGregor, Etteilla, Gébelin e paralelos.

Em 1909, o médico e magista Gérard Encousse (Papus) lança em Paris seu segundo livro sobre tarô, que influenciaria os países de língua *não* inglesa:[78] *Le Tarot Divinatoire: Clef du Tirage des Cartes et des Sorts*, com ilustrações de Jean Gabriel Goulinat (1883-1972), cujas cartas trazem, além das imagens, uma série de correspondências místicas (astrologia, geometria sagrada, letras hebraicas, egípcias e hindus — Figura 87); contudo, evita se prolongar em

[78] Até a década de 1960 a língua francesa era considerada a segunda língua mundial, menos para os ingleses; assim, essa obra foi traduzida em dezenas de idiomas antes de ser vertida para o inglês. A geração antiga de tarólogos brasileiros foi fortemente influenciada por esse segundo livro, sendo considerada a primeira publicação sobre o tarô em território nacional, permaneceu por algumas décadas como a única disponível (*Tarô adivinhatório*, editora Pensamento). Argentina, México, Portugal, Espanha, Alemanha e Rússia também assimilaram as ideias de Papus antes dos conceitos de Waite.

explicações cabalísticas, teosóficas e transcendentais (como fez em *Les Tarots de Bohémiens*), objetivando unicamente a taromancia, mas insiste na história egípcia e na propagação do tarô pelos ciganos. Escreveu:

Figura 87 – Tarô Adivinhatório.

> O tarô é uma invenção maravilhosa dos iniciados egípcios, e é, ao mesmo tempo, um instrumento científico e adivinhatório... Houve um tempo em que o Egito, não podendo mais lutar contra os invasores, teve de preparar-se para morrer dignamente. Foi então que os sábios egípcios formaram uma grande assembleia para resolver como salvariam da destruição essa ciência [o tarô], reservada até então aos homens considerados dignos de possuí-la.

Em 1910, o ocultista inglês Arthur Edward Waite (1857-1942) difunde em Londres o livro *The Pictorial Key of Tarot* e um tarô completo (Rider-Waite), ilustrado por Pamela Colman Smith (1878-1951), que influenciaria fortemente o eixo Inglaterra-Estados Unidos. O escopo é revelar o tarô não somente sob uma perspectiva ocultista, mas também como uma prática livre de dogmas. Ao contrário de Papus, Waite esquiva-se em tecer comentários sobre os ciganos; diz que o tarô não tem passado anterior ao século XV, mas que incorpora ideias universais perpetuadas pela alquimia e pela cabala. Escreveu:

> O verdadeiro tarô é simbolismo; ele não fala nenhuma outra linguagem, e não oferece quaisquer outros sinais. Uma vez dado o significado oculto de seus emblemas, as cartas se transformam numa espécie de alfabeto que é capaz de um número infinito de combinações e

> faz sentido em todas elas. No plano mais elevado, ele oferece uma chave para os mistérios, de uma forma que não é arbitrária e que ainda não foi comprometida. Histórias simbólicas erradas foram contadas a respeito dele e antecedentes históricos errados têm sido passados adiante em todas as obras que até agora têm abordado o assunto.

Observe que, para Papus, a carta (objeto) e o simbolismo (ideia) são indissolúveis e surgiram em um único local (Egito); no entanto, para Waite, o simbolismo (ideia) é mais importante do que a carta (objeto), não existindo problema que sua origem (física) fosse mais recente. Embora praticante fervoroso da *Golden Dawn* (foi presidente entre 1903-1905), preferiu lançar um tarô com imagens mais tradicionais (próximas ao padrão Marselha) e nenhuma relação explícita com a cabala ou as monografias da referida fraternidade. Contudo, mantém um segredo cabalístico[79] na inversão numérica entre justiça e força.

CABALA: DUAS ESCOLAS!

Por causa dessa trajetória editorial, ***Lévi**-Papus* (escola francesa)[80] e ***Mathers**-Waite* (escola inglesa), terminou por serem formadas — no mundo — duas correntes distintas sobre o estudo de *tarô e cabala:* uma com fortes raízes em Lévi e a outra, em Mathers. No entanto, no quesito divinatório, Waite compila literalmente a cartomancia de

---

[79] Atenção: leia informações importantes sobre a estrutura desse tarô na página 233.

[80] Classifico dessa forma — escola francesa — pelo fato de a relação conceitual tarô/cabala possuir ideias próprias no seio da cultura francesa, em Paris, e suas publicações influenciaram outras edições locais, depois, formadores de opinião ou tarólogos de outros países; o mesmo ocorre com a formação cabalística do tarô na cultura inglesa, a partir de Londres — que denomino escola inglesa. Ambas, ao longo do século XX, irão se fortalecer cada vez mais, agregando obras inovadoras, mas totalmente distintas na explicação dos arcanos. Essas duas nominações completam a sistematização das correntes que classifiquei na primeira edição desta obra, em 2000 — simbologistas e cabalistas, pela editora Elevação.

Etteilla, como já havia feito o próprio Papus e Mathers; portanto, para o objetivo final, que é — sem sombra de dúvida — a *adivinhação* (ou, aos que preferirem: o oráculo, o autoconhecimento, a orientação), ambos satisfizeram plenamente à época (cuidado, hoje não mais, possuindo apenas cunho histórico). Mais um detalhe importantíssimo: igualmente, formaram dois fluxos de leitura, uma vez que Waite ensina o uso de cartas invertidas (reversão), mas Papus nada escreve a respeito. Assim, dependendo da obra publicada primeira e sucessivamente (escola francesa ou inglesa), a geração de tarotistas passou a desenvolver leituras de acordo com o método pertinente — *com ou sem a carta invertida*. São fluxos de metodologia que funcionam igualmente (esse assunto será abordado no terceiro volume: *Tarô, oráculo e métodos*). ***Note e anote***: ao bom tarólogo/tarotista é importante saber que a leitura de cartas invertidas é criação de Etteilla — ou ao menos é por intermédio de suas obras que tudo tem origem —; da mesma forma, todas as informações divinatórias advêm desse personagem tão polêmico, nem mais, nem menos. Portanto, em vez de criticar esse cartomante que influenciou a todos (inclusive aqueles que o censuravam), é melhor pensar duas vezes e agradecer a ele.

Figura 88 – Tarô Rider-Waite. U.S. Games Systems, EUA.

O tarô Rider-Waite, para mim, é um marco histórico (ao lado das obras de Gébelin, Etteilla e Lévi) por vários motivos: é o primeiro tarô de que se tem notícias a ser ilustrado por uma mulher e, principalmente, é a primeira vez que os arcanos menores contêm ilustrações relativas ao conteúdo adivinhatório, abrindo conceitos inimagináveis para a criação artística. Por exemplo — *5 de Ouros* simboliza distanciamento, empobrecimento, dificuldade —, então a carta foi ornamentada com dois mendigos andando sob a neve; *10 de Copas* significa felicidade, prosperidade, realização — a carta contém a ilustração de uma família bem-sucedida (Figura 88). Pamela atribuiu imagens muito coerentes aos arcanos auxiliares,[81] facilitando a consulta, assim como Waite indica diversas metodologias, incentivando que todos fossem um pouco além da doutrina esotérica e procurassem desenvolver aspectos mais práticos e oraculares, buscando uma forma de entender a estrutura do tarô e sua finalidade mais profana.

ABERTURA DE MERCADO

Nessa época, os baralhos lúdicos se distanciaram definitivamente do que consideramos um tarô (78 arcanos); às vezes, surge algum sistema oracular em formato de carta, que termina por se confundir com o próprio tarô, mas a estrutura simbólica está tão definida que ele não ganha força para continuar. A Primeira Guerra Mundial (1914-1918) não afeta o mercado de cartas; ao contrário, Áustria e Alemanha publicam *taroks* com imagens da guerra, e a Inglaterra e a França continuam a produzir os tarôs clássicos (agora para outro público: os ocultistas) e os tarôs lúdicos (*tarok*), que caçoavam da monarquia austríaca. Embora nas primeiras décadas desse período encontremos farta produção de baralhos em todos os continentes, o tarô divinatório é uma arte que floresce exclusivamente no centro da Europa (aliás, desde o século XVIII). Deparamos, sim, em países além-mar, apenas com publicações místicas sobre cartomancia (baralho comum), lacomancia (dados), bola de cristal (vidência), fisiognomonia (sinais do rosto), entre tantas outras; contudo, não encontra-

[81] Estudos de Gertrudes Moakley, Stuart R. Kaplan e Michael Dummett postulam que essas cartas foram baseadas no tarô da família Sola-Busca (Milão, Itália), originárias do século XV e preservadas no Museu Britânico, em Londres. O único em toda a história que possui certas figuras humanas ornamentando os arcanos menores numerados.

mos nada editorial sobre o conjunto do tarô clássico (arcanos maiores e menores). Nos países asiáticos, esse tipo de assunto sequer desperta algum interesse maior, uma vez que já possuem oráculos milenares inseridos na cultura, como a quiromancia (Índia) e o *I Ching* (Japão). No entanto, a arte lúdica com os arcanos maiores (trunfos) adentra no Japão durante o período Taisho (1912-1926); as 78 cartas chegam ao Império do Sol Nascente, mas sem o conteúdo divinatório.

Nos Estados Unidos, a editora mais antiga de que temos notícias a publicar um livro de tarô foi De Laurence, Scott & Co. (Chicago), em 1918. Contudo, é uma cópia (plágio) do livro de Waite sob o título *The Ilustrated Key to the Tarot, the Veil of Divination*, em nome de Lauron Willian Laurence (1868-1936). No Brasil, a história não foi muito diferente: a editora Pensamento[82] (São Paulo) publica o livro de Papus (*Le Tarot Divinatoire: Clef du Tirage des Cartes et des Sorts*) sob o título de *Tarô adivinhatório*, mas nunca abonou o devido crédito, apenas cita "vários autores"; a informação de que disponho é que a primeira edição ocorreu na década de 1930. Já na Argentina, a editora Kier (Buenos Aires) é a pioneira em publicações místicas e lançou o livro de Papus na mesma época que a editora brasileira. O interessante é que a obra de Papus entrou na Espanha, Portugal, Suíça, Alemanha e Rússia antes do livro de Waite; no entanto, as ideias deste foram para a Holanda e Áustria (aproximadamente até 1930) antes das obras de Papus. Por sua vez, Lévi e Papus nunca chegaram a influenciar os países de língua inglesa, ocorrendo o mesmo, em relação a Mathers e Waite, nos países de língua latina.

Embora esteja pontuando determinados livros e autores, gostaria de ressaltar que houve dezenas de publicações sobre tarô em toda a Europa. As edições adjacentes apenas são frutos da linhagem editorial Lévi-

[82] Fundada em 1907, acredito que toda geração místico-espiritualista brasileira deva muitas honrarias ao martinista português Antônio Olívio Rodrigues (1897-1943) ao organizar a primeira editora nacional exclusiva na área ocultista; depois, à Diaulas Riedel (1920-1997), ao presidir a empresa, fundar o selo Cultrix e abrir o mercado para o movimento *New Age*.

Papus ou Mathers-Waite; portanto, seria redundante registrar trabalhos que trazem a mesma informação. Vale dizer que o mercado editorial aposta em obras de cunho ocultista e místico, independentemente da crença popular ou do ditame cientificista. No conteúdo histórico do tarô, temos de investigar quem foram os mentores, os formadores de opinião; devemos pensar se determinado pensamento existia antes de uma publicação específica. Isso não quer dizer que a obra citada tenha sido um sucesso de vendas, pois o que nos interessa é a *origem da ideia* ou a forma como influenciou uma geração de tarólogos e tarotistas.

NOVAS IDEIAS

Ainda no âmbito dessa visão dicotômica, o tarô avançou por intermédio de outras duas grandes obras — mais uma vez, uma francesa e uma americana —, sedimentando o estudo divinatório, que, por sua vez, igualmente iria fortalecer as correntes do pensamento cabalístico (escola francesa e a inglesa); também surge uma *nova* perspectiva sobre o tarô nas mãos de um filósofo, ou seja, fora do círculo ocultista.

Paris, França: 1926. *Oswald Wirth* relança seu tarô (publicado em 1889) e difunde um novo livro, *Le Tarot des Imagiers du Moyen Âge*, que, embora insistindo em uma abordagem hermética com influências claras de Lévi, Guaita e da maçonaria, abre uma fonte de estudo considerável ao expor eventuais arcabouços ocultos contidos nas cartas do tarô. Definitivamente, foi o primeiro a perceber a existência de uma estrutura entre os arcanos, sem relacionar outra fonte simbólica que não seja o próprio tarô. Wirth, a partir das ideias de Christian (a existência de arcanos nas paredes dos templos egípcios), elaborou a estrutura binária (um arcano em oposição a outro) e inúmeras outras[83] possíveis, revelando um novo prisma de

[83] No capítulo "Diagrama da vida" apresento uma releitura da estrutura binária, ternária e quaternária sugerida por Wirth; bem como a descoberta de outra possibilidade de análise na estrutura binária ("Estrutura Naiff de tarô", página 171).

saber e estudo: explicar o tarô em relação à vida humana e ao autoconhecimento. As ideias sobre esse tipo de análise filosófica entre os arcanos ainda influenciam inúmeros tarólogos,[84] pois a cada geração novas formas de saber podem ser agregadas. Escreveu:

> Os arcanos se aclaram por comparação, colocados dois a dois ou quatro a quatro, por ternários e por septenários, e acabam por revelar uma incrível eloquência. Mas, por si mesmos, permanecem mudos. O tarólogo deve trabalhar à maneira de um músico que multiplica os exercícios fastidiosos... Este é um exercício no qual deveriam insistir, sobretudo, aqueles que desejam aplicar o tarô à adivinhação.

Los Angeles, Estados Unidos: 1927. *Paul Foster Case* (1884-1954) publica o livro *A Brief Analyses of the Tarot*,[85] abrindo uma nova era para o tarô nos Estados Unidos, que viria a influenciar os outros países. Ex-líder da *Golden Dawn* (núcleo Nova York), fundou em Los Angeles a própria fraternidade (B.O.T.A. — *Builders of the Adytun*), e jamais negou a influência das obras de Mathers, Waite, Crowley e Wirth sobre seus escritos. O grande destaque consiste em tentar livrar o tarô de palavras preconcebidas e fechadas, pois ele incentiva a não se limitar aos conceitos da cartomancia antiga (Etteilla); assim, estimulava cada pessoa a pintar o próprio tarô, a olhar as imagens e encontrar novas palavras — razão pela qual, anos mais tarde, lançaria cartas com ilustrações em preto e branco para ser colorizada.[86] ***Note e anote***: Case foi o primeiro ocultista a associar tarô com psicanálise; igualmente, desenvolveu o primeiro curso de tarô por correspondência, em 1933.

---

[84] Albert Cousté, Mary Steiner-Geringer, Irene Gad, entre outros.

[85] Em 1947 mudaria o título: *The Tarot: Key to the Wisdom of the Ages.*

[86] Tarô B.O.T.A., lançado em 1931, com ilustrações de Jessy Burns Parke (1889-1964), sendo similar ao tarô Rider-Waite.

Londres, Inglaterra: 1930. *Pyotr Demianovich Ouspensky* (1878-1947) escreve na Rússia,[87] em 1914, o livro *A New Model to the Universe*, mas publicado no Ocidente somente em 1930 (Londres) e 1931 (Nova York); o fato de não ser um ocultista a escrever sobre o assunto, e sim um renomado e respeitado filósofo, formador de opinião, contribui para que o tarô inicie uma rota de estudo fora dos círculos místicos, adentrando em mentes ditas científicas ou céticas, em pessoas que jamais pensariam em conhecer o misticismo. Inicia-se uma corrente exotérica,[88] mas não menos importante. Ouspensky não pregou o estudo fora dos grupos ocultistas, mas mostrou que qualquer pessoa (esotérica ou não) poderia usar uma ferramenta de cunho adivinhatório. Outro ponto forte foi aproximar o tarô ao pensamento cristão, um conceito bem mais popular do que uma relação cabalística. Escreveu:

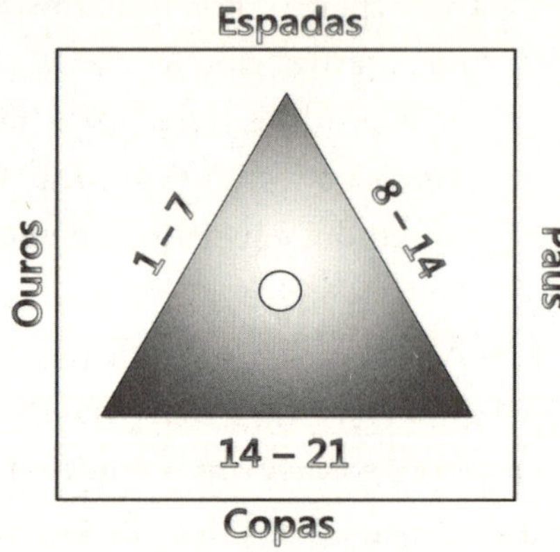

Figura 89 – Modelo Ouspensky.

[87] O filósofo russo Ouspensky e o escritor polonês Mouni Sadhu (1897-1971) foram fortemente influenciados pelas obras do ocultista russo G. O. Mebes (1869-1930), que fundou a ordem *Solar Genius* após romper com seu mestre martinista, Papus, em 1912. Todos seguem as ideias da escola francesa. Vale acrescentar que, em 1917, ocorre a Revolução Russa, na qual as ciências ocultas e toda forma de religião são banidas; alguns adeptos fogem, outros são presos. Somente no final do século XX o esoterismo é retomado naquele país.

[88] Quando grafada com a letra *x* (exotérico), identifica pessoas que não conhecem ou não desejam saber as razões ocultas de um sistema espiritual, apenas o essencial e sem maiores comprometimentos; já, quando grafada com a letra *s* (esotérico), representa o saber e a prática profunda do conhecimento místico e transcendental. Em suma: não é preciso ser um médium ou um ocultista fundamentalista para jogar o tarô; basta querer e estudar.

Agora, se imaginarmos 21 cartas dispostas na forma de um triângulo, sete cartas de cada lado, um ponto no centro do triângulo representado pela carta zero e um quadrado em volta do triângulo (o quadrado constituído de 56 cartas, 14 de cada lado), teremos uma representação da relação entre Deus, Homem e Universo, ou a relação entre o mundo das ideias,[89] a consciência do homem e o mundo físico. Analise a Figura 89 — o triângulo é Deus (a Trindade) ou o mundo das ideias. O ponto central é a alma do homem. O quadrado é o mundo visível, físico ou fenomenal.

REVELAÇÃO CABALÍSTICA

Paralelamente ao trabalho de Case, no mesmo local, em Los Angeles, surgiram mais três importantes místicos escrevendo inúmeras obras sobre o tarô: Manley Palmer Hall (1901-1990),[90] Elbert Benjamine (1882-1951), conhecido como C. C. Zain,[91] e Israel Regardie (1907-1985),[92] que, juntos, foram os responsáveis pela propagação do tarô em solo americano e na língua inglesa (décadas de 1920 e 1930). Embora o ranço egípcio-hebraico da origem do tarô perambulasse por essas obras, em nada foi diminuído o seu brilho, pois foram responsáveis por novas associações, cada vez mais técnicas, incluindo psicologia, meditação e astrologia. Se fora Gébelin quem havia encontrado a origem egípcia *em 15 minutos*, poucos americanos e europeus sabiam

---

[89] Reveja o título "Chaves do saber", página 80, sobre minhas considerações aos arcanos principais (o mundo das ideias) e aos auxiliares (o mundo da forma).

[90] Ocultista canadense, autor de mais de 100 livros, fundou a *Philosophical Research Society*, dedicada ao ideal de buscar soluções para os problemas humanos. Los Angeles: 1934.

[91] Mentor e fundador da organização mística *Church of Light*. Los Angeles: 1933.

[92] Membro da *Stella Matutina* em Londres, fraternidade sucessora da extinta *Golden Dawn*, mudou-se para Los Angeles após o rompimento com seu mentor, Aleister Crowley (1934), sendo o responsável pela publicação de todas as monografias e segredos das referidas ordens de forma clara e objetiva.

de tal fato, pois dezenas de livros populares ou de autores renomados chegavam com a mesma história para o primórdio do tarô: Egito/Egito/Egito. Ninguém questionava, parecia não ser importante. O tarô avançava rapidamente em alguns locais, e de forma tímida em outros.

As obras de Regardie e as de Case esclarecem um ponto fundamental no tarô de Rider-Waite — revelam que a razão da inversão numérica da carta Justiça e da Força encontra-se nos segredos[93] da *Golden Dawn* (maiores detalhes veja página 233). Quando a ordem foi fundada, em 1888, exotéricos acreditavam que as monografias seguiam a sequência descrita por Éliphas Lévi, inclusive foi publicado um livro que revelava o encadeamento sugerido — *The Magical Ritual of the Sanctum Regnum, Interpreted by the Tarot Trumps*, Willian Wyinn Westcott, Londres, 1896. Ledo engado, tudo cortina de fumaça. Enquanto Lévi considerava o arcano *Mago* associado à primeira letra (א), Mathers relacionou o arcano *Louco* (א). Dessa forma, tudo se transforma: para a escola francesa, a Sacerdotisa representa a segunda letra (ב), para a inglesa, é o próprio Mago (ב). Os fundadores da *Golden Dawn* também pautaram a correspondência dos 56 arcanos auxiliares aos quatro planos da Árvore da Vida e, ainda, mudaram os nomes da corte por motivos doutrinários, fazendo dessa estrutura a chave arcana da filosofia mágica por intermédio de monografias. Hall escreveu, algum tempo depois:

> As cartas nunca podem ser analisadas somente pelos estudos das imagens em si, pois os símbolos atravessam muitos estágios de modificação. Cada geração tem redesenhado os tarôs, até que frequentemente somente o esboço mais tosco da ideia original permaneceu. O tarólogo deve *buscar* no passado das cartas a psique que as produziu. O tarô *reflete*, infalivelmente, o ponto de vista do próprio intérprete.

---

[93] Aleister Crowley já havia apontado essa estrutura no livro *Liber* 777, publicado em 1909, em Londres; no entanto, o foco era revelar os segredos da Ordem, e não do tarô de Waite; por isso, creio que essa relação passou despercebida dos tarólogos exotéricos.

Após esses autores americanos, seguiu-se uma avalanche de místicos em busca de revelações mágicas na ensolarada Califórnia e, a partir desse movimento, as ideias do tarô se renovaram em outros países; influenciaram, inclusive, profundamente tarólogos e tarotistas na própria Europa, o berço do tarô. Gostaria de pontuar que, no decorrer desta pesquisa, vasculhando obras e citações, não consigo observar a dita revolução que o tarô de *Thot* e o livro *The Book of Thot*, ambos organizados por Aleister Crowley (1875-1947), possam ter tido à época de seu lançamento (1944). À exceção das belas e coloridas imagens das cartas (também denominadas tarô de Crowley),[94] ilustradas por Frieda Harrys (1877-1962), nada é novidade para o grupo de ocultistas que vivia plenamente os estudos do tarô, tampouco exerceu grande influência neles ou no mercado editorial nas décadas seguintes: tudo o que se observava já fora revelado (ainda que indiretamente) por Waite, Case, Regardie ou o próprio Crowley em outros livros.

SIMBOLOGISTAS: OUTRA ESCOLA!

A Grande Depressão (1929-1939) e a Segunda Guerra Mundial (1939-1945) haviam arrefecido, naturalmente, os ânimos mágicos de todos, mas alguns continuaram (de alguma forma, em meio ao caos) utilizando as cartas como estudos metafísicos ou aprendendo a jogar o tarô divinatório, enquanto outros preferiram seguir um caminho inusitado que abriu novas portas no período pós-guerra. As possibilidades de análise se evidenciavam cada vez mais nos locais em que os arcanos haviam prosperado e auferido a simpatia dos ocultistas, principalmente nos Estados Unidos; no entanto, nos outros países que já tinham contato há muito mais tempo (Itália, França, Suíça, Espanha,

---

94 O tarô de Thot ainda seria amplamente estudado e, dessa vez, sim, exerceria grande influência sobre uma nova geração de tarólogos e tarotistas; mas tudo ocorreu entre 1977 e 1986, quando a *Ordo Templis Orienteis* (O.T.O.) restaurou e reimprimiu o baralho. Veja Figuras 16b e 50a.

Áustria, Alemanha e Inglaterra) o estudo estagnou ou se desenvolveu muito pouco, por conta de se encontrarem bem no meio dos conflitos. A busca de um sentido espiritual logo após a reconstrução da Europa gera novas especulações em torno das cartas e uma grande questão se evidencia: como estudar o tarô sem o ranço metafísico cabalístico? Haveria essa perspectiva? Seria possível encontrar algum respaldo para o significado esotérico das cartas? Lembrando alguns conceitos de Waite, Wirth, Ouspensky e Case, ao deixarem um universo de portas abertas sobre o assunto, outros estudiosos e aficionados pelo tarô iniciaram uma nova abordagem pós-guerra.

Lion, França: 1947. O historiador holandês *Gérard van Rijnberk* (1875-1953), iniciado na Ordem Martinista, lança uma pesquisa aos moldes de Samuel Singer (1816) sobre a origem das cartas — *Le Tarot. Historie, Iconographie, Esoterisme* —, que, analisando todos os documentos possíveis, a tradição bíblica e a iconografia medieval, conclui que o tarô era um jogo de origem italiana ou francesa, nascido no final da Idade Média. Se a figura de Ouspensky situava o tarô no âmbito mental, Rijnberk fornecia alguma base real de sua história. Pouco tempo depois, seguindo as teorias do historiador, a bibliotecária americana *Gertrudes Moakley* (1905-1998) vai além e estabelece afinidade entre os arcanos do tarô e a cultura medieval — o carnaval, as procissões triunfais organizadas pelos nobres em imitação aos césa-

Figura 90 – Torre de Babel, Bedford Hours, 1423. Museu Britânico, Inglaterra.

res, símbolos astrológicos no calendário e nos Livros das Horas (Figura 90). Depois, ela elabora uma grande pesquisa sobre os tarôs da família Visconti-Sforza, fortalecendo ainda mais a possível origem milanesa dos trunfos (arcanos maiores).

Paris, França: 1949. *Paul Marteau* (1885-1966), em 1920, assumiu a direção da editora Grimaud, uma das mais antigas produtoras de cartas. No período de 1928 a 1948, examinou todos os tarôs produzidos na região de Marselha (sul da França) bem como a cartomancia oriunda deles. Dessa pesquisa surgiram o livro *Le Tarot de Marseille* e a reimpressão do tarô de Nicolas Conver (1760) — denominado *tarô de Marselha* (veja página 309). O mais impressionante dessa obra à época é a *não* utilização de substratos místicos (cabala, numerologia, astrologia) para elucidar o conteúdo divinatório da carta ou, até mesmo, a própria estrutura. Wirth já tentara explanar o tarô por arcabouços relativos; Papus evitou traçar o ocultismo em sua segunda obra; Waite, por sua vez, relatou que o importante para a divinação era o simbolismo, não os números contidos na carta. Contudo, Marteau conseguiu esclarecer os pontos necessários a um estudo diferenciado (conceito simbólico) em relação às obras ocultistas vigentes (conceito cabalístico). Sua única obra continua a influenciar editores, escritores, tarotistas e os mais diversos ocultistas até os nossos dias (inclusive aqueles que nem mesmo sabem de sua existência) a estudar o tarô por uma ótica simbólica, sem comprometimento místico ou com alguma fra-

Figura 91 – Ancient Tarot de Marseille Grimaud, França.

ternidade. Seguramente, da mesma forma que Lévi associou tarô e cabala, Marteau os separou, mudando sensivelmente o rumo dos estudos; isso porque não considerava que as cartas fossem totalmente oriundas do Egito, trazidas pelos ciganos ou fundamentadas nas letras hebraicas, mas reconhecia que as imagens agregavam atributos de várias filosofias, crenças ou civilizações. Por exemplo, a Roda da Fortuna tanto lembrava os deuses romanos e gregos como a esfinge egípcia. A Lua, a Estrela e o Sol (Figura 91) indicavam a astrologia. A Temperança, o Eremita e a Justiça seriam as virtudes cardeais. ***Note e anote***: pela primeira vez é possível explicar o tarô apenas pela simbologia, não se fazendo alusão às repetidas historietas do norte africano. Escreveu:

> O tarô é um conjunto de figuras que exprimem simbolicamente o trabalho do homem para realizar sua evolução, ou seja, para atingir os fins inscritos em seu destino, evolução que exigirá lutas, esforços, alegrias e sofrimentos conforme se ajustar ou não às leis universais... O tarô é um vibrador universal e se transforma em fonte de energia pela projeção fluídica de nosso pensamento... Ao fornecer as chaves simbólicas das leis universais que presidem os destinos do homem, o tarô permite que se estabeleça a associação de correntes e, consequentemente, permite prever certos acontecimentos por analogia ou afinidade.

IMAGEM ARQUETÍPICA

A partir da metade do século XX o tarô foi se delineando por diversos caminhos, transformando-se em uma ferramenta divinatória respeitada, com centenas de livros publicados na Europa continental e nos Estados Unidos; porém, abaixo da linha do equador, os passos do tarô ainda eram lentos, quase sem sair do lugar, com as mesmas obras de Lévi e Papus, nada mais — o passado egípcio do tarô ainda reinava absoluto, e ninguém ousava dizer o contrário. O ocultismo foi banido dos países comunistas e, no continente asiático, sequer existia. A grande produção editorial ainda consistia ora em língua francesa, ora em língua inglesa, sendo traduzida para os demais idiomas permitidos. As décadas de 1950 e 1960 não trouxeram nada de novo ao tarô, e nenhum grande nome surgiu; no entanto, a formação da psicologia como estudo acadêmico, o interesse da antropologia urbana e a mudança do paradigma social influenciaram (demasiadamente) o pensamento místico. Ocultistas e exotéricos encontraram respostas científicas para o poder mental, a força emocional, a autocura, o autocontrole, o autoconhecimento — agora, tudo podia ser explicado pelas teorias de dois grandes cientistas.

Carl Gustav Jung (1875-1961), criador da psicologia analítica, havia desenvolvido inúmeras teses sobre o inconsciente coletivo e o arquétipo (protótipo, modelo, padrão), e essas postulações se tornaram populares no período pós-guerra. Ele recorre a alegorias alquímicas para explicar o inconsciente, e pesquisa o *I Ching* para autenticar a lei da sincronicidade; contudo, nunca intentou creditar a veracidade do mundo espiritual (isso deve ficar bem claro), embora tenha fornecido teoria para o ocultismo estabelecendo uma posição coerente em estruturas consideradas ilógicas (jamais escreveu sobre o tarô e sequer analisou uma única carta). Por sua vez, o etnólogo cubano **Fernando Ortiz** (1881-1969) postulou sobre a *transculturação,*[95] cujo núcleo de estudo se reporta a um sistema de transferência de uma cultura à outra, sem prejuízo simbólico; no entanto, *as duas partes da equação saem modificadas*. Esses dois pensamentos — arquétipo e transculturação — se fundiram, revelando o poder dos símbolos sobre a raça humana ao longo dos milênios: *o homem cria seus símbolos, e deles sobrevive*.

---

95 "É um processo no qual se dá sempre qualquer coisa em troca do que se recebe. Um processo a partir do qual emerge uma nova realidade, composta e complexa, uma realidade que não é nem a aglomeração mecânica dos caracteres, nem um mosaico, mas de um fenômeno novo, original e independente." *Bronisław Kasper Malinowski* (1884-1942), antropólogo polonês.

Essas teorias solidificaram o valor simbólico do tarô, e uma horda de psicólogos, esotéricos e curiosos começou a escrever o que bem entendia sobre as cartas; afinal, qualquer relação era possível. Praticamente, tudo terminou por se associar ao tarô, além da velha e boa cabala — integraram-se, então, mitologia, psicoterapia, autoanálise, astrologia, numerologia, runas, música, arte e contos. Esse conceito não se evidenciou em um ou outro autor, como vimos anteriormente, mas em vários, de forma quase que simultânea, entre as décadas de 1970 e 1980.[96] Se, por um lado, a literatura tornou-se rica e repleta de possibilidades, as imagens — seguindo o mesmo caminho — começaram a se transformar tão rapidamente que alguns conjuntos de tarô sequer podem ser identificados como tal (a menos, é claro, que se conheça a estrutura tradicional). Muitos tarólogos acreditam que ocorreu uma transformação simbólica do tarô. Eu, particularmente, acredito que a *falta* de conhecimento histórico e estrutural das cartas contribui para a mediocridade do ilustrador. Embora encontremos verdadeiras obras de arte ou até mesmo baralhos muito criativos, para mim, a *imagem* que sequer lembra a fonte original é uma deformação simbólica.

---

[96] Na América do Sul, em especial no Brasil, ainda reinavam absolutas as obras de Lévi e Papus desde a década de 1920. Sequer o livro de Waite havia sido publicado em solo tupiniquim, tampouco as ideias de Case, Rijnberk ou qualquer outro (e, ainda em pleno século XXI, poucos os conhecem). Precisamente em 19 de março de 1974 a revista *Planeta* propaga o tarô de Marselha, mas amalgamou com a história de Papus. Parecia que iríamos crescer, mas regredimos com a publicação da obra do russo G. O. Mebes em 1980 (novamente as ideias de Lévi). Em 1983, o livro *Tarô clássico*, de Stuart Kaplan, é traduzido e publicado; também o *Tarô e a máquina de imaginar*, de Albert Cousté; ambos apresentam um bom avanço nos estudos. Logo depois chegou o tarô *Mitológico*, de Liz Green e Juliet Sherman-Burk, que, por sua vez, influenciou exageradamente os tarólogos brasileiros, criando um anacronismo nesse tipo de estudo. Devemos registrar que em 4 de agosto de 1990 ocorreu o *Primeiro Encontro de Tarô* (Rio de Janeiro-RJ), contudo, nenhum outro até o final desse período. Até 1991 tivemos menos de 10 livros publicados, mas em 1999 atingimos a marca de 103 obras. Um enorme passo!

TRANSCULTURAÇÃO

Desse período ao final do século XX os símbolos tradicionais das cartas já não reinavam mais absolutos, e chegaram tarôs transcrevendo mitos, contos, história, arte, como, por exemplo, o tarô Xultun (cultura maia), Peter Balin, 1972; o tarô Christo Initiaque (vida de Jesus), Oliver Stephane, 1983; o tarô Mythic (mitologia grega), Juliet Sharman-Burk, 1986; o tarô dos Orishas (mitologia africana), Zolrak & Durkan, 1992; o tarô The Goddess (deusas mitológicas), Kris Waldherr, 1998, entre centenas de outros. Absolutamente válidos, porém requerem uma boa dose de conhecimento do tarô tradicional (literatura e imagem) e, sinceramente, alguns são tão distintos que nem lembram as estruturas clássicas às quais os livros se reportam. Seriam realmente tarôs? Talvez fossem outro sistema de cartomancia, com uma linguagem própria, mas escondidos atrás dos significados usuais dos arcanos. Se não houver uma normatização (mesmo que superficial ou consensual) sobre o que é ou não um tarô divinatório, apenas o tempo poderá responder se o tarô permanece com seus símbolos clássicos ou não. Um fato importante sobre o assunto é que, se no início do século XX havia menos de dez tarôs publicados na Europa e na América do Norte, na entrada do terceiro milênio encontramos mais de 500 tarôs diferentes (entre antigos e novos). O mesmo ocorreu com a literatura: menos de dez livros no limiar do século XX, para mais de 1.500 a seu término. Grande avanço, não? Principais editoras de baralhos de tarô:

- AGM AGMüller — Schaffhausen, Suíça.
- Grimaud & Cia. — Paris, França.
- Llwellyn — Woodbury, Estados Unidos.
- Lo Scarabeo — Turim, Itália.
- Naipes Heraclio Fournier — Vitoria, Espanha.
- Piatinick & Söhne — Viena, Áustria.
- U.S. Games Systems — Stamford, Estados Unidos.

Nessas últimas décadas não foram apenas as imagens das cartas que se transformaram ou a literatura multicultural que se evidenciou de forma esmagadora em todo o mundo; devemos adicionar, ainda, alguns destaques nesse período. O primeiro deve ser — sem sombra de dúvidas — o proprietário da editora U.S. Games Systems Inc., grande pesquisador e escritor, Stuart R. Kaplan, o maior colecionador de livros e tarôs do mundo, detentor de importantes originais, como, por exemplo, algumas cartas de tarô da família Visconti-Sforza (1450). Seguindo a linha de Singer, Rijnberk e Moakley, ele publicou em 1978 a melhor pesquisa sobre a história do tarô de todos os tempos: *Encyclopedia of Tarot* — Vol. 1, ilustrada com mais de 3.200 cartas (média de 250 tipos de tarôs), informando em qual biblioteca ou museu se encontra determinado arcano/carta, manuscrito ou obra antiga sobre o assunto; um dos grandes méritos é revelar detalhadamente as centenas de livros já publicados. Em 1986 lança o segundo volume dessa enciclopédia, trazendo conclusões sobre a família Visconti-Sforza e seus tarôs, além de informações precisas sobre os produtores de baralhos ao longo dos séculos, e comenta sobre mais de 300 tipos diferentes de tarô, da Renascença à Modernidade (3.600 ilustrações). Com a publicação do terceiro volume, em 1990, expõe a vida da artista plástica Pamela Smith e a descrição simbólica de mais outros 550 tarôs e 8.500 ilustrações. A enciclopédia influenciou todos os tarólogos sérios, renomados e comprometidos com o futuro do tarô, revisando o passado e delineando melhor o presente. Definitivamente, tudo é pontuado a partir dessa grande obra, outro divisor de águas.

O FUTURO ON-LINE

Lembro-me de que, entre 1990 e 1993, a internet se apossou dos Estados Unidos como uma entidade mística, crescendo e incorporando em todos, sem exceção. No Brasil instalou-se nos idos de 1995 a 1997, e não foi diferente. Fui um dos primeiros tarólogos no país a ter um domínio próprio — inaugurei o site www.neinaiff.com em 20 de fevereiro de 1998 — para atingir pessoas interessadas no tarô em locais em que jamais poderia estar. Nessa época desenvolvi um curso completo de tarô on-line (com FAQ, exames e certificado), um boletim de notícias (*JornalWEb de Tarô*) e um grupo de discussões (TArot@2000) com mais de 5 mil pessoas inscritas (um marco para a época quando as listas não passavam de poucas centenas de associados). Foi um período glorioso, pois consegui entrar em contato com diversos tarólogos brasileiros, portugueses, espanhóis, alemães e americanos. Entre eles estão: Janet Berres, presidente da I.T.S. — *International Tarot Society*, com sede em Morton Groove (Illinois, EUA), e um dos mais honrados tarólogos com quem já me correspondi, Hajo Banzhaf (1949-2009). Outras alianças importantes também estavam se sucedendo on-line; podemos encontrar: o grupo *American Tarot Association (ata-tarot.com)* e a organização *The Tarot School (tarotschool.com)*, ambos atuando fortemente na área de ensino, congregação e eventos sobre o tema. Tudo isso sem contar com a abertura de um site exclusivo de senhas de baralhos de tarô — Aeclectic tarot (aeclectic.net) — com centenas de cartas, fóruns e dicas.

Uau!, começamos o século XX com fraternidades ocultas e terminamos com sociedades abertas! Ora, o grande salto que demos era inimaginável. Impensável também a ocorrência do *Primeiro Congresso Mundial de Tarô* em 11 de outubro de 1997, na cidade de Chicago, organizado pela I.T.S. (Figura 92); o sucesso foi tão grande que houve um segundo evento, em 3 de julho de 1999, com a brilhante presença do pesquisador Stuart R. Kaplan. Logo após tivemos, em

Figura 92 – International Tarot Society.

29 de setembro de 2000, o *Congresso de Tarô* em Copenhagen, Dinamarca. Nos últimos 20 anos desse período — que acredito ser um dos períodos mais produtivos para o tarô —, uma grande artista plástica, Nick de Saint Phale's (1930-2002), criou o *Giardino dei Tarocchi* (Jardim do Tarô), em Garavicchio (Capalbio, Itália). Erguido entre 1978 a 1998 em uma colina de meio hectare, a construção consta com gigantescas casas, jardins e esculturas, todos representativos do tarô (nikidesaintphalle.com), uma verdadeira obra de arte a céu aberto dos 22 arcanos principais edificados sob os esforços e os ideais da artista francesa (nikidesaintphalle.org). Poderia ser a capital dos tarólogos? Vale a dica, quem sabe...

REFLEXÕES PARA A HISTÓRIA (PARTE 7)

Jogar ou ler?

Se no século XIX emergiu o *sagrado* nas cartas do tarô, podemos assegurar que no século XX o *profano* se distanciou definitivamente. Nem pense algo diferente, pois os fatos falam por si. O público consumidor tornou-se diverso: de apostadores a cartomantes. O tarô lúdico e o tarô divinatório *não* são mais caminhos contíguos, nem se produzem na mesma matriz como outrora — até as editoras são diferentes. Atualmente, o carteado de *tarok* se evidenciou plenamente na cultura austríaco-alemã e tomou o nome *tarot* em terras franco-suíças, que, para a carta-trunfo, emprega o vocábulo *atout* — ou seja, o tarô clássico perdeu o posto nos jogos lúdicos, sendo substituído pelo *tarok*, digo, agora *tarot* (ai que confusão!). Cuidado: embora com nomes iguais, as estruturas são totalmente diferentes em imagens, quantidade e denominação (compare as Figuras 75 e 77) — *tarot* e *tarok* se alternam ao denominar as cartas lúdicas e as oraculares; em todo caso, ainda se pode usar o tarô clássico para brincar (tudo é muito caótico, mas é isso mesmo — na globalização faz-se de tudo um pouco).

Por sua vez, o *tarocchino* e o *minchiate* (*gemini* ou *gallerini*) ainda são jogados em algumas cidades italianas onde, para as cartas principais, a denominação *trunfo* ainda é usual — na Itália, as palavras *tarocco*, *tarocchi* e *tarot* também se confundem ao se determinar o tipo de uso (ora o maço de cartas, ora o jogo lúdico ou o adivinhatório). Os baralhos comuns (agora repletos de variações do sistema francês ou inglês) estão em alta nos cassinos pelo mundo e podem ser comprados em qualquer papelaria, mas sem a presença dos *trunfos* ou *atouts* (agora, distantes dos naipes e chamados de arcano, lâmina ou chave pela classe ocultista). Por incrível que possa parecer, nos países de língua espanhola, portuguesa e inglesa, a jogatina com o tarô nunca chegou a ser popular, embora a cultura ibérica estivesse lado a lado com a italiana desde o surgimento dos trunfos, em plena Renascença. Somente nos últimos anos do século XIX o tarô conseguiu ancorar entre eles com fins adivinhatórios; portanto, é difícil para a tradição ibero-americana e a inglesa observarem o tarô como algo profano, um simples jogo de apostas. Para o brasileiro, é algo intocável, místico e elevado, por mais que se saiba da existência de um passado bem definido e um presente também lúdico para o tarô. Em 1973 foi criado a Federação Francesa de Tarô

Figura 93 – Foto do autor, 1998. Avignon, França.

(www.fftarot.fr), mas não se iluda com o nome, pois não possui ligação alguma com o esoterismo; é puro ludismo e propaga o divertimento, como antigamente. Em 1998 tive a oportunidade de ver um desses campeonatos na cidade de Avignon quando pesquisava o tarô pelo sul da França (veja a foto do cartaz, Figura 93). Sinceramente, o que mais me fascina no tarô é a multiplicidade de uso — vai do profano ao sagrado em segundos, ele é poderoso demais! ***Note e anote***: atualmente, o nome tarô (*tarot, tarok, tapo, tarocchi, tarocchino*) faz alusão tanto aos jogos lúdicos quanto aos oraculares; contudo, o conjunto simbólico de cartas é diferente. De certa forma, também encontramos muitos conjuntos de tarôs comercializados com fins oraculares, mas que sequer sustentam a imagética como uma ferramenta espiritual, certo? Cuidado em comprar gato por lebre, diz um ditado popular. *Jeu des tarot ou tarot divinatoire, que voulez-vous?*[97]

Curinga

A empresa americana Samuel Hart & CO., com sede em Filadélfia, lança em 1840 a carta *curinga* (*joker*, Figura 94) para compor os baralhos em novas modalidades lúdicas, tornando-se peça-chave em vários jogos que foram desenvolvidos nos salões e nos cassinos. Por volta de 1910, o conceito da carta curinga atravessou o Atlântico em direção à Inglaterra, depois, para os países vizinhos. A maioria dos fabricantes europeus não gostou da ideia (ninguém sabe a razão); entretanto, não desejavam perder as exportações. Assim, optaram em produzir mais duas ou três cartas adicionais com o emblema da indústria, podendo ser utilizadas como uma espécie de *curinga* pelos que desejassem. A ideia deu certo. Somente os fabricantes ingleses e franceses admitiram a inclusão da imagem do curinga. Mas tudo isso ocorreu em pleno século XX,

[97] O que você deseja: tarô para brincar ou para adivinhar?

quando a famigerada Inquisição já havia falido há muitas décadas e o tarô reinava livre e absoluto! Anseio que desapareça a historieta sobre o curinga ter surgido no baralho como um disfarce para iludir a Inquisição acerca dos segredos mágicos do tarô. Ora, o trunfo Louco sempre esteve andando pelas mesas francesas e italianas por séculos, e ainda continua. O curinga, surgiu, sim, para as mesmas regras lúdicas existentes naquela carta: nenhuma.

Figura 94 – Joker/Poker. Reimpressão. Naipes Fournier, Espanha.

Templários?

No início de meus estudos, lá pelos idos de 1980, sempre aceitava a ideia de que o baralho comum (padrão francês, 52 cartas) era público e que o uso do tarô (78 cartas) era secreto. Não havia aprendido nada sobre a história das cartas, tampouco fora publicado no Brasil algum livro a respeito. Os místicos diziam que eram conjuntos distintos e que a *exclusão* do cavaleiro (nos baralhos comuns) encontrava fundamento esotérico no extermínio dos Templários.[98] Ledo e romântico engano no qual por anos me deleitei e contei para muitos alunos. É interessante observar que,

[98] Organização fundada em 1118 com o intuito de proteger os cristãos que voltaram a fazer a peregrinação a Jerusalém. O declínio das Cruzadas comprometeu parcialmente a atividade principal dos Templários a partir de 1230. No entanto, por terem se tornado a maior confraria militar-religiosa do mundo, autônoma e com recursos próprios incomensuráveis, deixarem a monarquia e o clero temerosos de um golpe de Estado. Assim, iniciou-se uma série de acusações sobre seus membros, culminando com a dissolução da ordem e a execução do grão-mestre Jacques de Molay em 18 de março de 1314, em Paris.

quando ficamos limitados a uma cultura ou à visão de um único sistema, tendemos a nos tornar obtusos (tal qual eu fui por muito tempo). Podemos ter uma sabedoria atávica, mas a cultura deve ser estimulada. Hoje observo a necessidade de se ter uma visão da forma mais abrangente possível, de tal modo que nada impeça a anulação de um conceito para a entrada de outro, mais progressivo. Ao tomar contato com a história registrada do tarô e os diversos baralhos existentes no mundo, observei que os artesãos estavam livres para pintar apenas o quantitativo necessário a determinados tipos de jogos; porém, baseados na mesma estrutura simbólica dos naipes (56 cartas). Além dessa característica comercial, também deparei com a questão estrutural das cartas, já ressaltadas na página 311 (1740: O PADRÃO FRANCÊS). Vejamos. Desde as primeiras menções sobre os naipes, entre 1367-1397, mais de 50 anos após a dissolução dos Templários, a carta do *cavaleiro* estava presente! E mais: desde o surgimento do tarô completo (78 cartas), no início do século XV até os dias atuais, a ilustração do *cavaleiro* existe em todos os naipes (arcanos menores). Porém, o grande equívoco dos místicos contemporâneos é deduzir unicamente a partir do conteúdo cultural no qual se encontra inserido (própria visão de mundo). Note que, atualmente, os baralhos de padrão francês (usuais no Brasil, Estados Unidos, Inglaterra, França, Holanda, Rússia), realmente não contêm a carta-cavaleiro (Figura 95b); contudo, esse mesmo modelo, como observamos, foi criado por volta de 1740. Mas, pasme: no baralho com o padrão espanhol (usual na Espanha, Alemanha, Itália, México, Argentina) existe a carta do cavaleiro, mas não há a carta da rainha ou dama (Figura 95a) desde o século XV. Ou seja, o inverso do modelo francês. Lembramos que o modelo italiano conserva todas as cartas da corte: rei, rainha, cavaleiro, pajem. O restante do mundo adota um sistema ou outro, tudo depende dos tipos de jogos que culturalmente foram sendo desenvolvidos. Fica óbvio para os países que não possuem o *cavaleiro* estampado em seus baralhos que o místico possa ter uma visão limitada e fomentar que houve a exclusão da imagem por motivos religiosos. É melhor repensar esse conceito.

Figura 95a – Padrão espanhol. Baralho Fournier. Naipes Fournier, Espanha.

Figura 95b – Padrão francês. Baralho Russo. Naipes Fournier, Espanha.

SÉCULO XXI (2001-)

Adentramos o terceiro milênio. Que situações memoráveis ainda irão ocorrer? Já começamos os primeiros registros... Online é claro! O mundo virtual e a globalização do conhecimento acenam com entusiasmo contagiante. Incrível, em menos de dez anos já havia dezenas de páginas na web debatendo a real história do tarô, novas abordagens culturais, arquivos de imagens,[99] associações e muita, mas muita gente querendo discutir o assunto. *Porém, poucos com capacidade argumentativa e conhecimento*. Sei que são aficionados e puros de coração, mas deixam um rastro de dúvidas, aqueles novatos que deram os primeiros passos na busca do saber mágico do tarô. Afirmo isso devido às milhares de páginas e blogs iguais — uns transcrevem literalmente os outros —, inclusive com termos ou ideias já ultrapassados, como a propagação do tarô pelos ciganos ou que tenha se originado no Egito ou na Atlântida; sem contar os erros de ortografia e de sintaxe que igualmente são copiados. Todos discutem o autoconhecimento, exacerbam a tradição oculta, elaboram teses e mais teses sobre a cabala e criticam o uso adivinhatório das cartas; contudo, estão *sempre* jogando para solicitar direção ou saber dos eventos futuros: amor, sexo, venda, compra, dinheiro... O simples fato de solicitar um conselho, uma orientação, já evidencia a destinação (por mais livre-arbítrio que se tenha). Todos, sem exceção, acabam na

---

[99] Desejaria que todos os tarólogos, tarotistas e entusiastas respeitassem as editoras e os maravilhosos ilustradores, dando-lhes o devido crédito; assim, ao colocar uma imagem no site, blog, rede social ou qualquer outro suporte virtual ou físico, informe sempre o nome do autor, do ilustrador, da editora e a data de publicação — se possível. Muitas vezes, vemos um tarô com bela imagem, mas não sabemos quem o desenhou, tampouco quem o publicou. Vale o bom-senso — independentemente das leis autorais vigentes, devemos respeitar o trabalho dos profissionais que dedicam boa parte da vida em prol de um bem maior: o conhecimento.

adivinhação ou, se preferir, no oráculo. Bem, mas isso é assunto para o último volume desta trilogia, no qual estudaremos profundamente a leitura e os métodos. Voltemos ao plano histórico, para que se tenha autoconfiança e a certeza da ferramenta de que dispomos.

UMA VERDADE EM TRÊS CAMINHOS

Tarô é tarô, mas a maioria dos estudantes se sente confusa com tantas informações conflitantes entre um autor e outro, e o tarólogo/tarotista chega a pensar que houve algum erro (ou que não entendeu nada mesmo). Outros preferem não arriscar a própria reputação dizendo que os arcanos são uma visão pessoal, que cada um tem algo a acrescentar. Fique tranquilo: ainda estamos aprendendo e estruturando o tarô, por isso existem as dúvidas. Também tive muitas, na década de 1980, quando estudei e pesquisei separadamente os inúmeros tarôs com diversos clientes — por isso, desde o final da década de 1990 tenho divulgado, pontuado e alertado sobre os caminhos distintos para o estudo de tarô — e as diversas formas de leitura. A classificação a seguir possibilitará que você chegue mais rápido onde deseja; economiza-se tempo e, principalmente, o dinheiro da compra de livros desnecessários. Saiba que ao descobrir tais linhas editoriais eu percebi a impossibilidade de um denominador comum, uma fusão ou síntese de conceitos oraculares entre as correntes e, assim, tudo se transformou em meus estudos sobre simbologia e, principalmente, na análise oracular. Siga um caminho e seja feliz, todos eles levam ao tarô.

O século XXI tem início (basicamente) com duas correntes: *simbologista* e *cabalista*, já observadas no século anterior. A primeira assinala o estudo da estrutura, dos símbolos e dos jogos divinatórios; às vezes, emprega algo transcultural, como mitos e lendas, ou teorias mais revolucionárias, como a física quântica ou a psicologia junguiana — todos vislumbram uma linha de estudo mais cientificista, o menos místico possível e sempre tendendo aos conceitos da semiótica e da linguística na compreensão dos símbolos. Desse grupo podemos delinear, segundo as obras que publicaram: *Stuart R. Kaplan, Mary Steiner-Geringer, Sallie Nichols, Irene Gad, Hadés, Alberto Cousté, Mary K. Greer, Juliet Sharman-Burk, Emilio Salas*, entre muitos bons autores. A segunda corrente observa um estudo sistemático da cabala (igualmente, da astrologia e da numerologia cabalística), adentra mais nos ritos mágicos e, por vezes, acredita na origem egípcio-hebraica — todos acreditam na evolução espiritual por intermédio de meditação e da vivência dos símbolos. No entanto, essa mesma linha de pensamento se divide em duas escolas: a francesa (oriunda do pensamento de Lévi) e a inglesa (surgida na ordem *Golden Dawn*, sob a figura de Mathers) — por sua vez, essas mesmas escolas também se subdividiram ao longo do século XX, criando mais complexidade aos estudos (veja Tabela 10, página 227). Comparando as edições disponíveis é possível delinear a escola francesa com as obras de *Papus, Oswald Wirth, P. Ouspensky, G. O. Mebes, A. Thierens, Richard Gardner, Mouni Sadhu, Giorgio Tavaglione, J. Iglesias Janeiro*, entre tantos. Já com a influência da escola inglesa encontramos: *Arthur Waite, Aleister Crowley, Gareth Knigth, Stephan Hoeler, Gerd Ziegler, Barbara Walker, Robert Wang, Joan Bunning*, entre diversos.

O grande problema para os estudantes consiste, por exemplo, em ler três livros, um de cada corrente (escola simbologista, escola cabalista inglesa, escola cabalista francesa) e desejar empregar em um jogo divinatório os diversos conceitos estabelecidos. *Afirmo*: **é impossível!** Tampouco conseguirão sintetizar esses conhecimentos ou unir as proposições. Todas são viáveis e terminam por explicar a base do tarô, mas há pequenas variações que fazem a *diferença* no momento de uma interpretação — por isso, é importante seguir uma ou outra. Não se preocupe, pois o resultado espiritual ou oracular será fornecido de acordo com a codificação que houver escolhido. No final, tudo terminará semelhante. Observemos, por exemplo, que o arcano 7 de Ouros na corrente simbologista identifica o conceito do *progresso* (Figura 96a), e, na cabalista, do *fracasso* (Figura 96b).

Figura 96a – Tarô Mitológico. Siciliano, São Paulo.

Figura 96b – Barbara Walker Tarot. U.S. Games Systems, EUA.

O leitor deve estar pensando: como isso pode ocorrer e quem estaria com a verdade? Já adianto: ambos (por incrível que pareça)! Para explicar essa complexidade seria necessário escrever um livro, mas, elucidando sucintamente, posso adiantar que as codificações de sistemas divinatórios são como um quebra-cabeça: se modificamos uma peça, temos de adaptar outras. E foi o que ocorreu (por razões doutrinais, mas que ninguém quer mais saber): para equilibrar o sistema oracular negativo do 7 de Ouros os cabalistas empregaram um valor positivo (*harmonia*) para a carta 2 de Espadas (no entanto, essa mesma carta para a escola simbologista atesta *desavença*, um fator negativo). De alguma forma, esses intercâmbios também ocorreram em outras cartas como, por exemplo, na inversão numérica entre a Justiça e a Força (veja página 223, "Tarô *versus* Cabala") e, ainda, todos os arcanos auxiliares de numeração 6 e 7, acrescidos das cartas 4 de Copas, 5 de Paus, 10 de Paus, entre outros.

Para concluir, aconselho ao tarólogo e ao tarotista jamais tentar encontrar um denominador comum às correntes, nem querer estudar uma, pesquisar outra e jogar com a informação de ambas. Vai errar, terá muitas dúvidas na prática e, provavelmente, deixará de estudar o tarô, porque nunca terá uma resposta satisfatória — clientes não retornarão e os amigos, por educação, dirão que foi ótimo, mas nunca mais irão se consultar com você. Assim, para um bom fluxo de estudo e jogos, deve-se empregar (somente) as codificações pertinentes ao raciocínio da escola escolhida por afinidade. Digo *afinidade* por ser uma questão de gosto, pois as três funcionam perfeitamente no âmbito divinatório — a diferença (insisto em propalar) se encontra apenas na forma de ensinar, na explicação estrutural dos arcanos, jamais nos significadores oraculares (adivinhação). Sei que ainda pode residir uma dúvida sobre o assunto (uma carta = dois valores) e revelo que durante um jogo tudo é relativo à codificação assimilada (estudaremos melhor esse assunto no terceiro volume — *TARÔ, ORÁCULO E MÉTODOS*); portanto, se o tarotista estiver sob o fluxo da corrente simbologista, quando houver uma ocorrência que signifique fracasso, haverá outra carta (diferente do 7 de Ouros) para denotar a situação. O inverso é verdadeiro para os conceitos cabalistas. A autoconfiança no estudo, analisando todos os percalços, é de extrema importância para o futuro da profissão.

FINALIDADE

Em um plano geral, atualmente se observa que o tarô atinge três áreas de aplicação: **esotérica** (metafísica e mística), **autoconhecimento** (estudo e meditação) e **oracular** (orientação pessoal e previsões). *O tarô ainda necessita de uma estrutura e diretriz para não ocorrer alguma deformação ou perda de valor simbólico*. Há muito a ser pesquisado e conceituado. Dependemos uns dos outros, sem melindres pessoais, para a sobrevivência dos arcanos. De qualquer forma, os pesquisadores contemporâneos puderam ter uma visão mais ampla, verdadeira e incomensurável do tarô, graças à evolução tecnológica, histórica e científica e, independentemente da corrente estudada, todos parecem concordar com a seguinte finalidade:

> *O tarô agrega padrões e imagens arquetípicas de muitas civilizações, filosofias de várias épocas; seus símbolos evoluíram ao longo dos séculos até chegar à estrutura que conhecemos dos tarôs marselheses — 78 arcanos —, mas ainda está em evolução alegórica, dificilmente em seu arcabouço. Seus símbolos sintomáticos e sua estrutura se reportam ao comportamento humano e à respectiva evolução. Podem-se transferir suas concepções arquetípicas a qualquer mitologia, história, civilização, romance, credo ou situação pessoal. O estudo do tarô é um veículo para o autoconhecimento, e o jogo oracular é uma orientação para o livre-arbítrio. Como se diz, o tarô é a leitura da alma.*

No contexto geral de todas as obras há uma evolução direcional junto a uma estrutura aceita por todos — 22 arcanos principais e 56 arcanos auxiliares, com nome e numeração bem definidos; maior objetividade e análise original das infinitas possibilidades simbólicas. Creio que os conceitos sobre o escopo do tarô, bem como a estrutura e as fórmulas de aplicação, estão em processo de amadurecimento, mas talvez sejam necessárias algumas décadas ou séculos para que outro grupo de estudantes e pesquisadores possa finalmente chegar a um consenso geral, como ocorre atualmente com a astrologia e a numerologia.

100 ANOS

Ainda é muito cedo para elegermos os formadores de opiniões desse período — já surgiram alguns nomes importantes, mas o trabalho em si está fundamentado em premissas anteriores ou lançaram conceitos novos que ainda não se enraizaram. Podemos citar, além de Stuart R. Kaplan (fundador da U.S. Games Inc.) o filósofo Michael Dummett (1925-2011), que dedicou um bom tempo de sua vida a inúmeras pesquisas sobre as cartas, tecendo opiniões pessoais (e bem coerentes) sobre a história do tarô. Em 2002, em coautoria com o professor de história Ronald Decker, ele publicou um dos melhores livros sobre o assunto: *A History of the Occult Tarot: 1870-1970*, completando as ideias de uma obra anterior (1996) não menos preciosa que escreveram em conjunto com o historiador de cartas Thierry Depaulis — *A Wicked Pack of Cards, the Origins of the Occult Tarot*.

Um fato que se deve destacar neste início de século é a quantidade de simpósios e congressos em diversos países, bem como as inúmeras páginas web que congregam tarólogos e tarotistas dos mais diversos níveis. Claramente podemos ver que as sementes plantadas no final do século XX floresceram de forma abundante. Em 21 de junho de 2002 a associação americana *The Tarot School* (tarotschool.com) realizou a primeira festa de tarô de Nova York, com grande sucesso. A partir de então tem realizado encontros, conferências regulares, e é um dos poucos grupos a manter um boletim on-line periódico desde 1998 com opiniões, dicas de cartas e jogos.

A tragédia inominável do 11 de Setembro afetou o mundo inteiro e, inclusive, o *3º Congresso Mundial de Tarô*, que se realizaria em 14 de novembro de 2001, em Chicago, no qual eu era um dos palestrantes e, infelizmente, com o espaço aéreo fechado, ninguém pôde chegar. Acompanhei o sofrimento americano, dei várias entrevistas em televisões no Brasil naquele fatídico dia, meu telefone não parava de tocar. Janet Berres, presidente da I.T.S., sofreu muito mais do que todos os palestrantes por ver um projeto magnífico ser dissolvido em tão curto espaço de tempo. O evento foi adiado para o mês de maio do ano seguinte, mas compromissos inadiáveis não me permitiram palestrar. O Congresso, contudo, foi brilhante. O tema para o evento seria a *Estrutura do Tarô*, que eu desenvolvi alguns anos antes e já estava apresentando aos estudantes brasileiros (veja página 171). Em todo caso, aquele episódio me motivou a organizar o *Primeiro Congresso Brasileiro de Tarô*,[100] que se

---

100 Veja fotos, temas e participantes em neinaiff.com/congresso.

Figura 97 – Cartaz do Congresso.

realizou em 30 de novembro de 2002, em São Paulo-SP, e representou um marco no Brasil (Figura 97), um sucesso com mais de 200 tarólogos e estudantes; também tive a grata satisfação de dois tarólogos da mais alta competência auxiliarem na coordenação do evento: Vera Chrystina dos Santos e Arhan (Sergio Padovan). Desde então, a *Academia Virtual de Autoconhecimento Nei Naiff* (neinaiff.com) realiza vários movimentos para congregar pensadores sobre o tarô: simpósios, fóruns e congressos.

Em 2003 a taróloga americana Den Elder, fundadora da organização *The Church of Tarot*, teve a brilhante ideia de sugerir o dia *25 de maio* para celebrarmos o amor ao tarô e o respeito à diversidade (*World Tarot Day*). Não sabemos a razão da escolha dessa data em particular; no entanto, ano após ano, a comunidade vem abraçando com entusiasmo o Dia Mundial do Tarô! Por sua vez, em 2004, Michael Dummett e Joan MacLoud lançam *A History of Games Played With the Tarot Pack: The Game of Triumphs*, em dois volumes, completando perfeitamente a enciclopédia do tarô de Stuart Kaplan e a coleção *Naipes: juegos de cartas* (Ediciones Altaya, Barcelona). Ao que tudo indica, neste início de século, todos resolveram se congregar (abertamente), o que é maravilhoso e oposto aos grupos místicos e herméticos do século XIX. Em Londres encontramos uma conferência anual, desde 2006, organizada pela fundação *UK Conference Tarot* (tarotconference.co.uk), um excelente trabalho de Kim Arnold. Igualmente, no norte da Inglaterra, em 2008, Mark Katz fundou a organização *Tarot Professionals* (tarotprofessionals.com) junto com *The Far Away Centre*, cujos ideais congregam os mais diversos profissionais de magia, cabala e tarô ao redor do mundo. Já no âmbito on-line temos dois destaques que com maestria e dedicação têm agregado boa parcela de estudantes virtuais: a taróloga e escritora americana Mary K. Greer, com seu fantástico blog repleto de textos, opiniões, links e postagens altamente idôneos (marygreer.wordpress.com), e o tarólogo brasileiro Constantino Riemma, administrando seu ótimo site que tem agregado os mais diversos pensamentos (clubetaro.com.br). Lógico que há centenas de sites e blogs maravilhosos que mereceriam ser destacados, mas a escolha de ambos ocorreu pela produção contínua nos últimos anos, bem como o alto índice de participação dos internautas.

Para comemorar os 100 anos do tarô moderno, em 27 de novembro de 2009, a *Associação de Tarólogos da Alemanha*[101] realizou com pleno sucesso um congresso internacional de tarô na cidade de Hamburgo, com a presença de renomados daquele país (tarotkongress.de). Em 12 de dezembro de 2009 convidei vários profissionais para prepararmos o *1º Fórum Nacional de Tarô e Simbologia* (neinaiff.com/forum) na cidade de São Paulo, e debatemos sobre o ensino de tarô via internet e as consultas on-line; a pauta principal foi o descrédito mediante milhões de páginas webs similares (*copy/paste*) e a necessidade de um intercâmbio on-line entre os tarólogos para coibir falsos perfis. Algo dessa natureza já existe, mas, por sua vez, os administradores dos sites não têm como averiguar ou comprovar a procedência do profissional, somente o tempo e o mundo espiritual terão como avaliar melhor essas pessoas.

Em 13 de fevereiro de 2010 realizou-se em Lisboa o *3º Encontro de Criadores, Colecionadores e Editores de Baralho e Tarô*. Logo em seguida Fernanda Frazão, a idealizadora daquele encontro, lança o livro *História das cartas de jogar em Portugal e da Real Fábrica de Cartas de Lisboa, do século XV ao XX*. Essa obra preencheu lacunas importantíssimas, que possibilitam esclarecer como o baralho chegou à Índia e à

101 Essa associação foi criada em Munique, em 27 de novembro de 2003, tendo como primeiro presidente o grande tarólogo e astrólogo Hajo Banzhaf (1949-2009).

China, por exemplo. Em razão desse movimento lusitano a Biblioteca Nacional de Portugal organizou a exposição *Cartas de jogar: da fábrica à mesa*, com exemplares do século XV ao XIX. O evento aconteceu de outubro a dezembro desse mesmo ano. Logo em seguida, em 30 de mar-ço de 2010, foi fundada a Casa de Tarot de Lisboa, sob a direção de João Caldeira (casadetarot.com), cujo objetivo é promover o encontro de profissionais. Por sua vez, no Rio de Janeiro, tarólogos renomados se reuniram no *2º Fórum Nacional de Tarô e Simbologia* (27 de agosto de 2011) para debater a interdisciplinaridade no ensino dos arcanos e os caminhos da profissão por intermédio do CBO 5168-05 (código da ocupação no Ministério do Trabalho e Emprego; leia mais em neinaiff.com/leis). Acrescento aos registros do tarô que, pela primeira vez em sua história, encontramos um livro premiado publicamente — *Curso completo de tarô* (editora Nova Era): em 8 de dezembro de 2011, a obra foi agraciada com o troféu Recordista 2011, categoria prata, pelo Grupo Editorial Record (www.record.com.br), por alcançar cem mil exemplares vendidos (isso, sim, é um marco histórico para todos nós!). Veja na internet as fotos da premiação: *nainaiff.com/*premio. Em 22/10/2012 foi lançado o Congresso Internacional de Tarô pela Escola Mariló Casals – Barcelona, Espanha (www.escolamarilocasals.com), com ênfase na ética profissional; na sétima edição, em 10/03/2018, Nei Naiff foi convidado a palestrar com o tema "Ordem no Caos Simbólico". No mesmo período, em 17/03/2018, Nei Naiff em sociedade com Isabel Guerreiro e Isabel Gomes criaram o Congresso de Tarólogos, sediado em Setúbal - Portugal.

Com toda essa movimentação, alguns detalhes chamam a atenção: *tanto a reunião virtual quanto a presencial são uma constante no início do século XXI*. Há um desejo latente de estudo, de saber, de conhecer um ao outro, de trocar informações. Criaram-se diversos polos de agrupamento e pesquisa, e estamos querendo cada vez mais! Sim, estamos fortalecendo a classe, desenvolvendo raízes, tentando identificar o que está correto ou equivocado (não digo que haja erros, pois ainda não há um denominador comum); no entanto, podemos ter certeza de que estamos no caminho certo! Continuemos nossa jornada rumo ao saber divino e ao desbravamento do tarô! Vida longa e força a todos! **O TARÔ NÃO PARA!**

REFLEXÕES PARA A HISTÓRIA (PARTE 8)

O Grande Etteilla

As literaturas antigas, ou melhor, as oriundas do século XIX, especificamente, delineiam a imagem de Etteilla com palavras rudes e carregadas de preconceito. As obras de Lévi, Papus e Waite (e todos aqueles que se basearam, de alguma forma, nelas) sempre o apontam como um charlatão, um peruqueiro de menor valor, inculto na própria língua — detalhe: eles jamais o conheceram pessoalmente, pois o famoso cartomante parisiense já havia falecido muito antes de eles nascerem! Todavia, não criticaram somente Etteilla; todas as mulheres cartomantes são traçadas com certo desdém físico ou moral. As obras questionam a capacidade de raciocínio feminino e debocham da cartomancia. Esses conceitos se arrastam, inclusive, em obras editadas no século XXI (claro, copiadas descaradamente) e relatadas (como verdade) em inúmeras páginas da internet. Se Lévi o chamou de idiota e ignorante em magia, Papus concordou; contudo, este o elogiou no que diz respeito à adivinhação. Tudo bem, Etteilla pode não ter sido tão letrado quanto Lévi ou Papus — ao compararmos as obras e os estilos literários —, mas algo não pode ser denegrido: *a cartomancia de Etteilla*, menos ainda as mulheres que a utilizavam, uma vez que todos compilaram o que ele escreveu! Sem excessão. O impacto das palavras de Etteilla ainda é forte na leitura de todos os tarotistas contemporâneos. Por exemplo, toda vez que se interpreta o arcano 8 de Espadas como erros e más notícias, o tarólogo estará reproduzindo Etteilla. Sempre que se analisa o arcano Carro como vitória e triunfo, o tarólogo está repetindo as falas do cartomante parisiense, e assim com todas as cartas — aliás, toda vez que jogamos o tarô, estamos abonando esse homen dito inculto e embusteiro. Incoerente, não? Etteilla revelou uma possível linguagem entre o tarô e a astrologia, os elementos e a numerologia, mas foi totalmente descartado pelas mesmas pessoas que iniciaram aquelas críticas infundadas. Mais de um século depois todos viriam a explorar os mesmos caminhos. Incoerente, não? Retire das obras de Gébelin e de Etteilla, inclusive, toda história insólita sobre o Egito e os ciganos (que já se provou equivocada), expurgue das obras de Lévi toda associação do tarô com a cabala (estudo absolutamente desnecessário para o oráculo), purifique tudo isso das obras de Papus e Waite (e todos aqueles que os copiaram) e você terá o tarô puro — simbólico e simples, com sua única e real utilidade: divinação, orientação e autoconhecimento. Viva Etteilla!

Bigue-Bangue

Não podemos descartar a possibilidade de o tarô conter algum *fundamento filosófico* antigo; porém, a *estrutura simbólica* — as cartas propriamente ditas — foi criada no período renascentista por artistas iluminados. Uma circunstância é inegável e deve ser analisada com seriedade: todos os livros que transmitiram o esoterismo, geração após geração, ao longo de mais de 3 mil anos, NUNCA aludiram à existência do tarô como uma ciência oculta; contudo, a sociedade SEMPRE brincou com o tarô, bem como o empregou em diversas artes (poesia, música, pintura). ***Note e anote***: *todos os místicos do século XIX, ao tomarem contato com a cartomancia, vasculharam pergaminhos, livros antigos e ordens esotéricas para achar alguma resposta convincente da origem mágica do tarô, e não chegaram a nenhum denominador comum — a cruel realidade é que o tarô não tem tal passado egípcio, menos ainda cigano ou cabalístico*. Se o tarô, em sua origem ítalo-renascentista, foi alguma revelação mística ou surgiu de filosofia específica, *ninguém sabe ou saberá*. Então, que tal termos a humildade em admitir que talvez o tarô não contenha a tradição que apregoamos? Ou, ainda melhor, aceitar uma verdade tão clara e evidente: *ele é um oráculo recente, aberto à exploração, ávido por estruturação e conceituação*. Tenho incentivado a todos que desenvolvam novas pesquisas para o tarô adivinhatório, estudo de métodos e aplicações, também para diferenciarem cartas para oraculizar (tarôs clássicos) de cartas para colecionar (a maior parte dos tarôs transculturais e surrealistas) — é fato que nem todo tarô funciona em uma consulta, por mais belo que ele seja. Para tal proeza não podemos nos negar nada, nem que seja o absurdo de começarmos do nada, de inutilizarmos tudo, fazermos uma deliciosa fogueira exorcizando todo devaneio romântico e recomeçarmos fortes, livre de pontos de vista. Se não partirmos da premissa básica que é o reconhecimento de seu verdadeiro passado, não será possível ter certeza do que temos nas mãos, tampouco a convicção do que poderemos fazer com as fantásticas imagens do tarô.

Estudo do arcano Eremita, por Drica Voivodik e Nei Naiff (1999).

O TARÔ É...

... o trabalho do homem para sua evolução (Paul Marteau).

... a representação das forças da Natureza (Aleister Crowley).

... um livro de filosofia, de metafísica (Robert Wang).

... a força do mundo simbólico (Ozampin Olafagé).

... um espelho do inconsciente (Johann Heyss).

... um alfabeto iniciático (Gregory O. Mebes).

... uma ciência universal (Éliphas Lévi).

... um sinal divino (Frida Harris).

... o ofício da divinação (Alberto Cousté).

... a chave dos mistérios (Arthur E. Waite).

... a chave absoluta da ciência oculta (Papus).

... adivinhação e autoconhecimento (Nei Naiff).

... ideal para a busca de si mesmo (Emilio Salas).

... uma ponte para a sabedoria ancestral (Sallie Nichols).

... a consciência das forças cósmicas (Mary S-Geringer).

... o entendimento das forças arquetípicas (Cynthia Giles).

... o mais satisfatório de todos os oráculos (Dion Fortune).

... responder a todas as perguntas (Z'ev ben Shimon Halevi).

E você, tarólogo, o que pensa?

O tarô é ____________________________________

MUSEUS E BIBLIOTECAS

Alemanha

LEINFELDEN-ECHTERDINGEN: *Deutsches Spielkarten Museum* — Schonbuchstrasse, 32. Importante coleção de baralhos e boa fonte de pesquisas sobre a fabricação de cartas dos séculos XV e XVI; também há um grande número de cartas asiáticas e indianas. Ao todo, são mais de 3.500 tipos de baralhos, tarôs, *tarocks*, xilogravuras e material de impressão. Fundado em 1974, atualmente é parte integrante do Wurttemburgisches Landesmuseum de Stuttgart. Site: www.spielkartenmuseum.de

FRANKFURT: *Museum fur Kunsthandwek* — Schaumainkai, 17. Variada coleção de cartas e tarôs, principalmente o tarô de Catelin Geofroy (1557). Necessário marcar visita, pois o material não está exposto.

Áustria

VIENA: *Albertina Museum* — Augustinerstrasse, 1. Cartas do século XVI e grande coleção do século XVII ao XX. Considerado um dos melhores museus de arte do mundo; contudo, as cartas não estão expostas, e é necessário agendar visita para vê-las em uma sala especial. Site: www.albertina.at

VIENA: *Historisches Museum der Stadt Wien* — Karlplatz, s/n. Esse museu da história da cidade contém uma bela coleção de cartas do século XIX; porém, é preciso solicitar visita para observação. Site: www.wienmuseum.at

VIENA: *Österreichisches Museum für angewandte Kunst* — Stubenring, 5. Uma pequena coleção de artesãos austríacos de cartas do século XIX. Agendar visita. Site: www.mak.at

Bélgica

TURNHOUT: *Nationaal Museum van de Speelkaart* — Druivenstraat, 18. O museu nacional de cartas foi inaugurado em 1969 e contém um vasto arquivo de baralhos e tarôs, e também do maquinário onde eram impressos; exposição permanente, não é necessário agendar visita. Sempre há exposições temporárias com arte relativa às cartas (pintura, escultura etc.).

Espanha

VITORIA-GASTEIZ: *Museo Fournier de Naipes de Alava* — Calle Cuchillería, 54. Toda a coleção do museu foi adquirida pela Prefeitura de Alava em 1994 e transferida para o espaçoso palácio renascentista Bendaña. Contém exposição permanente de 20 mil cartas, entre baralho, tarô, *minchiate* e *tarock*, e diversos outros itens do gênero do século XIV ao XX; também existem algumas cartas da família Visconti-Sforza. Uma das melhores coleções do mundo.

Estados Unidos da América

NEW HAVEN: *Beinecke Rare Book and Manuscript Library* — localizada no *campus* da Universidade Yale. Conta com uma coleção de mais de mil cartas e 30 placas de impressão do século XV ao XIX de 16 países europeus; também existem documentos de fabricação de baralhos dos últimos 500 anos. Essa biblioteca contém alguns originais dos tarôs da família Visconti-Sforza. Atende somente com marcação antecipada de visita e pesquisa. Site: www.library.yale.edu

NOVA YORK: The Morgan Library & Museum — Madison Avenue, 225. Cartas originais de Visconti-Sforza (século XV); às vezes, em exposição. Solicitar apreciação antecipada. Site: www.themorgan.org

WASHINGTON: *National Gallery of Art* — National Mall between 3rd and 7th Streets. Coleção Rosenwald contendo 21 trunfos do *minchiate* e várias folhas de cartas do século XVI. Não se encontra exposto; é preciso solicitar visita com hora marcada. Diversos quadros pintados no século XV e XVI sobre jogadores de cartas. Site: www.nga.gov

França

ISSY-LES-MOULINEAUX: *Musée Français de la Carte à Jouer* — Rue Auguste-Gervais, 16. Aberto desde 1930, esse museu tem uma rica coleção particular com cartas raras e antigas, em exposição permanente. Site: www.issy.com/musee

MARSEILLE: *Musée du Vieux-Marseille* — Rue de la Prison, 2. Museu de artes decorativas e tarôs do século XVII ao XIX, também contém farto material de impressão de cartas da família Camoin (tarô de Conver), uma das últimas fabricantes autônomas de baralhos da região. Os tarôs marselheses, com padrão de qualidade incomparável, eram exportados aos milhares. Exposição permanente no segundo andar.

PARIS: *Bibliothèque Nationale de France* — Rue de Richelieu, 58. Há mais de 4 mil itens sobre baralho e tarô (xilografia, cartas, gravuras etc.) desde o período renascentista, também livros e manuscritos antigos. Lá se encontram o tarô de Gringounner (século XV), Jacques de Vieville (1624), Jean Noblet (1659), *tarocchi* de Mantegna, entre outros. Não estão expostos, e é preciso requisitar antecipadamente uma visita particular. Uma das melhores coleções do mundo. Site: www.bnf.fr

PARIS: *Musée National des Arts et Traditions Populaires* — Avenue du Mahatma-Gandhi, 6. Na divisão iconográfica desse museu encontram-se baralhos e tarôs franceses desde o século XVII; é preciso agendar.
Site: www.musee-mnatp.art.dz

ROUEN: *Bibliothèque Municipale de Rouen* — Rue Jacques-Villon, 3. Ótima coleção de cartas e tarôs; todas estão em portfólios e podem ser consultadas na sala de leitura. Aconselhável agendar, pois algumas cartas estão guardadas em cofre.

Holanda

AMSTERDÃ: *Amsterdams Historisch Museum* — Nieuwezijds Voorburgwal, 359. Pequena coleção de cartas; deve-se agendar visita para vê-las. Site: www.ahm.nl

Hungria

KECSKEMET: *Szorakatenusz Jatekmuzeum* — H-6000 Gaspar A.U.11. Esse museu de brinquedos contém uma pequena coleção de cartas do século XVII, exposição aberta.

Inglaterra

LONDRES: *British Museum* — Gt. Russell Street. O departamento de pinturas e documentos possui mais de 300 itens importantes sobre história das cartas, jogos, tipos de cartas do século XVII e XVIII; incluindo os trunfos de Petrarca. Visitas devem ser marcadas antecipadamente para observação e leitura de documentos.
Site: www.britishmuseum.org

LONDRES: *Guildhall Library* — Aldermanbury. Essa biblioteca conta com uma grande coleção, com mais de 1.100 tipos de baralhos e tarôs datados do século XVII ao XVIII, cartas raras do Japão, da Alemanha e da Espanha. Necessário solicitar visita para esses itens de estudo.

LONDRES: *Victoria and Albert Museum* — Cromwell Road. Coleção com mais de 300 tipos de cartas dos séculos XV ao XX de grande importância histórica. Contém baralhos raros como o indiano Ganjifa do século XVIII e diversas cartas italianas da Renascença. Site: www.vam.ac.uk

Itália

MILÃO: *Palazzo Borromeo* — Via Borromeo, 7. Nesse local encontramos o afresco mais antigo de que temos notícias: *Mulheres Jogando Cartas*. Necessário solicitar visita a esse fantástico mural do século XV.

MILÃO: *Castelo de Visconti-Sforza* — Piazza Castello, 3. Contém vários afrescos no teto de uma das salas, com cenas de nobres jogando cartas (século XV); também há várias cenas zodiacais.

VENEZA. *Museo Correr* — Piazza San Marco. Pequena coleção de cartas dos séculos XVI e XVIII.
Site: www.museiciviciveneziani.it

Japão

OMUTA: *Miike Playing-Card Memorial Museum* — 2-2-3 Takarazakamachi. Aberto em 1991, esse museu contém cartas raras no estilo lusitano (século XVI). Contém cerca de 10 mil tipos de cartas, sendo 6 mil da Europa (baralho, tarô, *tarock*, *minchiatti*) e 4 mil japonesas (tipo Tensho, Unsun, Hanafuda etc.), além de exposições de artistas orientais famosos e ilustradores de cartas. Site: www.miike-carta.com

Luxemburgo

GREVENMACHER: *Musée du jeu de cartes Jean Dieudonné* — 54 route de Trèves. Boa coleção de baralhos e *taroks* e maquinário de fabricação de cartas do século XVIII e XIX. Site: www.kulturhuef.lu

Portugal

LISBOA: *Museu Nacional de Arte Antiga* — Rua das Janelas Verdes, 1249 — 017. Pequena mas interessante coleção de cartas portuguesas e espanholas dos séculos XVI ao XIX. Visitas devem ser marcadas antecipadamente para observação e leitura de documentos. Site: www.mnarteantiga-ipmuseus.pt

Suíça

SCHAFFHAUSEN: *Museum zu Allerheiligen* — Baumgartenstrasse, 6. O museu tem uma coleção de mais de 8 mil baralhos e tarôs desde o século XVI, também uma livraria com mais de 300 títulos sobre a história das cartas. Com foco nos baralhos suíços, a casa oferece suporte para pesquisa. Nem todas as cartas estão em exposição permanente; aconselha-se marcar antecipadamente uma visita para vê-las. Site: www.allerheiligen.ch

Digital

Associazone Cultural Letaret — www.letarot.it

Tarot History — www.tarothistory.com

Trionfi Museum — www.trionfi.com

REFERÊNCIAS

Tarô

BANZHAF, Hajo. *Manual do tarô*. São Paulo: Pensamento, 1992.

As chaves do tarô. São Paulo: Pensamento, 1995.

Guia completo do tarô. São Paulo: Pensamento, 1996.

O tarô e a viagem do herói. São Paulo: Pensamento, 2003.

BARRET, Clive. *The Norse Tarot*. Londres, Inglaterra: The Aquarian Press, 1989.

BARROS OLIVEIRA, Eunice de. O *tarô moderno*. Rio de Janeiro: Rosa dos Tempos, 1998.

BUTLER, Bill. *Dictionary of the Tarot*. Nova York, EUA: Schocken Books, 1992.

CAGNO, Edelweiss. O *segredo do tarô de Marselha*. São Paulo: Pensamento, 1996.

CAMARGO, Pedro. *Iniciação ao tarô*. Rio de Janeiro: Nova Era, 1992.

CARONE, Claudio. *Tarot egípcio*. São Paulo: Sol Nascente, 1990.

CICERO, Chic e THABATA, Sandra. *Tarot Talismans*. Woodbury, EUA: Llewellyn, 2006.

COSTA RIBEIRO, Anna Maria. *Prática de tarô*. Rio de Janeiro: Independente, 1995.

COUSTÉ, Alberto. *Tarô ou a máquina de imaginar*. São Paulo: Ground, 1989.

CROWLEY, Aleister. *The Book of Thoth*. Maine, EUA : Samuel Weiser, 1996.

D'ÁVILA, Wagner. O *que devemos saber sobre o tarô*. São Paulo: Zohar, 1992.

DAY, Paula. *Tarô*. São Paulo: Avatar, 1997.

DICTA e Françoise. *Mitos e tarô*. São Paulo: Pensamento, 1990.

DIVERSOS autores.

Guia da sorte. São Paulo: edição especial da *Revista Nova* 29A, 1976.

Tarô adivinhatório. São Paulo: Pensamento, 1978.

Tarô. São Paulo: edição especial da *Revista Planeta*, 1982.

A sua sorte, tarô. São Paulo: Nova Cultural, 1986.

Meditações com o tarô. Rio de Janeiro: Paulineas, 1990.

Naipes, juego de cartas. Barcelona, Espanha: Altaya, 1998.

DOANE, Doris & King Keyes. O *tarô do Antigo Egito*. São Paulo: Pensamento, 1988.

DORÉ, Gustave. O *tarô da Bíblia*. Brasília: Thot, 1990.

DRUZIAN, Angela. *Tarô, instrumento da autoajuda*. São Paulo: Mystic Space, 1994.

Tarô, a solução. São Paulo: Mystic Space, 1997.

DUMMETT, Ronald Decker, Thierry Depaulis e Michael. *A Wicked Pack of Cards: The Origins of the Occult Tarot*. Nova York, EUA: St. Martin's Press, 1996.

DUMMETT, Ronald Decker e Michael. *A History of the Occult Tarot, 1870-1970*. Londres, Inglaterra: Gerald Duckworth & CO., 2008.

DUMMETT, John McLeod e Michael. *A History of Games Played with Tarot Pack: The Game of Triumphs*, Vol. 1. Lampeter, Inglaterra: The Edwin Mellen Press, 2004, vol. 1.

A History of Games Played with Tarot Pack: The Game of Triumphs, Lampeter, Inglaterra: The Edwin Mellen Press, 2004, vol. 2.

A History of Games Played with Tarot Pack: The Game of Triumphs, Suplement. Lampeter, Inglaterra: The Edwin Mellen Press, 2009.

FARBER, Mary Zimmer e Monte. O *tarô encantado*. São Paulo: Siciliano,1991.

FARELLI, Maria Helena. *Como adivinhar o futuro*. Rio de Janeiro: Record, 1984.

FERNANDES, Patrícia. *Desvendando o tarô*. São Paulo: Madras, 1996.

FIEBIG, Johannes. e BÜRGER, Evelin. *Tarô, como prever o futuro*. Rio de Janeiro: Ediouro, 1988.

FIORAVANTI, Celina. O *Tarô da prosperidade*. São Paulo: Ground, 1995.

O *Tarô da saúde*. São Paulo: Ground, 1996.

O *Tarô do amor*. São Paulo: Ground, 1998.

O *Tarô místico*. São Paulo: Pensamento, 2002.

FRANKLIN, Sthepen E. *Origins of the Tarot Deck*. Londres, Inglaterra: McFarland & CO., 1988.

FRAZÃO, Fernanda. *História das cartas de jogar em Portugal e da Real Fábrica de Cartas de Lisboa — do século XV até à actualidade*. Lisboa, Portugal: Apenas Livros: 2010.

GAD, Irene. *Tarô e individuação*. São Paulo: Mandarim, 1996.

GASPAR, Eneida Duarte. *Tarô dos orixás*. São Paulo: Ground, 1996.

GÉBELIN, Antoine Court de. *Monde Primitif, Analysé et Comparé avec le Monde Moderne*, Vol. VIII. Boston, EUA: Elibron Classics, 2006 (fac-símile da versão original de 1781).

GIBSON, Litzka & Walter Gibson. *Manual completo de adivinhação*. São Paulo: Pensamento, 1986.

GILES, Cynthia. *O tarô, uma história crítica*. São Paulo: Livraria Pioneira Editora, 1994.

GODO, Carlos. *O tarô de Marselha*. São Paulo: Pensamento, 1985.

GRAY, Willian. *Tarô de Sangreal*. Rio de Janeiro: Nova Fronteira, 1995.

GWAIN, Rose. *Descobrindo seu interior através do tarô*. São Paulo: Cultrix, 1996.

HADÉS. *Cartas e destino*. Lisboa, Portugal: Edições 70, 1976.

HAICH, Elizabeth. *A sabedoria do tarô*. São Paulo: Pensamento, 1989.

HETMANN, Frederik. *Madru, a lenda da grande floresta*. São Paulo: Pensamento, 1988.

HEYSS, Johann. *O livro de Thot*. Rio de Janeiro: Nova Era, 2001.

HOELLER, Stephan. *Os arcanos maiores do Tarô e a Cabala*. São Paulo: Pensamento,1988.

ISHITAR. *A arte do tarô*. Porto Alegre: Independente, 1997.

JAYANTI, Amber. *Tarot for Dummies*. Nova York, EUA: Hungry Minds, 2001.

KAPLAN, Stuart R. *Tarô clássico*. São Paulo: Pensamento, 1989.
Encyclopedia of Tarot, Vol. I. Stanford, EUA: U.S. Games Systems, 1985.
Encyclopedia of Tarot, Vol. II. Stanford, EUA: U.S. Games Systems, 1989.
Encyclopedia of Tarot, Vol. III. Stanford, EUA: U.S. Games Systems, 1990.
Encyclopedia of Tarot, Vol. IV. Stanford, EUA: U.S. Games Systems, 2003.

KELLY, Dorothy. *Tarot Cards Combination*. Newburyport, EUA: Weiser Books, 1995.

KNIGHT, Gareth. *The Magical World of the Tarot*. Londres, Inglaterra: The Aquarian Press, 1991.

KONRAAD, Sandor. *Classic Tarot Spreads*. Nova York, EUA: Schiffer, 1983.

KUPERMAM, Priscila. *Tarô, uma linguagem feiticeira*. Rio de Janeiro: Mauad, 1995.

LAURENCE, Theodor. O *significado sexual do tarô*. Rio de Janeiro: Livros do Mundo Inteiro, 1978.

LERNER, Isha & Mark Lerner. *Tarô da criança interior.* São Paulo: Pensamento, 1997.

LIND, Frank. *Como interpretar o tarô*. São Paulo: Hemus, 1983.

LYLE, Jane. *Tarô do amor:* São Paulo: Siciliano, 1994.

MACGREGOR, Trish e Phyllis Vega. *Power Tarot*. Nova York, EUA: Fireside Book, 1998.

MANTHEIA, Lorena. *Ocultismo sem mistérios*. São Paulo: IBRASA, 1996.

MARQUES, Ednamara B.Vasconcelos. O *tarô*. Itaúna: Florais de Minas, 2004.

MARTEAU, Paul. *O tarô de Marselha*. Rio de Janeiro: Objetiva, 1990.

MARTINS, Vera. *O tarô de Marselha, espelho meu*. São Paulo: Madras, 2000.

MASON, Anna Franklin e Paul. *The Sacred Circle Tarot*: A Celtic Pagan Journey Woodbury, EUA: Llewellyn, 1998.

MATTOS, Mariza. *Tarô, um caminho*. Rio de Janeiro: Hipocampo, 1989.
O amor e o tarô. Rio de Janeiro: Rosa dos Tempos, 1997.

MAYER, Hugo. *Les Tarots*. Paris, França: De Vecchi Poche, 1987.

MEBES, G. O. *Os arcanos maiores do tarô*. São Paulo: Pensamento, 1987.
Os arcanos menores do tarô. São Paulo: Pensamento, 1989.

MERTZ, Bernd A. *O tarô egípcio*. São Paulo: Pensamento, 1991.

MOLINERO, Yogakrisnanda. *O tarô alquímico*. São Paulo: Mandala, 1990.

MONTANARO, Mário. *Tarô, espelho da alma*. Rio de Janeiro: Nova Fronteira, 1996.

MONTEIRO, Adriano Camargo. *Tarô carbônico*. São Paulo: IBRASA, 2007.

MORAES, Regina. O *tarô dos salmos*. Rio de Janeiro: Nova Era, 1994.

NICHOLS, Sallie. *Jung e o tarô*. São Paulo: Cultrix, 1987.

NOBLE, Vicki. *Mãe paz*. Rio de Janeiro: Nova Era, 1994.

NUNES, Myrian. *Magia do tarô, livro da autodescoberta*. Rio de Janeiro: Independente, 1996.

OLAFAJÉ, Ozampin & Maria Padilha. *Oráculos do tarô*. Rio de Janeiro: Independente, 1997.

OSHO. *Osho Zen Tarot*. Nova York, EUA: St Matins Press, 1994.

PAPUS. *O tarô dos boêmios*. São Paulo: Martins Fontes, 1992.

POLLACK, Raquel. *78 degraus de sabedoria*, Parte I. Rio de Janeiro: Nova Fronteira, 1991.
78 degraus de sabedoria, Parte II. Rio de Janeiro: Nova Fronteira, 1991.

PRAMAD, Veet. *Curso de tarô*. São Paulo: Independente, 1993.
Curso de tarô e seu uso terapêutico. São Paulo: Madras, 2003.

RABBEN, Mascha. O *tarô da Nova Era*. São Paulo: Pensamento, 1995.

RILEY, Jana. *Tarô, dicionário & compêndio*. Rio de Janeiro: Jorge Zahar Editor, 2000.

RENEE, Janina. *Tarot Spells*. Woodbury, EUA: Llewellyn, 1997.

SALAS, Emilio. *El Gran Libro del Tarot*. Barcelona, Espanha: Robinbook, 1992.

SARZENA, Sílvia. *O tarô egípcio*. São Paulo: Ground, 1995.

SHARMAN-BURKE, Juliet e GREENE, Liz. O *tarô mitológico*. São Paulo: Siciliano, 1988.

SILVESTRE, Colette H. *ABC do tarô*. Rio de Janeiro: Nova Fronteira, 1992.

SIMON, Sylvie e Mareel Pieard. *A linguagem secreta do tarô*. São Paulo: Pensamento, 1992.
The Tarot: art, mysticism, divination. Rochester, EUA: Inner Traditions, 1988.

STEINER-GERINGER, Mary. O *tarô e o autoconhecimento*. São Paulo: Pensamento, 1989.

VAYNES, Julia e SUMMERS, Catherine. O *tarô e você*. São Paulo: Saraiva, 1995.

VILELA, Beatriz. *Tarô hipocampo*. Rio de Janeiro: Hipocampo, 1990.

VIVARTA, Veet. *O caminho do mago*. São Paulo: Francisco Alves, 1996.

WAITE, Arthur E. *Tarô, a sorte pelas cartas*. Rio de Janeiro: Record, 1987.
The Pictorial Key to the Tarot. Londres, Inglaterra: Rider & CO., 1989.

WALDHERR, Kris. *The Goddess Tarot Workbook*. Stamford, EUA: U.S. Games Systems, 2000.

WALKER, Barbara. *The Secrets of the Tarot*. Nova York, EUA: Harper & Row, 1984.

WANG, Robert. *The Qabalistic Tarot*. Maine, EUA: Samuel Weiser, 1990.

WILLIS, Tony. *Magick and the Tarot*. Londres, Inglaterra: The Aquarian Press, 1988.

WIRTH, Oswald. *The Tarot of the Magicians*. Maine, EUA: Samuel Weiser, 1990.

ZIEGLER, Gerd. Tarot: *Mirror of the Soul*. Maine, EUA: Samuel Weiser, 1988.
O tarô e o amor. Rio de Janeiro: Jorge Zahar Editor, 2002.

ZOLRAK. O *tarô sagrado dos orixás*. São Paulo: Pensamento, 1997.

Astrologia

ARROYO, Stephen. *Astrologia, psicologia e os quatro elementos*. São Paulo: Pensamento, 1989.

AVERY, Jeanne. *Astrologia e suas vidas passadas*. Rio de Janeiro: Nova Fronteira, 1991.

BIZEMONT, Dorotheé Koechlin. *Astrologia cármica*. Rio de Janeiro: Nova Fronteira, 1990.

BURT, Kathleen. *Arquétipos do zodíaco*. São Paulo: Pensamento, 1994.

CAMAYSAR, Rosabis. *Iniciação básica à astrologia*. São Paulo: Pensamento, 1988.

GETTINGS, Fred, *The Arcana Dictionary of Astrology*. Nova York, EUA: Penguins Group, 1985.

GOODMAN, Linda. *Seu futuro astrológico*. Rio de Janeiro: Record, 1989.

GREENE, Liz. *Saturno*. São Paulo: Pensamento, 1994.

JENKINS, Palden. *Vivendo no tempo*. São Paulo: Roca, 1994.

LORENZ, Valdomiro. *Horóscopo cabalístico*. São Paulo: Pensamento, 1981.

MERTZ, Bernd. O *esoterismo na astrologia*. São Paulo: Pensamento, 1992.

PARKER, Julia e Derek. O *grande livro da astrologia*. São Paulo: Círculo do Livro, 1980.

RIBEIRO, Anna Maria Costa. *Conhecimento da astrologia*. Rio de Janeiro: Hipocampo, 1986.

SASPORTAS, Howard. *As doze casas*. São Paulo: Pensamento, 1990.

SCHULMAN, Martin. *Planetas retrógrados*. São Paulo: Agora, 1987.

TOEN, Donna Van. *O livro de Marte*. São Paulo: Pensamento, 1992.

Alquimia

HUTIN, Serge. *A tradição alquímica*. São Paulo: Pensamento, 1993.
Alquimia. São Paulo: Moraes, 1992.

ROLA, Stanislas Klossowski. *Alquimia*. Madri, Espanha: Prado, 1996.

ROOB, Alexander. *Alquimia e misticismo*. Lisboa, Portugal: Taschen, 1997.

Cabala

BARRETT, Francis. *Magus*. São Paulo: Mercuryo, 1994.

BRANCO, Plinio. *Sinarquia*. São Paulo: Piratininga, 1960.

ENCOUSE. Gérard (Papus). *A cabala*. São Paulo: Martins Fontes, 1988.

HALEVI, Z'en ben Shimon. *A árvore da vida*. São Paulo: Siciliano, 1994.

HODSON, Geoffrey. *O reino dos deuses*. São Paulo: Pensamento, 1990.

KAPLAN, Aryeh. *Sefer Yetzirah, The Book of Creation*. Maine, EUA: Samuel Weiser, 1997.

KING, Francis. *Magia*. Madri, Espanha: Prado, 1996.

LANCASTER, Brian. *Elementos do judaísmo*. Rio de Janeiro: Ediouro, 1995.

LÉVI, Éliphas. *Curso de filosofia oculta*. São Paulo: Pensamento, 1987.

Origens da cabala. São Paulo: Pensamento, 1987.

História da magia. São Paulo: Pensamento, 1988.

A chave dos grandes mistérios. São Paulo: Pensamento, 1988.

O grande arcano. São Paulo: Pensamento, 1989.

Dogma e ritual da alta magia. São Paulo: Pensamento, 1990.

PIOBB, P. V. *Formulário de alta magia*. Rio de Janeiro: Francisco Alves, 1987.

PARFITT, Will. *Elementos da cabala*. Rio de Janeiro: Ediouro, 1993.

SCHOLEM, Gershon. *O Zoar, o livro do esplendor*. Rio de Janeiro: Renes, 1985.

SOUZENELLE, Annick de. *O simbolismo do corpo humano*. São Paulo: Pensamento, 1988.

Filosofia e Religião

BAILEY, Alice. *Cartas sobre meditação ocultista*. São Paulo: Pensamento, 1994.

DIVERSOS autores

As religiões do mundo. São Paulo: Melhoramentos, 1996.

Os pensadores, de Platão a Marx, 16 volumes. São Paulo: Nova Cultural, 1996.

A história da OTO (revista *Safira Estrela*, nº2). Rio de Janeiro: Independente, 1996.

Dossiê magia (revista *USP*, nº 31). São Paulo: USP, novembro, 1996.

A *dança dos sincretismos*. Rio de Janeiro: ISER, 1994.

DURANT, Will. *A história da filosofia*. São Paulo: Nova Cultural, 1996.

ELIADE, Mircea. *História das crenças*. Rio de Janeiro: Jorge Zahar, 1980.

GORMAN, Peter. *Pitágoras, uma vida*. São Paulo: Cultrix-Pensamento, 1989.

HEINDEL, Marx. *Conceitos rosa-cruz do cosmos*. Porto Alegre: FEEU, 1991.

HEYSS, Johann. *Aleister Crowley, a biografia de um mago*. São Paulo: Madras, 2010.

HINNELLS, John R. *Dicionário das religiões*. São Paulo: Cultrix, 1989.

JINARAJADASA. *Fundamentos da teosofia*. São Paulo: Pensamento, 1985.

MACBRIEN, Richard P. *Os papas, os pontífices: de São Pedro a João Paulo lI*. São Paulo: Loyola, 2000.

MACLAGAN, David. *Mitos da criação*. Madri, Espanha: Prado, 1997.

O'GRADY, Joan. *Satã, o príncipe das trevas*. São Paulo: Mercuryo, 1991.

OUSPENSKY, Piotr *Demianovitch*. *Tertium Organum*. São Paulo: Pensamento, 1988.

Um novo modelo do universo. São Paulo: Pensamento, 1990.

PECOTCHE, Carlos B. Gonzáles. *Logosofia, ciência e método*. São Paulo: Logosófica, 1995.

RUSSELL, Jeffrey Burton. *O diabo*. Rio de Janeiro: Campus, 1991.

SCHROEDER, Werner. *Homem, sua origem, história e destino*. Porto Alegre: FEEU 1992.

SCHURÉ, Édouard. *Os grandes iniciados*. São Paulo: IBRASA, 1991.

SILVA, Edgard S. Gama. *Os poderes ocultos do coração*. Rio de Janeiro: Independente, 1990.

TAIMNI, L K. *O homem, Deus e o universo*. São Paulo: Pensamento, 1989.

Holismo

BRENNAN, Barbara Ann. *Mãos de luz*. São Paulo: Pensamento, 1990.

DAVIDSON, John. *Energia sutil*. São Paulo: Pensamento, 1991.

FRANZ, Marie von. *Mistérios do tempo*. Madri, Espanha: Prado, 1996.

GERBER, Richard. *Medicina vibracional*. São Paulo: Cultrix, 1993.

GOLDBERG, Philip. O *que é intuição*. São Paulo: Cultrix, 1992.

GROF, Stanislav. *A mente holotrópica*. Rio de Janeiro: Rocco, 1994.

HURLEY, Kathlenn e Theodore Dobson. *Eneagrama*. São Paulo: Mercuryo, 1995.

INGLIS, Brian. *O mistério da intuição*. São Paulo: Cultrix, 1989.

KARAGULLA, Shafica. *Os chakras e os campos de energia humana*. São Paulo: Pensamento, 1991.

LEADBEATER, Charles W. *O homem visível e invisível*. São Paulo: Pensamento, 1988.

Os chackras. São Paulo: Pensamento, 1987.

O corpo astral. São Paulo: Pensamento, 1989.

LEPRINCE, dr. Albert. *Energia psíquica*. Rio de Janeiro: Livraria Eldorado, 1973.

MOTOYAMA, Hiroshi. *Teoria dos chakras*. São Paulo: Pensamento, 1988.

OSTRON, Joseph. *Você e sua aura*. São Paulo: Ground, 1991.

POWELL, Arthur E. *O corpo astral*. São Paulo: Pensamento, 1989.

O duplo etérico. São Paulo: Pensamento, 1989.

O corpo mental. São Paulo: Pensamento, 1991.

REYO, Zulma. *Alquimia interior*. São Paulo: Ground, 1992.

I Ching

DIVERSOS autores. *A sua sorte, I Ching*. São Paulo: Nova Cultural, 1985.

MURPHY, Joseph. *Segredos do I Ching*. Rio de Janeiro: Nova Era. 1989.

PERROTTET, Oliver. O *livro do I Ching visual*. Rio de Janeiro: Ed. Bertrand Brasil, 1992.

WILHELM, Richard. *I Ching*, O *Livro das Mutações*. São Paulo: Pensamento, 1989.

Mitologia

BRANDÃO, Junito de Souza. *Mitologia grega*. Petrópolis: Vozes, 1988.

FALCÃO, Medeiros. *Egito místico*. Rio de Janeiro: Bitaurus, 1989.

KAROUZOU, dr. Senni. *National Museum of Athens*. Atenas, Grécia: Ekdotiki Athenon, 1995.

LAMY, Lucien. *Mistérios egípcios*. Madri, Espanha: Prado, 1996.

MAGI, Giovanna. *Art and History of Greece*. Florença, Itália: Editrice Bonechi, 1996.

MONIZ, Luiz Claudio. *Mitologia e esoterismo*. Rio de Janeiro: Hipocampo, 1998.

SOULI, Sofia. *Greek Mythology*. Atenas, Grécia: Michalis Toubis, 1995.

SPALDING, Tassilo Orpheu. *Dicionário de mitologia*. São Paulo: Cultrix, 1986.
Dicionário de mitologia latina. São Paulo: Cultrix, 1987.

Numerologia

HEYSS, Johann. *Iniciação à numerologia*. Rio de Janeiro: Nova Era, 1996.
O livro dos números. Rio de Janeiro: Nova Era, 2002.

IFRAH, George. *História universal dos algarismos*, Tomo 1. Rio de Janeiro: Nova Fronteira, 1996.

JAVANE, Faith e Dusty Bunker. *A numerologia e o triângulo divino*. São Paulo: Pensamento, 1994.

JOHARI, Harish. *Numerologia*. São Paulo: Pensamento, 1993.

WESTCOTT, W. Wynn. *Os números*. São Paulo: Pensamento, 1988.

Psicologia

ARRIVÉ, Michel. *Linguística e psicanálise*. ED. EDUSP, São Paulo, 1994.

FRANZ, Marie-Lousie von e James Hillman. *A tipologia de Jung*. São Paulo: Cultrix, 1990.

JUNG, Carl Gustav. *Psicologia e religião*. Petrópolis: Vozes, 1987.
O *eu e o inconsciente*. Petrópolis: Vozes, 1990.
Presente e futuro. Petrópolis: Vozes, 1991.
Psicologia e alquimia. Petrópolis: Vozes, 1991.
Energia psíquica. Petrópolis: Vozes, 1994.

KELEMAN, Stanley. *Anatomia emocional*. São Paulo: Summus, 1991.

STORR, Anthony. *As ideias de Jung*. São Paulo: Cultrix, 1988.

THOMPSON, Clara. *A evolução da psicanálise*. Rio de Janeiro: Jorge Zahar, 1965.

VISCOTT, dr. David. *O método Viscott*. Rio de Janeiro: Record, 1989.

Quiromancia

ANDERSON, Mary. *Quiromancia*. Rio de Janeiro: Ediouro,1991.

FERRARI, Regina. *Quirologia*. Rio de Janeiro: Ganesha, 1991.

LORENZ, Francisco V. *Elementos de quiromancia*. São Paulo: Pensamento, 1990.

Runas

CLARK, Tony Willis e Anthony. *Runas*. São Paulo: Pensamento, 1992.

LIMA, Lígia Amaral. *Iniciação às runas*. Rio de Janeiro: Nova Era, 2001.

SHEPPARD, Susan. *As runas da bruxa*. Rio de Janeiro: Nova Era, 2001.

Simbologia

ANTUNES, Renato. *Ganesha, uma ponte para o infinito*. Rio de Janeiro: Ganesha, 1993.

AROLA, Raimón. O *simbolismo do templo*. Rio de Janeiro: Objetiva, 1990.

BAYARD, Jean-Pierre. *Os talismãs*. São Paulo: Pensamento, 1985.

BERLITZ, Charles. *As línguas do mundo*. Rio de Janeiro: Nova Fronteira, 1988.

CHEVALIER, Jean e Alain Gheerbrant. *Dicionário dos símbolos*. Rio de Janeiro: José Olympio, 1990.

CIRLOT, Juan Eduardo. *Dicionário de símbolos*. São Paulo: Moraes, 1984.

D'ALVIELLA, conde Goblet. *A migração dos símbolos*. São Paulo: Pensamento, 1990.

DURAND, Gilbert. *A imaginação simbólica*. Lisboa, Portugal: Edições 70, 1993.

FELÍCIO, Vera Lúcia. *A imaginação simbólica*. São Paulo: EDUSP, 1994.

FRANZ, Marie von. *Adivinhação e sincronicidade*. São Paulo: Pensamento, 1985.

FREITAS, Luiz Carlos T. O *simbolismo astrológico e a psique humana*. São Paulo: Pensamento, 1991.

LAWLOR, Robert. *Geometria sagrada*. Madri, Espanha: Prado, 1996.

LEADBEATER, Charles W. O *lado oculto das coisas*. São Paulo: Pensamento, 1987.

PENNICK, Nigel. *Geometria sagrada.* São Paulo: Pensamento, 1988.

ZONDAY, Karen Hamaker. *Simbolismo planetário.* Rio de Janeiro: Nova Fronteira, 1989.

Coleções

Coleção *Grandes Impérios e Civilizações* (10 volumes). Madri, Espanha: Prado, 1996.

Enciclopédia do *Ocultismo* (9 volumes). Rio de Janeiro: Século Futuro, 1987.

Enciclopédia *Larousse Cultural* (24 volumes). São Paulo: Nova Cultural, 1998.

História em Revista Times-Life. 3000 a.C a 1990 d.C. (1° ao 9° volume) Rio de Janeiro: Cidade Cultural, 1989/91 e (10° ao 24° Volume) São Paulo: Abril, 1991/93.

Periódico

Jornal Universus. Rio de Janeiro — junho/1994 a abril/2008.

Jornal Ganesha. Rio de Janeiro — maio/1993 a março/2010.

Jornal Quiron. Belo Horizonte — dezembro/1995 a janeiro/1998.

Revista Planeta. São Paulo: Editora Três — setembro/1974 a março/2010.

Livros digitais

BOISTE, P. C. V. *Dictionnarie Universel de La Langue Fraçaise* (1803). www.gallica.bnf.fr

CAMÕES, Luiz de. *Triumphos de Francisco Petrarca* (1864). www.books.google.com.br

ETTEILLA. *Maniere de se Récréer avec le Jeu de Cartes* (1783). www.gallica.bnf.fr

FALCONNIER, R. *Les XXII Lames Hermétiques du Tarot Divinatoire* (1896). www.gallica.bnf.fr

FURETIERE, Antoine. *Dictionnarie Universel*, Tomo 13° (1701). www.gallica.bnf.fr

GÉBELIN, Antoine Court de. *Monde Primitive, Analysé...* (1775). www.archive.org/details/mondeprimitifanao8cour

GIRAUD, Francis. *Mlle Lenormand, sa Biographie Complète* (1843). www.gallica.bnf.fr

HOMER, Curtis Frank. *The Key to the Universe* (1938).
www.archive.org/details/TheKeyToTheUniverse7thEdition

LACROIX, Paul. *L'Origine des Cartes a Jouer* (1835).
www.gallica.bnf.fr

LAURENCE, L. W. de. *The Illustrated Key of Tarot* (1918).
www.archive.org/details/illustratedkeytooodela

LÉVI, Éliphas. *Clefs Majeures et Clavicules de Salomon* (1926).
www.tarot.org.il/Library/Levi/Clavicules%20de%20Salomon.pdf

LÉVI, Éliphas. *Dogme et Rituel de la Haute Magie* (1856).
www.gallica.bnf.fr

ORSINI, Julia. *L'Art de Tirer les Cartes* (1870).
www.gallica.bnf.fr

OTTLEY, Willian Y. *The Origin and Early History of Engraving* (1816).
www.books.google.com.br

PAPUS. *Le Tarot des Bohémiens* (1889).
www.archive.org/details/clefabsoluedelasoopapuuoft

PAPUS. *Les Arts Divinatoire* (1895).
www.gallica.bnf.fr

PELADAN, Josephin. *Le Voue de la Renaissance* (1900).
www.gallica.bnf.fr

POWELL, James. *A History of Canadian Dollar* (2007).
www.bankofcanada.ca/en/dollar_book/dollar_book.pdf

RICHELET, Pierre. *Dictionnaire Française* (1706).
www.gallica.bnf.fr

SINGER, Samuel W. *Researches into the History of Playing Cards* (1829).
www.books.google.com.br

TAYLOR, rev. Edward Samuel. *The History of Playing Cards* (1865).
www.books.google.com.br

WESTCOTT, W. W. *The Magical Ritual of Sanctum Regnum* (1992).
www.books.google.com.br

WILLSHIRE, W. H. *Catalogue of Playing Cards in the British Museum* (1975).
www.books.google.com.br

Créditos

- *Ilustrações das cartas* do tarô clássico Nei Naiff — foram ilustradas por Thaís Linhares e integram o livro *Curso completo de tarô*, editora Nova Era. *Qualquer reprodução é proibida, sob as penas da lei.*
- *Ilustrações das cartas* do tarô Rohrig — são reproduzidas com a permissão de Bluestar Communications, Califórnia, EUA. *Copyright Carl-W. Rohrig, originally published by Aquamarin Verlad under the title "Die Rohrig-Tarot". Qualquer reprodução é proibida, sob as penas da lei.*
- *Ilustrações das cartas* New Age Tarot, Zigeuner Tarot, Thoth Tarot — são reproduzidas com permissão de AGM AGMüller, Neuhausen am Rheinfall, Suíça. Copyright by AGMüller. *Qualquer reprodução é proibida, sob as penas da lei.*
- *Ilustrações das cartas* Barbara Walker Tarot, Classic Tarot, Egipcios Kier Tarot, Navigators of the Mystic Sea Tarot, Old English Tarot, Oswald Wirth Tarot, Rider-Waite Tarot, Tarot of the Ages, The Goddess Tarot, The Medieval Sacapini Tarot, The Stairs of Gold Tarot, Tavaglione, Visconti-Sforza Tarocchi Deck, 1JJ Swiss Tarot Cards, Cosmic Tarot — são reproduzidas com permissão da U.S. Games Systems Inc., Stamford, CT 06902. EUA. Copyright by U.S.Games. *Qualquer reprodução é proibida, sob as penas da lei.*
- *Ilustrações das cartas* do tarô de Marselha, tarô Adivinhatório — são reproduzidas com permissão da Editora Pensamento, São Paulo, e da Grimaud Editions. *Qualquer reprodução é proibida, sob as penas da lei.*

AUTOR

Claudinei dos Santos, residente no Rio de Janeiro, nasceu em 4 de novembro de 1958, em Jundiaí, SP. Seu nome espiritual é *Nei Naiff*, que significa "o que vence por meio da verdade e da pureza", e destaca-se entre os melhores instrutores da área holística. Licenciado em Letras pela Universidade Veiga de Almeida (UVA), conferencista internacional, tarólogo (membro da I.T.S. — International Tarot Society), astrólogo (participante do SINARJ — Sindicato dos Astrólogos), terapeuta (coligado à ABMC — Associação Brasileira de Medicina Complementar, e à ABREFLOR — Associação Brasileira de Florais) e escritor (associado do SEERJ — Sindicato dos Escritores). Sua vasta experiência profissional no atendimento a mais de 10 mil clientes (tarô, astrologia e terapia) e 15 mil alunos (cursos regulares, intensivos e internet) possibilita uma visão ampla da vida e do universo espiritual que serve de base para os seus livros.

Siga Nei Naiff nas redes sociais:

E-mail: livro@neinaiff.com

Site Oficial: www.neinaiff.co

Escola de Tarô: www.tarotista.com.br

Facebook: www.facebook.com/escritor.nei.naiff

Instagram: www.instagram.com/neinaiff

Pinterest: www.pinterest.com/neinaiff

Youtube: www.youtube.com/neinaiff

Conheça outras obras do autor

Como extrair uma linguagem segura durante uma consulta divinatória? Qual o verdadeiro significado dos 22 arcanos principais e dos 56 arcanos auxiliares? Que conhecimento se deve possuir para ler os arcanos do tarô com excelência? Nei Naiff esclarece tudo sobre cada uma das 78 cartas que compõem esse misterioso baralho, desde a análise simbólica (tarologia) até a divinatória (taromancia), seguindo um pensamento apartado das ciências herméticas. O ensino dos arcanos se processa em exemplos práticos do cotidiano, possibilitando fácil compreensão e uso em diversas tiragens existentes. O autor lança explicações de uma inovadora estrutura sintomática dos arcanos e a divisão dos quatro planos para uma leitura oracular segura.

Conheça outras obras do autor

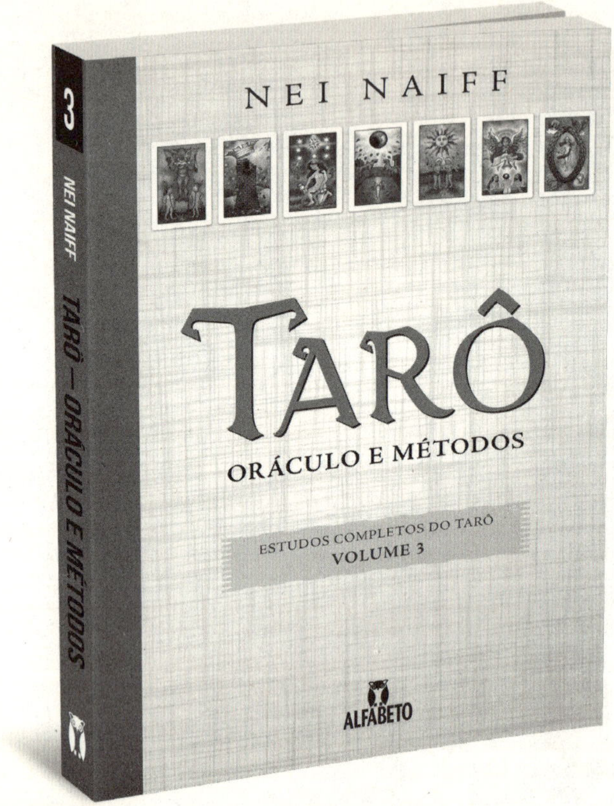

Este volume é destinado à chave oracular; nele são expostas as metodologias latino-americanas e europeias no trato da taromancia. O leitor entenderá as regras de lançamento para as cartas invertidas, para a combinação aos pares ou, ainda, como ler o antigo método italiano. É explanada a importância da estrutura de uma tiragem (geometria divina) e do posicionamento das cartas, bem como de sua relação com a pergunta "como interpretar?". Além disso, esclarece quais aspectos são superstições e quais são verdadeiros.

Nei Naiff também revela linguagens avançadas sobre dois temas recorrentes em consultas: amor e dinheiro. O livro traz conselhos importantes para uma boa leitura e interpretação correta do oráculo.